庫

中国の歴史

岸本美緒

筑摩書房

まえがき

本書は、放送大学の科目「中国社会の歴史的展開」の教材とすることをおもな目的として書かれた、中国史の概説である。

日本の歴史を考えるとき、中国との関係がいかに重要であるかは、いうまでもないであろう。日本は、中国を中心とする東アジア文化圏の一部として、漢字や仏教・儒教、律令などの制度や文化を取り入れ、国としてのまとまりをつくりあげてきた。日本の文化のなかには中国に由来するものが数多くあり、日本人にとって中国は、昔から最もなじみのある国であったといえよう。

一方で、中国の社会と日本の社会との間には大きく違った特徴もある。また、一九世紀後半から二〇世紀前半にかけて、日中間の戦争や日本の大陸侵略がもたらした惨禍は、今日にいたるまで両国間の溝となり、活発な経済的・文化的交流の一方でしばしば対立や不信となって問題化している。「隣国」とはいっても、中国の社会のあり方や中国の人々の考え方を理解することは、それほど簡単なことではない。しかし、中国の社会に関心をもち、中国の人々の考え方を知ろうとつとめることは、二一世紀の日本が近隣諸国との間で良好な関係を保ち、安定した発展を続けてゆく上で、ぜひとも必要なことだといえるだろう。

中国社会を知るための一つの道は、それを歴史的な視野のなかに位置づけてみることである。中国の歴史を考えるとき、かつては、中国の歴史は同じような王朝交替の繰り返しで発展がない、といった見方をする人々もあった。また一方では、中国の歴史もヨーロッパと同様の発展をしてきたはずだと考えて、ヨーロッパのモデルをものさしとして中国の歴史発展を理解しようとする試みもおこなわれた。しかし、その両方ともバランスのとれた見方とはいえないだろう。中国社会は、他地域と活発な交流をおこないつつも、ヨーロッパや日本とは大きく異なる独自の道筋で、ダイナミックな歴史的展開を見せてきた。本書は、その道筋について、できるだけわかりやすく簡明なスケッチを試みるものである。

本書で留意した点は、いくつかある。一つは、「中国」を孤立して取り上げるのではなく、周辺諸地域との関係を重視したことである。そもそも「中国」とは何か、と考えてみたとき、中国それ自体がさまざまな文化が交流する複雑な過程のなかでつくられてきたものであることに思い至る。周辺諸国が中国の影響を受けたというばかりではなく、中国そのものが、周辺諸地域との対立や文化的融合を通じて形づくられてきたのである。一九世紀後半以後、東アジアの諸国は、欧米を中心とする近代的国家体制のなかに組み込まれ、自立と発展を目指して、国家意識の強化につとめてきた。しかしそのために、歴史学においては、国家や民族のまとまりが過度に強調される結果、近代的なナショナリズムが過去の歴史に無自覚に投影されたり、国家の枠組みにはまりきらない文化や経済の交流の複雑な様相が捨象されたりする傾向がなかったとはいえない。この十数年来の歴史学は、近代的な国家の枠組みにとらわれた見方を反省し、近代以前の東アジア諸地域のさまざまなまとまりのあり方を、多様な角度から考察しようと努力してきた。本書も、そのような立場に留意して、「中国」の歴史の流れを柔軟な視点から描くことを目指した。

第二に、中国社会の特質と歴史的変化との関係である。中国社会の特質といっても、それは全く変化を見せない固定的なものではない。しかし一方で、王朝の交替や時代的な変化を通じて存続する中国社会の特徴ともいうべきものがあるのも事実である。各章ごとに時代の流れを追っていく本書のような書き方では、そうした長期持続的な特徴はこぼれ落ちてしまいやすいため、本書ではところどころで意識的にそのような中国社会の特徴に触れるようにつとめた。特に、各章に設けた【焦点】のコラムのいくつかでは、儒教や「家」の問題など、中国社会の特徴にかかわる重要な問題を、長期的な視点から概説することを試みた。

第三に、各章に【史料】の欄を設けて、読者に二頁ほどの史料を読んでいただくようにしたことである。歴史を学ぶ楽しみは、単に知識を得るというだけでなく、史料を通じて当時の人々の声に接するというところにもある。もちろん、日本語に翻訳したものであるので、当時の人々の声そのままというわけにはいかないが、ある程度、雰囲気を感じ取っていただけるのではないだろうか。同じ史料でもさまざまな着目点、さまざまな読み方があり、同じ史料から異なった結論が導かれることも、歴史学界では往々にしてある。著者の解説以外にも興味深い論点が見つかるかもしれないので、読者の方々には、史料をとばさずにじっくり読んでいただくことをお願いしたい。

本書の執筆に際しては、以前に放送大学の教材として書かれた斯波義信・浜口允子『中国の歴史と社会』(一九九八年)、および浜口允子・岸本美緒『東アジアの中の中国史』(二〇〇三年)から若干の図版や年表を転用させていただき、また後者の岸本執筆部分とは文章が重なっているところもある。その点を読者におことわりするとともに、関係者に御礼を申し上げたい。理解を助けるために、表やグラフ、地図や年表・写真などを掲げているので、これらを十分に活用していただければ幸いである。また、巻末には、入手しやすいものを中心として、一部ではあるが参考文献を付した。これらの参考文献を手がかりとして、中国史のさらに豊かな面白さを自ら探究してくださるよう、お勧めしたい。

なお末筆になったが、編集にあたって多大のご尽力をいただいた放送大学教育振興会の井上朗氏に、この場を借りて厚く御礼を申し上げたい。

二〇〇七年一月

著　者

黒竜江（アムール川）
モンゴル高原
ゴビ砂漠
東北平原
遼河
モンゴル高原
大運河
黄海
黄土高原
華北平原
黄河
渭河
嶺山脈
淮河
長江
東シナ海
珠江
南シナ海

中国地勢図

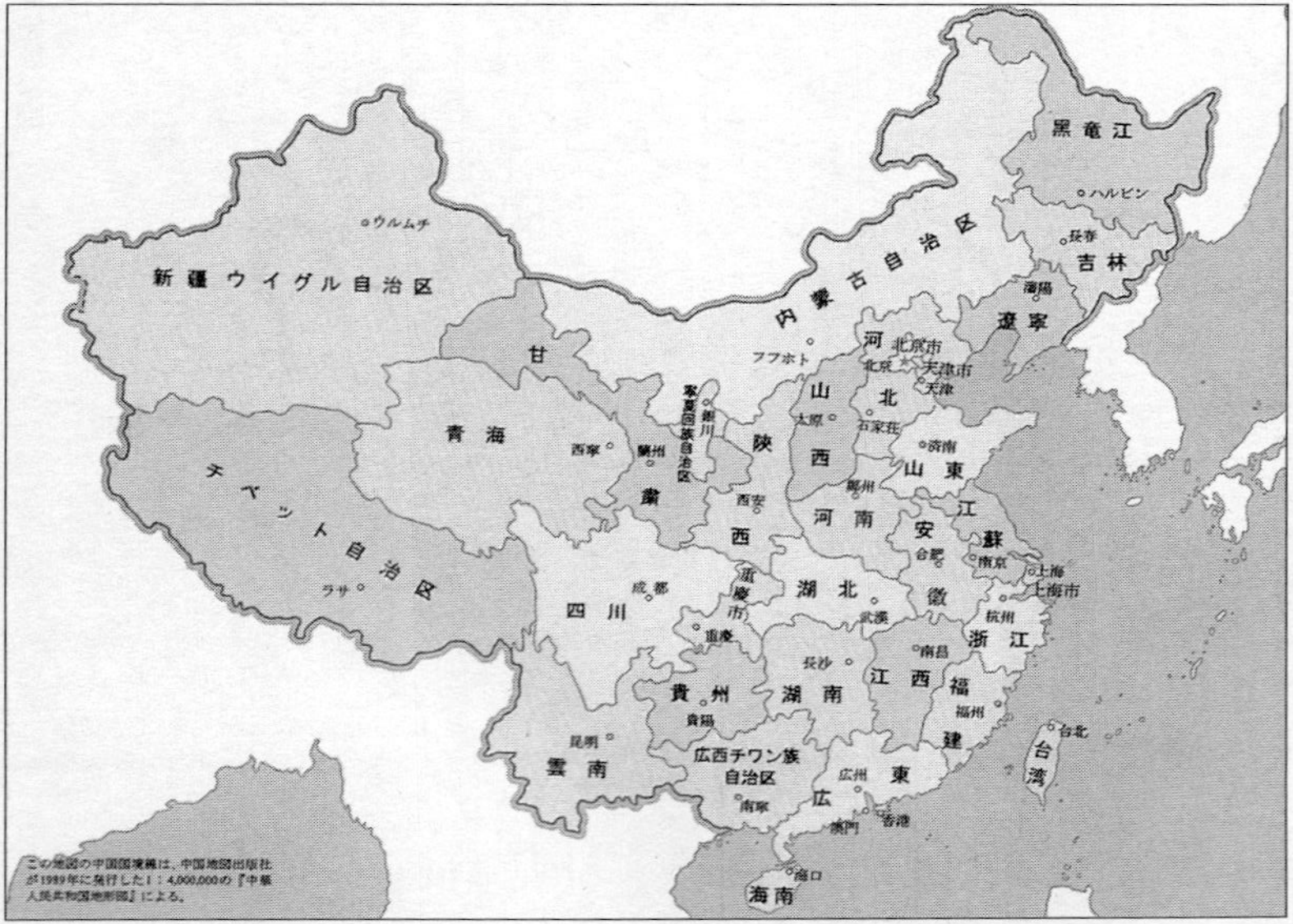
新疆ウイグル自治区
ウルムチ
チベット自治区
ラサ
青海
西寧
甘
粛
蘭州
寧夏回族自治区
銀川
内蒙古自治区
フフホト
黒竜江
ハルビン
吉林
長春
遼寧
瀋陽
河
北
北京市
北京
天津市
天津
石家荘
山
西
太原
陝
西
西安
山東
済南
河南
鄭州
江
蘇
南京
上海
上海市
安
徽
合肥
四川
成都
重慶市
重慶
湖北
武漢
浙江
杭州
湖南
長沙
江西
南昌
福
建
福州
貴州
貴陽
雲南
昆明
広西チワン族自治区
南寧
広
東
広州
香港
澳門
海南
海口
台湾
台北
この地図の中国国境線は，中国地図出版社が1989年に発行した1：4,000,000の『中華人民共和国地形図』による。

全国行政図

目次

中国の歴史

1 「中国」とは何か

現代中国は広大な領土のなかに、多様な自然条件の地域とさまざまな民族を含んでいる。そうした多様性にもかかわらず、なぜ中国は一つの国としてまとまっているのだろうか。中国の歴史を学ぶにさきだち、まず「中国」という言葉の意味から考えてみよう。

「中国」のなかの多様性

「中国」という言葉を聞いたとき、われわれはまず、ユーラシア大陸の東部に広がる中華人民共和国の領土の地図を思い浮かべるだろう。現在の中華人民共和国は、ロシア、カナダに次ぐ世界で第三位の広さの領土をもち、九六〇万平方キロメートルにおよぶその面積は日本の約二五倍である。広大な華北平原から西南のヒマラヤ山脈まで、また東南の湿潤なモンスーン地帯から東北の亜寒帯、西北の砂漠地帯まで、中国は、その領土のなかに多様な地形と気候をもつ諸地域を含んでいる。

そこに生活する中国人の人口は、約一二億九六〇〇万人（二〇〇四年）。一九七〇年代末以来の厳しい一人っ子政策[1]のおかげで、二〇三五年前後には人口数世界一の座をインドに譲りわたすことが予測されているが、目下世界総人口（六三億八九〇〇万人、二〇〇四年）の五分の一強を占める人口超大国である。

ただし、この一三億近い人口の分布を見ると、そこには大きな地域差がある。中国史のおもな舞台を形づくってきたのは、西南部の高原から東に流れる二筋の大河、すなわち黄《こう》河《が》と長江の流域である。双方とも流れの源はチベットに近接する青海地方であるが、黄河の方は北に向かい、北方の黄土《こうど》地帯を大きく湾曲したのち東に向かって流れ下り、華北平原を通って海に注ぐ。一方、長江の方は、比較的山がちな南部を東に向かって流れ、流域に肥沃な平野をつくりつつ、現在の上海付近で海に注ぐ。

現在でも中国の人口の大きな部分は、この二つの大河の流域（および広東の珠江《しゅこう》流域）に集中しているといってよい。そのことは、中国は二つの大河をそれぞれ中心とした北と南、二つの部分に分かれやすいということでもあり、歴史的に見て、黄河と長江の中間を東西に流れる淮河《わいが》の流域がしばしば南北分裂の際の境界となった。農業の面からいっても、古来、淮河のあたりが北部の畑作中心地域と南部の稲作中心地域とを区分する境目であり、したがって、小麦・雑穀を主食とする北部と稲米を主食とする南部というように、食生活も異なっていた。長江の下流域や福建・広東地方では、今日でも北方とは大きく異なる方言が話されている。この南北二つの地域のつながりをどのように維持するかは、歴代王朝にとって大きな課題だったのであり、黄河流域と長江流域とを南北に結ぶ大運河(2)は、その努力の代表的な表現ということができる。

この二つの大河流域の農耕地帯を取り囲んで、モンゴル国に隣接する北部やタリム盆地・チベット高原など西部地方には、一平方キロメートルあたり一〇人にも満たない人口密度の低い地域が広がっている。内モンゴル一帯は降水量が少なく寒冷な草原地帯であり、また、タリム盆地の大半はタクラマカン砂漠に占められている。さらにチベットは、平均

(1) 一九四九年に中華人民共和国が成立して以来、中国では死亡率の低下とともに人口が急増し、七九年までの三〇年間に約一・八倍となった。食糧生産が人口増に追いつかず、人口過剰の問題が深刻になるなかで、中国政府は七九年、厳しい出生制限策に転じ、子供一人の家庭を優遇する一方、無計画な出産に罰金を課するなどして、人口抑制につとめた。

(2) 隋(五八一〜六一八)の時代につくられ、現在の杭州から北京付近までを南北に結んだ(一〇六頁参照)。

標高四〇〇〇メートルを越し「世界の屋根」と呼ばれる地域である。厳しい自然条件のもとにあるこれらの地域は、歴史上、遊牧やオアシス農業を生業とする諸集団の生活の舞台となってきた。

中華人民共和国の民族分類法によれば、中華人民共和国には、約九二パーセント（二〇〇〇年調査）という圧倒的多数を占める漢族のほか、五五の少数民族が居住するとされる。(3)中華人民共和国とは、それらの諸民族によって構成される多民族国家であり、なかでも、北部から西部にかけての周縁部には、モンゴル族、ウイグル族、チベット族などの少数民族が多く居住し、内モンゴル自治区、新疆《シンチャン》ウイグル自治区、チベット自治区など省級の自治区がおかれているのである。

「中国とは何か」を考える場合、忘れてならないことは、中国の風土やそこに住む人々の多様性である。このような多様性をもつ地域と人間集団が、どのようにして「中国」の一部と考えられるようになったのか。「中国史」を学ぼうとするとき、われわれは往々にして、昔から「中国」という国があり、同じ文化を共有する「中国人」というはっきりした集団があったかのように考えがちだ。しかし、「中国」というまとまりは、太古から現在のような形で存在したのではなく、さまざまな文化や生業をもつ東アジアの諸集団の交渉のなかで、長い歴史を経て形成されてきたことに留意する必要がある。

「中国」観念の形成

「中国」という言葉はいつごろから使われるようになったのだろうか。前一〇世紀から前八世紀のころの周《しゅう》代の歌謡を集めたといわれる『詩経《しきょう》』(4)の詩のなかにはすでに「この中国を恵《め》でて以て四方を綏《やす》んぜよ」といった句が見える。同じ詩にまた「この京師《けいし》(都のこと)を恵でて以て四国を綏んぜよ」ともいうので、ここでいう「中国」とは、今日われわれが考えるような広い領域をもつ「中国」ではなく、都ないしその周辺の狭い地域を指すものだったといえるだろう。じっさい、春秋時代(5)までの初期国家は、城壁に囲まれた都市

(3) 何をもって民族を区別するかというのは難しい問題だが、中国では、言語や風俗、宗教などの違いによって民族を区別しており、その結果、現在では五五の少数民族が識別されている。少数民族のなかで最大のチワン族(広西を中心に居住)は一六〇〇万人以上の人口をもつが、人口数千人の小さな民族もある。

(4) 中国最古の歌謡集。のちに儒学の経典の一つとされたが、それは、これらの詩には悪政を批判したり風俗を改善したりする作用がある、という考え方にもとづくものである。

を中心に狭い地域を支配する都市国家およびその連合体にすぎなかったのである。点在する都市の間には、国家の統制のおよばない異民族の住む荒野が広がっていた。

しかしその後、戦国時代(6)を通じ、農地の開発が進み、広い領域を面として支配する国家が生まれてくる。そしてさらに、戦国時代の諸国の交流のなかで、衣食住などの風俗や儀礼を共有する諸国が、東西南北の「夷狄《いてき》」との対比で自らを「中国」として意識するようになる。「徳を以て中国を柔《やす》んじ、刑を以て四夷を威《おど》す」（『春秋左氏伝《しゅんじゅうさしでん》』(7)）とか、「中国に莅《のぞ》みて四夷を撫《ぶ》せん」（『孟子《もうし》』(8)）のように、戦国時代の文献には、「中国」を上位において「四夷」と対比する用法がしばしば登場する。

戦国時代のはじめには、「中国」と呼ばれる範囲は、殷《いん》・周など初期王朝の中心地に近い黄河中流域の諸国に限られ、長江より南の諸国（楚《そ》・呉《ご》・越《えつ》）や西方の秦などは「戎翟《じゅうてき》」「蛮夷」などと呼ばれて、「中国」のなかに入らなかった。しかし、しだいにそれらの国々も「中国」のなかに組み込まれてゆき、自らを「中国」の一部と意識するようになる。そして、秦による統一を経た漢代になると、統一王朝の直接支配領域をほぼ「中国」に重ね合わせてその外の領域と対比する用法が定着してくる。「匈奴《きょうど》は常に中国の患害たり」「天下に名山は八あり、而して三は蛮夷にあり、五は中国にあり」（いずれも『史記《しき》』(9)）といった言い方は、そうした用法の例といえるだろう。

「中国」と「天下」

ここで注目しておきたいのは、「中国」とはもともと、国の名前ではなく、複数の国を含むゆるい文明圏を指す語だったということである。「中国」(「華夏」「中華」などともいう)という語はその後も帝政時代を通じて用いられ続けるが、それは「世界の中央にある(われわれの)領域」といった漠然とした意味であった。

「天下」の中心には高い文明をもつ「中国」があり、その周辺にはいまだ文明の恩恵に浴

(5) 前七七〇~前四〇三(五五頁参照)。
(6) 前四〇三~前二二一(五六頁参照)。
(7) 『春秋』とは、諸侯の一つである魯《ろ》の国の年代記で、儒学の祖の孔子が編纂したとされる。この書物で扱われている時代をのちに春秋時代とするようになった。『春秋左氏伝』は、前四世紀後半から前三世紀はじめころにつくられた『春秋』の注釈書。
(8) 前四世紀後半から前三世紀はじめころの儒家の思想家である孟子の言行を記した書物。
(9) 漢代の人、司馬遷の著作(三七頁参照)。

さない「夷狄」が住んでいる。徳の高い君主が出現すれば、「夷狄」もしだいに感化されて進んで「中国」に従属し、「中国」の領域は無限に広がってゆくだろう——このような伝統的な世界像は、今日、「華夷《かい》思想」「中華思想」等と呼ばれている。しばしば批判されるように、そこにはたしかに、中国を高しとして夷狄を蔑視する意識が含まれている。

しかし、それは必ずしも夷狄に対する排外的な差別としてあらわれるとは限らなかった。唐代の韓愈《かんゆ》(10)は「孔子が春秋をつくったとき、諸侯で夷狄の礼を用いる者はこれを夷狄とし、中国に入る者はこれを中国としたのだ」と述べているが、中国文化を取り入れる者ならば出身を問わず誰でも「中国」のなかに包含しようとする包容性も、「中国」観念の一つの特色と見ることができる。

今日のわれわれの常識的な世界像では、固有の文化をもつ民族がそれぞれの国家をつくり、はっきりした境界をもって共存し、その境界のなかでおのおの国家は他国の干渉を受けずに主権を行使する、ということが当然と考えられているといえよう。このような「国民国家」「主権国家」の考え方は、一六、一七世紀以降のヨーロッパでしだいに成長してきたものであり、一九世紀以来の欧米の世界進出とともに世界中に広まっていった。欧米の支配に対抗するアジア・アフリカの民族運動もまた、このような欧米起源の国家観にもとづいていたのである。

このような「主権国家」「国民国家」の世界像と中国の伝統的な「華夷思想」の世界像とを比べてみると、以下のような相違が指摘できよう。第一に、それぞれ固有の文化をもつ多くの国々が競争するという「国民国家」の世界像と異なり、「華夷思想」では、天下の中心は単一であり、その中心に周辺が服属することがあるべき姿と考えられている。第二に、「主権国家」の世界像における国家が、領土という点でも国民という点でもはっきりした境界をもち、その内部では排他的な管轄権をもつのに対し、「華夷思想」の場合は国家の境界がはっきりせず、徳の高い君主を中心にして周辺部にしだいに感化がおよんでゆくというイメージで世界をとらえるのである。

「中国」とは、以上のような華夷思想の世界像のなかで、「夷狄」に対比して文明の高い中心部を漠然と指す語として使われていた。帝政時代の「中国」の人々にとって「国の名前〈国号〉」とは、「漢」「唐」などの王朝名であって、「中国」ではなかった。ほかの地域の人々もこの地域を「中国」ないしそれを語源とする語で呼ぶことはあまりなく、たまたま接触した王朝名に由来する語で呼ぶのが普通であった。「秦」に由来するといわれる

---

(10) 七六八〜八二四。古文の復興を唱えた学者。

く存続している。一方、中国の国籍をもつ「中国人」のなかにも、言語・風俗などの面で「中国」と異なる文化的伝統を持つ少数民族の人々がいる。国籍と文化的アイデンティティとは必ずしも重なりあわないので、「中国人」「中国文化」といった語を使う場合は、その点に留意する必要がある。

中国における祖先祭祀　『清俗紀聞』より。『清俗紀聞』は、18世紀の末に日本の長崎でつくられた中国風俗図鑑。

【焦点】 中国文化とは?

「中国人」の基準が血統よりも文化の受容にあるとするなら、その中国文化とはどのようなものだろうか。時代によっても異なるが、大きく見て、礼儀風俗の面と言語文字の面との二つをあげることができよう。

礼儀風俗についていうと、孔子が『論語』のなかで、「被髪《ひはつ》左衽《さじん》(髪を結ばず、衿を左前に合わせる)」という言葉で夷狄を表現しているように、服装や髪型がまず目につきやすい指標である。さらに、尊卑長幼の序や男女の別を守ったり祖先祭祀をおこなったりするといった家族道徳も「中国人性」の重要な要素である。中国の人々の観点からは、世代間の秩序や男女の別を厳格に守らない周辺民族の風俗は、「礼」を知らない野蛮さの表れと見なされた。

一方、漢語を話し、漢字を使って漢文を書くという能力も「中国人であること」に大きくかかわる。むろん、広い中国には、互いに言葉が通じないほどの多様な方言が存在し、また一般庶民の大多数は漢字の読み書きができなかった。しかし、正しい漢語を尊重し、漢文の書ける人を尊敬するという意味では、彼らも中国文化のなかにあったといえる。

現在、東南アジアを中心に世界各地に居住する中国人移民の子孫たちのなかには、居住国の国籍を取得し、また中国語が話せない人々も増加しているが、そのような人々のなかにも、祖先祭祀や家族観念にもとづく「華人」アイデンティティは根強

「チン」系の呼び名（漢訳仏典中の「支那」、英語のチャイナ、フランス語のシーンなど）、「契《きっ》丹《たん》」に由来する「キタイ」系の呼び名（ロシア語のキタイなど）、日本で使われてきた「唐」などがそれである。(11)

近代ナショナリズムと「中国」観念

「中国」という語がはっきりした国の名前として用いられるようになったのは、近代のナショナリズムが中国におよんできた一九世紀末以降のことである。清末の改革思想家梁《りょう》啓超《けいちょう》は、自国の歴史をいかに名づけるか、という問題に関して、さまざまな呼び方を考慮した上で、「中国史」という名称を提案している（【史料】参照）。黄河文明以来、ユーラシア大陸の東部を舞台に展開してきた歴史を「中国史」と呼ぶことは、われわれにとってはあたり前のこととなっているが、「中国史」という呼び方は、たかだか一〇〇年ほど前に用いられるようになったものであることが知られよう。

ここで梁啓超が採用した「中国史」という言葉には、いくつかの主張が込められているといえよう。一つは、「日本」「フランス」などと並ぶ世界の国々の一つとして中国をとらえようとする主張である。「華夷思想」においては、「中国」は天下の唯一の中心であり、それゆえに特に他と区別する名前をつける必要はなかったわけだが、梁啓超の時代には「民族がそれぞれの国を尊ぶのは現在の世界の通義」と考えられるようになったのである。第二は、国家の本体は王朝ではなく国民である、という考え方である。漢や唐といった王朝は皇帝一家（漢なら劉氏、唐なら李氏）の物にすぎず、王朝の交代を超えて連続する国民国家を表現するにはふさわしくない――そこから「中国」という言葉が選び取られているのである。

梁啓超をはじめとする近代中国のナショナリストたちの課題は、中国を、厳しい国際競争のなかで勝ち残ってゆけるような強い国にすることであった。そのためには、すぐれた君主を中心に徳化《とくか》が周辺におよんでいくといった伝統的な世界観を脱却し、はっきりした枠をもつ「中国」の形象を生み出すとともに、それを支える気概をもつ団結した「国民」をつくり出すことが必要であった。一九一二年に成立した中華民国も、一九四九年に成立した中華人民共和国も、経済的・制度的な国家建設のみならず、そうした精神的国家統合

(11) インドで成立した仏教は紀元一世紀ころ中国に伝わり、四世紀以降には、仏教の経典の漢語訳が盛んにおこなわれて社会一般に広まった。

言い方かもしれないが、民族がそれぞれの国を尊ぶのは現在の世界の通義であり、わが同胞が名と実の関係を深く洞察してくれればそれも精神を奮い立たせる一つの道であろう。

梁啓超

*梁啓超　1873〜1929。広東省出身の学者・政治家・ジャーナリスト。康有為とともに清末の改革運動である戊戌《ぼじゅつ》の変法に参加したが、保守派のクーデタがおこると日本に亡命し、『清議報』『新民叢報』などの雑誌を刊行して、日本で吸収した新思想・新学問の普及につとめた。その文章は平易で明晰であり、当時の中国の若い知識人に圧倒的な影響を与えた（第11章を参照）。歴史学の方面でも、中国の伝統的な歴史学を批判して「史学革命」「新史学」の必要性を提唱し、個人の行為や王朝の盛衰でなく社会全体の進化を明らかにすべきであると論じた。

**インドで中国を指して用いられたシニスタンという語——「シン（秦）の土地」という意味——に漢字をあてたもの。

【史料】 梁啓超* 「中国史叙論」1901年（『飲冰室文集』六）

歴史とは、世の中の過去の事実を記述するものである。しかし、世界の学術は日進月歩であり、近代の歴史家の本分は過去の歴史家とは異なる。過去の歴史家は過去の事実を記述するだけだったが、近代の歴史家はそれら事実の間の関係や原因結果を説明しなければならない。過去の歴史家は少数の権力者の興亡盛衰を述べるだけで、歴史とはいっても一人一家の家系を記すに過ぎなかったが、近代の歴史家は必ず社会全体の運動進歩とすべての国民の経験及びその相互関係を考察しなければならない。この点からいうと、中国には未だかつて歴史書がなかったといっても過言ではないだろう。……吾人が最も慙《ざん》愧《き》に耐えないのは、我が国に国名がないということである。一般の呼称では、諸夏・漢人・唐人などというが、いずれも王朝の名である。外国人の呼称では震旦《しんたん》**・支那などというが、いずれも我々が自ら命名したものではない。夏・漢・唐などを以て我が歴史を名付けるのは、国民を尊重するという方針に反する。震旦・支那などを以て我が歴史を名付けるのは、名は主人に従うという公理に反する。中国・中華という名は、自惚れの気味があり批判を受けるかもしれない。しかし、一家の物にすぎない王朝名で我が国民を汚すことはできないし、外国人のかりそめの呼び名を我が国民に押しつけることもなおさらできない。三者ともに欠点があるなかで、やむをえず、吾人のふだん使っている言葉を採用して「中国史」と呼ぶこととしたい。これはやや驕《おご》ったの課題を受け継いできたということができる。

中国に限らず、日本も含めて近代の諸国家における歴史学は、このような精神的国家統合の課題と結びついて発展してきた。われわれの歴史認識は、そうした近代の知的営みの結果として形成されている。ただ、そこで重視された近代的な国家の枠組みを無自覚に過去に投影して歴史を見ると、そこには思わぬ歪みが生じかねない。その点に留意しつつ、以下、「中国」の歴史的成り立ちを振り返ってみたい。

2　中国初期王朝の形成

本章では、中国における文明の発生から殷・周など初期王朝の成立までを扱う。この時代に関する研究は、二〇世紀初頭以来の考古学的発見によって飛躍的に進展し、中国各地の新石器文明の特徴や、初期王朝の実像が明らかになりつつある。そのような考古学・歴史学の動きにも注意しながら、この時代の歴史を概観する。

中国の歴史のはじまり

前漢時代の歴史家司馬遷(1)によって著された『史記』は、当時の視点から見た「世界通

（1）　前一四五（一三五という説もあり）～前八七ころ。漢の武帝のころの人。記録を司る官

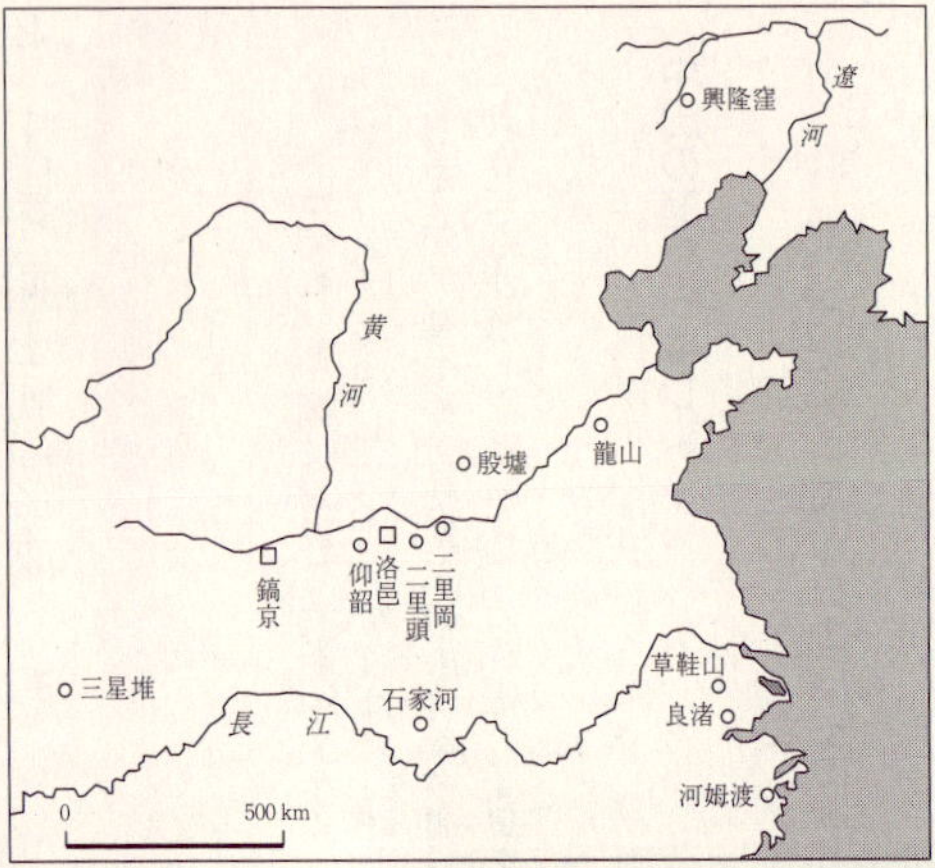

◀中国の考古遺跡

▲饕餮紋《とうてつもん》のついた殷の青銅器

饕餮紋（上の青銅器の一部を拡大）▶

▲殷王朝とほぼ同じ時代のものと見られる四川省の三星堆《さんせいたい》の遺跡からは、飛び出た眼と大きな耳をもつ仮面などを特徴とする青銅器が多く出土している。

史」といえるが、そこでは歴史のはじまりは次のように描かれている。まず「五帝本紀」として、黄帝《こうてい》にはじまる伝説上の五人の帝王（黄帝・顓頊《せんぎょく》・帝嚳《ていこく》・尭《ぎょう》・舜《しゅん》）の事績が記され、続いて舜から天子の位を受け継いだ禹《う》が建てたとされる夏《か》王朝（「夏本紀」）、暴君によって国の乱れた夏に代わり天下を支配した殷《いん》王朝（「殷本紀」）、同じく暴政によって乱れた殷を滅ぼした周王朝（「周本紀」）、の三代(2)の諸王の統治が記述され、さらに周が分裂状態に陥った春秋戦国の動乱のなかから勢力を伸ばしてのちに天下を統一する秦国の歴史（「秦本紀」）が描かれる。このようにして、太古の歴史は、分裂時代を含みながらも、天下を支配する王朝が次々とバトンタッチしていくような一筋の線として構成されているのである。帝政時代の中国人にとって、『史記』の記述は古代史認識の基礎をなすものであ

の家に生まれ、父の死後、宮中の図書や自らの見聞にもとづき、『史記』を著した。『史記』は、君主の事績を年代順に記した「本紀」と、大臣や有名人物の伝記である「列伝」を組み合わせる形で書かれており、こうした歴史記述の形式を「紀伝体」という。「紀伝体」は、その後の中国の歴史記述の正統的なスタイルとなった。

(2) のちの儒教の歴史観のなかで、夏・殷・周（まとめて「三代」という）の盛期は、すばらしい統治のおこなわれた時代として理想化され、改革のモデルとされることが多かった。

った。

歴史のはじまりについては、どこまでが伝説でどこからが実際の歴史なのか、境目はあいまいであったが、周代の歴史については、王朝の実在を示す青銅器などの遺物はもともと豊富で、宋代ころから多くの学者が青銅器の銘文を収集するなどの作業をおこなってきた。それに対して殷王朝の歴史の実像は、帝政時代には茫漠としたままであった。一九世紀末、中国のある学者が、漢方薬として用いられていた獣骨の上に記された文字と『史記』の「殷本紀」との関連に偶然気づいたことから甲骨文字の解読が進み、殷王朝の実在が確かめられた。(3) また一九二八年からはじまった河南省安陽市の殷墟の発掘によって、殷後期の大規模な宮殿や王墓、大量の青銅器や玉器が発見された。(4)

殷墟の発掘の開始とほぼ時期を同じくして、黄河の流域では中国文明の起源を探る考古学的な調査が進み、スウェーデンの学者による河南省仰韶《ヤンシャオ》での彩文土器の発見、中国の学者による山東省龍山《ロンシャン》での黒陶の発見、など重要な発見が相次いでおこなわれた。出土地層の上下関係にもとづき、仰韶文化から龍山文化が成立したことも明らかになった。さらに、中華人民共和国の成立後には、殷墟より以前の初期王朝の遺跡を求めて発掘がおこなわれ、殷墟に先立つ殷前期の都城とされる二里岡《アルリーカン》の遺跡や、多くの中国の学者が夏の都城と見なす二里頭《アルリートウ》の遺跡(いずれも河南省)が発見されて、黄河流域における新石器文化の発生から『史記』に記された初期王朝が成立するまでの過程がしだいに解明されてきたのである。

中国文明の多元性

このようにして黄河流域を中心とした考古学的発掘調査は一九二〇年代以来めざましく進展したが、一九七〇年代ころから中国の考古学は大きな転換を見せはじめた。それは、中国文明の発生をめぐる「一元論」から「多元論」への転換ということができる。

黄河流域に焦点をあてた研究においては、中国文明は黄河流域に発生し、それが周辺に伝播してゆくといった見方が有力であった。黄河流域以外の新石器文化は、黄河文明の影響を受けて成立した後進的文化と見られがちであった。それは、初期王朝の基盤である「中原《ちゅうげん》」（黄河中流域の現在の河南省およびその周辺の地域）を中心に歴史のはじまりを描こうとした『史記』の歴史観とも共通する、一元的な観点であったといえよう。

（3）殷で占いに用いた文字。（四七頁参照）
（4）殷墟は従来、殷の後期の都城と考えられてきたが、城壁が発見されていないため、王都ではなく、墓地や祭祀の場所であるとする説も有力になっている。

それに対し、一九七〇年代から急速に進められた中国各地での発掘調査により、各地の新石器文化が必ずしも黄河流域の影響を受けて発生したのではなく、それぞれの地域で独自に発達したものであることが明らかになった。これらの新石器文化はその後の王朝形成に結びつかず、それゆえに史書にあらわれることもなかったが、同時期の黄河文明に劣らない水準をもっていたのである。現在では、中国の新石器文化にはいくつかの異なる系統があるという多元論が主流となっている。たとえば、長江中・下流域を中心とする東南系統、中原を中心とする華北系統、遼河《りょうが》流域を中心とする東北系統、の三大系統論(5)などである。

農耕の確実な証拠があらわれるのは前六〇〇〇年ころであり、黄河中流域ではアワ・キビ・豆などの雑穀栽培が、長江下流域では水田稲作がはじまり、狩猟採集と農耕、およびブタなどの家畜飼育を組み合わせた生業形態がとられるようになった。前五〇〇〇年ころには、黄河・長江流域いずれにおいても直径一〇〇〜二〇〇メートル程度の環濠《かんごう》に囲まれた数百人規模の集落が出現する。遼河流域では農耕の発生は遅れたが、前六〇〇〇年ころから黄河・長江流域の遺跡に劣らない大規模な集落が見られ、恵まれた自然環境のもと、シカやイノシシ、川魚、クルミなどの狩猟採集に依存した豊かな生活を営んでいたことが知られる。

これらの諸文化の交流はしだいに密接になり、前三〇〇〇年ころには共通の文化要素をもつ広域の交流圏が形成されるようになった。ロクロを用いる薄手の黒陶が黄河流域から長江流域に至る広い地域に分布しているのは、諸文化の相互作用が緊密になってきたことを示す一例である。

城壁に囲まれ深い濠をもった、面積数十ヘクタールにおよぶ大型城郭集落が各地に出現してきたことも、この時期の特色である。そのような集落の大規模化の背景には、農耕技術の進歩による人口の増大とともに、集落間の交流の密接化があるといえよう。交流の密接化は、文化の伝播のみならず、一面では集落間の争いを引きおこす。前三千年紀の遺跡からは、矢じりが突き刺さったり石器で斬られたりした痕跡のある戦死者と見られる人骨が出土するようになる。集落間の争いのなかで自衛するためには、多数の人々の共同作業によって、大規模な城郭を建設することが必要になる。大量の玉器が副葬された巨大な墓は、そのような工事や戦いを指導する首長のものと考えられる。龍山文化が最初に発見された山東省の城子崖《チエンツーヤー》遺跡はそのような大規模集落の例であるが、華北のみならず、湖北省

---

(5) 中国の考古学者、厳文明氏の説。

の石家河《シーチアホー》遺跡など長江中流域にも、巨大な城郭集落を中心に半径一〇〇キロメートルにもおよぶ周辺の諸集落を統合する集落連合の例が見られる。中国の初期王朝は、そのような集落連合として成立してくるのである。

初期王朝の形成

前三千年紀後半に長江中・下流域の諸文化は衰退し、黄河中流域で龍山文化に続いておこってきた二里頭文化や二里岡文化の影響力が、その空隙を埋める形で拡大していった。先に述べたように、二里頭や二里岡の遺跡は、中国の初期王朝である夏や殷の都城と考えられている。なぜこの地域が初期王朝の中心地となったのか、という理由として、この地域が「中原」と呼ばれるように、中国大陸の東西・南北の交通の結節点にあり、地域間交流の中心地であったということが考えられよう。

二里頭の遺跡では、前二〇〇〇年ころにつくられた宮殿と見られる大きな建造物の跡が発掘されるとともに、青銅器・玉器など儀礼用の器物が出土しており、大規模で複雑な政治組織の存在が推定されている。『史記』などの文献上に見える夏王朝とこの遺跡を結びつける学者も多いが、この遺跡が夏王朝の宮殿であるという決定的な証拠は今のところ出ていない。

『史記』など中国の文献に出てくる初期王朝のなかで、その存在が確証されている最初の王朝は殷である。殷墟から出土した甲骨文に出てくる王の名（武丁、祖甲、武乙など）[6]が、『史記』に記されている殷王の系譜とほぼ一致することから、殷墟が殷の後期の遺跡であることが証明されたのである。そして、その後発見された二里岡遺跡の出土土器の組成や型式が殷墟のそれと同系統であることから、今日では、二里岡文化に属する鄭州《ていしゅう》商城が、紀元前一七〇〇年ころにはじまる殷王朝の初期の都城であると推定されている。

殷という王朝の特色を、まずその政治組織の面から見てみよう。殷の後期には、その支

(6)　殷の王の名には、甲・乙・丙・丁・戊・己・庚・辛・壬・癸という十干の字がつけられ、これらの字はまた、日を表すのにも用いられていた。松丸道雄の説によると、それは当時の「十個の太陽」の神話による。すなわち、太陽が一〇個あってそれぞれ甲・乙などの名をもち、一つずつ順繰りに出てきて一〇日で一巡すること、そして、一〇個に分割された殷の王族組織のそれぞれが一つの太陽の末裔であること、が信じられていた。つまり、甲の太陽の出てくる日が甲と名づけられ、甲の太陽の子孫である一族の王の名には甲という字がつき、甲という名の祖先は甲の日に祭られるわけである。

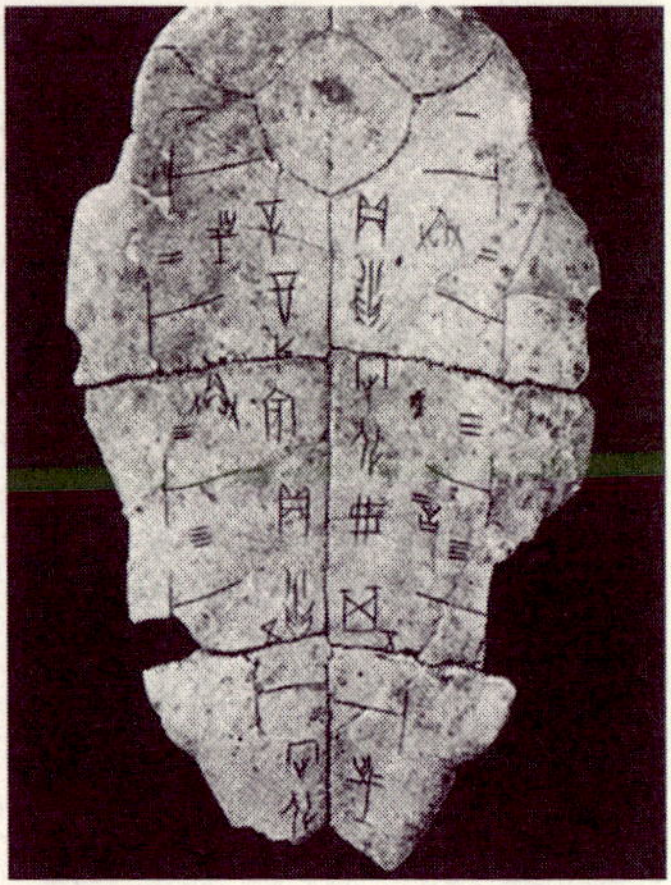

甲骨文字

配の影響力は、殷墟を中心に、東は山東、南は長江に至る半径六〇〇キロメートルほどの地域に広がっていたと考えられている。しかし、殷が直接統治していたのは、都城周辺のごく限られた地域にすぎない。殷の支配体制は、「邑《ゆう》」（城壁をもつ都市）[7]の連合体と見ることができる。大邑を中心に多くの小邑を従属させた有力氏族が王のもとに連合し、王は要所に軍事拠点を設けて監視をおこなうとともに、宗教的儀礼を通じてこれら氏族への支配を維持した。王族は一〇の支族に分かれ、それらの支族のなかから、交替で王と王妃が選出された。このような統治の方法は、のちの中国の政治体制の基本となった世襲的な君主による中央集権的な統治体制とは、大きく異なるものである。

殷王朝のもう一つの特色は、宗教的な性格の強さである。殷王朝では、祖先祭祀を鄭重におこなうほか、「帝」「上帝」などと呼ばれる最高の神を崇拝していた。甲骨文は、亀の腹甲や牛の肩甲骨に穴を開けて火であぶり、できたひび割れで神意を占った記録であるが、その多くは、天候や農作物の作柄、また戦争の勝敗などに関して「帝」の意思を問うたものである。殷王朝の宗教的な性格を示すものとしては、このほかに青銅器鋳造技術の発達がある。殷の青銅器は、精緻で怪異な文様で際立っており、巨大なものでは数百キログラムもある。これらの青銅器には、酒や食物を入れる器が多いが、いずれも祭祀に用いられたものである。特に饕餮紋《とうてつもん》といわれる怪獣の顔の文様をつけたものが多く見られ、殷の青銅器の特色をなしている。王のもつ霊力によって諸邑を統合してゆく殷の統治にとって、神意を問う占いや、重厚な祭器を用いた祭祀などの儀礼は、極めて重要なものであった。

さらに、中国史における殷王朝の重要性は、今日の漢字の原型となる文字の使用にある。甲骨文字以前の文字と考えられるものが新石器時代の遺物のなかに発見されているが、それらはごく零細な例であり、漢字の起源と考えることはできない。それに対し、現存する甲骨片のなかには、約五二〇〇字もの文字が確認でき、それらは今日の漢字に直接に連な

(7) 都市のことを中国語では「城」「城市」というが、中国の都市は城壁に囲まれていることが一般的であった。現在の中国の都市がほとんど城壁をもたないのは、二〇世紀になってから、交通の妨害になる城壁が壊された結果である。

るものである。中国文化の核心の一つが漢字にあるとするなら、その基礎は殷の時代に築かれたといえる。

周王朝と封建制

殷は紀元前一七〇〇年ころから六〇〇年以上の間、中原を支配したが、その殷を倒したのは、殷の支配領域の西端（現在の陝西《せんせい》省のあたり）で勢力を伸ばした周であった。周は紀元前一一世紀に殷を滅ぼして、鎬京《こうけい》（現在の西安《せいあん》付近）に都を定めた。[8] 殷周交替の事情につき、『史記』などの文献史料には、殷の紂《ちゅう》王が暴君であり、酒池肉林の歓楽に溺れる一方、重税や酷刑で人々を苦しめたため、周の武王が人々の支持を得て正義の軍をおこし、殷を滅ぼした、という話が載っている。この話をそのまま信ずるわけにはいかないが、少なくとも当時、周の人々が、「殷の支配者層が酒に溺れて悪政をおこなったため、天命を失って周に敗れた」という形で殷周交替を正当化していたことは、確かである。それは、周代前期の青銅器の銘文に周の王の言葉として、「殷が命（天命）を失ったのは、殷の役人たちが中央でも地方でも酒に溺れてしまったからだ」といった内容があることからもわかる。五〇～一頁の【史料】に引いた『書経』の一節は、武王の子の成王が叔父の康叔封《こうしゅくほう》に述べた言葉とされるが、これもそのような考え方のあらわれである。天は悪政をおこなう君主から天命を取り上げ、徳の高い人物に天命を授けて新たな君主とする、という考え方は、王朝交替を説明する論理として、この時期以後、広まっていった。

殷を滅ぼしたのち、周王朝では、王の一族の有力者や功臣および土着の首長に邑を与えて世襲の諸侯とし、諸侯はさらにその家臣に世襲の領地を分与して民を支配させた。封土の分与によって結ばれたこのような周代の政治システムは、「封建」(9)と呼ばれる。周の場

(8) その後、紀元前八世紀の前半に、周は洛陽に遷都するが、その洛陽遷都までを西周という。洛陽遷都から秦によって滅ぼされるまでを東周というが、東周の時期には周は支配の実権を失っていたため、日本ではこの時期を東周時代とはいわず、春秋・戦国時代と呼ぶことが多い。

(9) もともとは、土盛り(封)をして境界を定め、土地を分け与えて治めさせることをいう。「封建」という言葉は、近代に至って西洋中世のフューダリズムの訳語として用いられるようになり、現在の歴史学では、西洋中世に似た分権的な政治システムや土地制度を指すのに「封建」という語が用いられている。より一般的には、非民主的な制度や思想を批判するのに「封建的」という言葉を使うこともある。

わが周の将来をうつして見なくてよかろうか。」（赤塚忠訳『書経・易経（抄）』平凡社中国古典文学大系、1972年、より）

*『書経』は、古の諸王の事績を述べた書物で、儒教の経典のなかでは、『詩経』と並んで比較的早い時期につくられ、遅くとも戦国時代には、現在の『書経』のもとになる文献が成立したと考えられている。尭・舜・禹など伝説的諸王の事績を扱う部分はむろんのこと、殷・周の諸王の事績についても、『書経』の伝える内容が歴史的事実だということはできない。しかし、ここに引いた「酒誥」（誥とは王の布告文）の内容は、西周初期の青銅器の刻文とも重なっており、殷の滅びた原因を過度の飲酒に求める考え方が西周時代にあったことは確かだといえよう。それは、単に殷代の人々が酒好きだったということを示すだけでなく、豪華な祭祀によって天の恩寵を受けようとするよりも、むしろ民生を安定させることによって天命を受け継いでいこうとする周王朝の考え方を反映している。

【史料】『書経』*酒誥《しゆこう》

王が、改めて、康叔に向かって、おおせられた、

「封よ、わが西方の地は、昔から、国々の君主たちも、諸役人たちも、若者たちも、常によく文王の教えを用いて、酒にひたらなかった。されば、われわれは、こんにちに至って、殷のあとを受けて、天命を受けることができたのだ。……予はこのように聞いている、「昔は、殷の祖先の明王たちは、身分の高い人々も卑い者たちをも敬い導いて、徳を常に変わりなくおこない、聡明さを守られた。……成徳の王、慎み深い大臣、および諸役人たちは、なすべき職務がないときでも、勝手に暇をもてあそんだり気ままな楽しみを追ったりすることがなかった。まして「集まって飲もうではないか」などといいはしなかった」と。……予は、またこうも聞いている、「最近になっては、殷のあとつぎの王は、殷が天命を受けていることに馴れ甘えて、人民の苦しみを顧みようともせず、人民の恨みを受けているのにもいっこう気にしないで、そのおこないを悔い改めようともしない。そればかりか、仕放題の勝手なことをして、道ならぬことに外れて行き、威儀をおこたり失ってしまった。人民は心を痛めないものはなかったのに、それでもとめどなく酒にひたって、止めようとするどころか、気ままに楽しんでいた」と。……昔の人が教えている、「民を治める者は、世の常のように、水にわが姿をうつして見るのではなくて、人々のさまにこそわが政治の成否をうつして見て戒めるべきだ」と。今や、殷はその天命を失った。われわれはこのことに

は、新しい権力者を徳の高い人物と認めて自ら譲位するという形を取るのである。

「革命」の観念は、戦国時代の孟子によって理論化され、儒教の政治論の重要な一環となった。君主への忠義を説く儒教の道徳からすれば、人民が君主に逆らうことは本来あってはならないことだが、現実には王朝交替はおこる。それを「天命」の観念によって正当化したのである。孟子によれば、正義を破壊し民を苦しめる暴君はすでに天命を失った一人の男に過ぎないのだから、打倒してもよいのだ、という。しかし実際には、天命は目に見えるものではないので、ある君主が天命を失ったということは、王朝交代が起こってはじめてわかることとなる。すなわち、「勝てば官軍」のような結果論的な説明ともいえる。

19 世紀に至り、欧米のレボリューションの観念が東アジアに入ってくると、日本人は中国の古典から「革命」の語を借りてその訳語とし、中国でも「革命」の語が、「天命」の意味を離れて社会構造の大変革を指して用いられるようになった。

【焦点】「革命」

「革命」という語は、現代の日本や中国など漢字圏の国々で広く使われている言葉であるが、その語源は、周代の歴史に結びつく。「革命」とは、「天命が革《あらた》まる」という意味で、徳を失った支配者から天命が去り、新しい有徳の支配者に天命が下る王朝交替を指す言葉である。革命のなかには、旧支配者が新支配者に自ら位を譲る「禅譲《ぜんじょう》」という方式と、新支配者が武力で旧支配者を倒す「放伐《ほうばつ》」という方式があり、いずれも中国の歴史のなかではしばしば見られた。もちろん、「禅譲」といっても自発的ではなく、勢力を失った旧王朝の君主が新しい権力者に強制されて仕方なく譲位する場合が多いが、表面上

北京の天壇の圜丘壇　明清時代の皇帝が天を祀った場所である。

合も殷と同様、王朝が直接に全領域を統治するのでなく、邑を支配する諸侯を王の権威によって統合するという政治形態をとっていたといえる。しかし、その統治方法は、殷の場合とは異なっていた。

その相違は、第一に、宗教的性格の強弱にあらわれている。殷の時代は、甲骨による占いや、豪華な祭祀を通じて、王権を支える神の神秘的な力が強調されており、そこには原始社会のもつ神話的な世界解釈が受け継がれていた。それに対し、周代の場合には、占いや豪華な祭祀はおこなわれず、より世俗的・現実的な社会道徳や人間関係が重んじられた。第二に、血縁的な秩序のあり方の変化があげられる。殷も周も祖先祭祀を重んじたが、いくつかの支族が交代で王位についた殷と異なって、周代には王や諸侯の位を父から子へと継承することが原則となったため、親族集団内部の尊卑・長幼の序を明確にした精密な血縁秩序のシステムがつくられた(これを「宗法《そうほう》」という)。周代の政治のこのような性格は、儒教を通じて後の中国の政治思想に大きな影響を与えることとなる。

3　春秋・戦国から秦の統一へ

本章では、周が衰えて多くの国が互いに争うようになった春秋《しゅんじゅう》時代から戦国時代を経て、秦によって中国が統一されるまでの五〇〇年あまりを扱う。この時期には、分裂と動乱が続いたが、政治・経済・思想などさまざまな面において、後の中国の基本となる特質がつくり出されたという点では、非常に重要な時期である。

春秋・戦国の動乱

人的関係を通じて広い地域の政治的統合をはかった周の封建的政治制度は、時間が経って当初の強い人間関係が薄れ、また諸侯相互の競争が激しくなってくると、しだいにその統合力を弱めていった。「犬戎《けんじゅう》」と呼ばれる異民族集団の攻撃を受けた周が関中の鎬京《こうけい》から中原の洛邑《らくゆう》（洛陽）に遷都したのをきっかけに、多くの国が互いに争う春秋（前七七〇

〜前四〇三）・戦国（前四〇三〜前二二一）の動乱の時代がはじまった。

春秋時代という名称は、孔子がまとめたとされる魯《ろ》の国の年代記である『春秋』が、ほぼこの時代に重なる時期を扱っていることに由来する。この時期、周王の実質的な支配力は衰えていたが、諸侯もまた周に取って代わるほどの力はなかったため、有力な諸侯は周王の権威を借りて諸侯を招集し、盟約を主宰して自らの力を伸ばそうとした。こうした盟約の儀式を会盟《かいめい》といい、その実質的主宰者となった有力諸侯は覇者《はしゃ》(1)と呼ばれる。覇者と呼ばれた有力諸侯のなかには、もともと周の勢力下にあった斉《せい》の桓公《かんこう》や晋《しん》の文公《ぶんこう》など北方の諸侯と、長江流域の楚《そ》の荘王、呉《ご》王闔閭《こうりょ》、越《えつ》王勾践《こうせん》のように、もともと周の支配下にはなく中原と異なる文化をもった新興の強国のリーダーとがあった。この時期は、楚や呉、越など、もともと周辺の夷狄《いてき》と見なされていた勢力が、漢字など中原の文化を受容し、中原諸国と競合しながら中華の仲間入りをしてゆく時期であったといえる。

紀元前五世紀末以降の時代は、この時代を扱った『戦国策』という書物の名を取って一般に戦国時代と呼ばれるが、具体的に何年以後を戦国時代と称するかについては諸説がある。ここでは便宜的に、晋が韓《かん》・魏《ぎ》・趙《ちょう》の三国に分裂し、この三国が周から諸侯の地位を認められた紀元前四〇三年をもって区切っている。戦国時代になると、周の権威は名目上も意味を失い、軍事力や経済力といった国家の実力がものをいう世界となった。晋の分裂に見られるようにもともと周から封ぜられた諸侯が臣下に実権を奪われることもあったし、またかつては周の権威を尊重していた中原諸国でも周王に対抗して次々と王を称するようになった。周は紀元前三世紀半ばに秦に滅ぼされるまで細々と命脈を保つが、天下の中心としての権威は完全に失墜してしまった。戦国の七雄と称される七つの強国（韓、魏、趙、燕《えん》、斉、楚、秦）は、周の権威に頼らずに、それぞれ富国強兵政策を採用し、国内での集権化と対外的勢力拡大を目指した。

春秋・戦国時代における社会と国家の変容

春秋・戦国時代は、社会経済の変化にともなって政治制度も大きく変わる重要な変動期である。ここでは、さまざまな側面のからみ合ったこの時期の社会経済と政治体制の変化を、簡単にまとめておこう。

（1）覇者とは、徳でなく力をもって支配する者を指す。

(一) 小農民の自立経営の進展

社会経済上の変化としては、まず農業生産力の向上と、それにともなう小農民の自立経営の進展があげられる。鉄製農具の普及にともない、鉄製の犂《すき》を牛に引かせて畑を耕す方法が広まった。このような農法による農業生産力の向上は、人々が集団で生産し生活するのでなく、家族ごとに自立して経営をおこなうことを可能にする。春秋時代以前の農業生産のあり方はよくわかっていないが、封建的な政治制度が氏族集団のまとまりを基盤にしていたとすれば、小農経営の自立は氏族集団の、ひいては封建的政治制度の解体をもたらしたと考えられる。それは、氏族の力を抑え、中央集権的政策を推進しようとする政府の姿勢とも一致するものである。戦国時代の秦で富国強兵策を推進した商鞅《しょうおう》が、父子兄弟の同居を禁止して小家族を増加させる政策を採っていることは、それを示すものであろう。

(二) 都市・商業の発達

都市の発展や商業の発達も、社会経済上の大きな変化である。各国の富国強兵政策は、農業ばかりではなく、武器をはじめとする各種の軍需物資、戦略物資の獲得にも支えられていた。産業振興や物資購入を通じてその需要を満たそうとする政府の政策は、貨幣経済を発展させずにはおかない。戦国時代には、各地でそれぞれ特有の形をした青銅の貨幣が

戦国の七雄

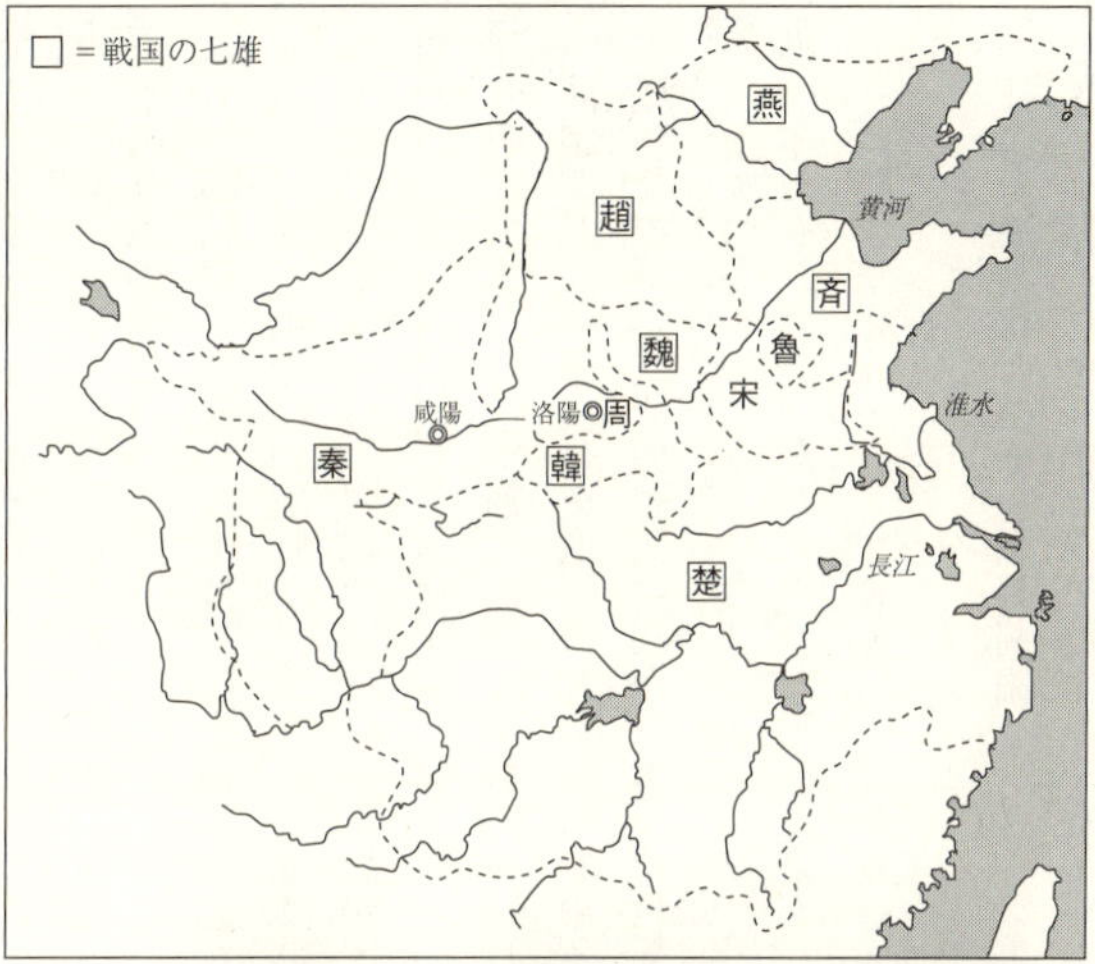

◀刀銭

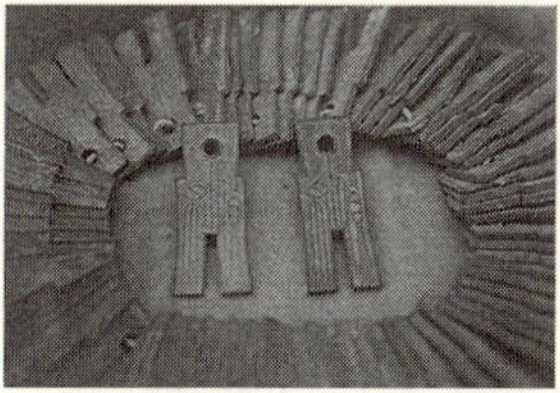

◀布銭

◀円銭

鋳造され、(2)流通した。

(三) 華夷意識の形成

もともと春秋時代初期の国家は、邑を拠点とした点と線の支配という性格を依然として帯びており、邑と邑の間の原野には文化の異なる諸集団がなお存在していた。しかし、春秋・戦国時代にそれぞれの国家の領域的な支配が広がるとともに、これら異文化集団は消滅に向かっていった。一方、春秋・戦国諸国の間の活発な交流を通じ、中原文化を共有する諸国の間で、共通の「中華」の意識が形成された。先に述べたように、長江流域の諸勢力も、漢字などの中原文化を取り入れ、自らを中華とみなすようになった。このようにして、広域的な中華と、その周辺に広がる夷狄の世界という対比的な世界観が生まれた。それは、中華の文明を価値の高いものと見て、それと異なる夷狄の習俗を低く見る差別意識と表裏一体のものであった。こうした華夷意識が、中国の人々の世界観の重要な一側面として、その後、清末まで続いてゆくことになる。

(四) 社会の流動化と多様な思想潮流

氏族集団の解体や貨幣経済の発展は、人の移動を促進する。都市には、能力をもちながら仕事のない人々が集まり、社会的上昇のチャンスを求める。一方、有力者の側では、武芸であれ弁舌であれ、実力のある人材を求め、これと見込んだ人物には誠心誠意をもって破格の厚遇を与える。多くの才能ある食客を抱えているという評判は、その主人の威信にもつながる。「士は己を知る者のために死す」という諺は、『史記』に出てくるが、広い世界を流れ歩く男たちの間のこうした強い信頼関係は、周代の氏族的結合とは異なる新しいタイプの人間結合を生み出すことになった。(3)

戦国時代に活躍した諸子百家の思想家たちも、この時代の流動する知識人の一部分をなしていた。家族的な秩序をもとにそれを国家・天下に押し広めようとする儒家《じゅか》、血縁を超えた無差別の愛を説く墨家《ぼっか》、権力を集中した君主が法と術によって臣民を統治すべきだと

(2) 布銭（農具をかたどった銭）はおもに中原地域で、刀銭はおもに燕や斉で、円銭は秦で用いられた。

(3) 増淵龍夫は、春秋・戦国時代に広まってくるこうした結合のあり方を「任俠的習俗にもとづく人的結合関係」と呼んでいる。「任俠」とは、当時よい意味でも悪い意味でも使われた言葉で、いったん引き受けたことは決して撤回せず、身の危険を顧みずに人の窮境を救うような、義俠的精神と行動を指す言葉である。

する法家など、その主張はさまざまであり、互いに批判しあっていたが、いずれも自らを登用してくれる君主を求めて各国を遍歴した。このような広域的な文化交流も、諸国が互いに抗争する状況のなかで、「中国」という文化的アイデンティティが生まれてきた一因である。なぜ戦国時代にこのような多様な思想が花開いたのか。それは、当時の人々にとって、従来の身分秩序が崩壊し人々が争いあう社会のなかで、どのようにして新しい秩序をつくっていったらよいかということが緊急の課題となっていたからだろう。儒家にしても、墨家にしても、また法家にしても、人間とは何かを深く考えながら、あるべき社会のモデルを提示したのである。これらの思想は、中国の社会思想の源流として、長期にわたる生命力をもった。

(五) 中央集権化の動き

このような社会経済の動きと対応しつつ、各国の国内では、中央集権化が推進されてきた。君主が直接に地方官を派遣して全土を統治する政治制度は、封建と対比して郡県と呼ばれる。中国全土に郡県制が施行されたのは、後述するように秦の始皇帝が中国を統一して後のことであるが、郡県的統治システムは、秦の始皇帝の統一の際にはじめてできたのではなく、春秋時代以来の諸国の政治制度のなかでしだいに成長していったものである。

「県」という語は、春秋時代から用いられている。大国が小国を滅ぼしたあとに国境地帯の新しく領有した都市などを「県」として、中央から長官を派遣して管理させたのである。ただ、この長官の地位は世襲される場合もあり、数年ごとに官僚を交代させるのが原則の郡県制とは異なる。その後、戦国時代に至ると、県の長官の世襲はしだいにおこなわれなくなった。また、いくつかの県を統括する役所として郡がおかれ、のちの郡県制につながる制度が整備されてきた。

以上、春秋・戦国時代の社会や国家の変化をいくつかの面に分けて整理してきた。秦の中国統一という事件の画期的意義にもかかわらず、小農経営や貨幣経済、華夷意識、諸子百家の思想、中央集権的官僚制など、秦以後の二千年にわたる帝政時代を特色づける諸特徴は、すでに春秋・戦国時代の各国においてはぐくまれていたといえる。その意味で、春秋・戦国時代は、動乱期であると同時に、新しい時代の秩序をつくり出す揺籃《ようらん》期であったのである。

秦の統一と皇帝政治のはじまり

戦国七雄のなかで、西方辺境からおこった新興国家の秦は、積極的な富国強兵策を採用

兵馬俑（将軍俑）

した。特に前四世紀の孝公の時代に法家の商鞅を登用しておこなった改革は、大家族を分解して小家族とする法（分異の法）や、軍功に応じて爵を与える奨励策（軍功爵）、相互監視と連座のシステムなど、君主の権力を強化して国の隅々まで支配をおよぼそうとするものであった。

商鞅の改革や大規模な水利開発によって国力を伸ばした秦は、前二三〇年以降、東方の六国を次々と滅ぼした。前二二一年に中国を統一した秦王の政は、「王」を超えた天下の支配者としての「皇帝」の称号をつくって皇帝位についた（始皇帝）(4)。

始皇帝のおこなった統一政策は、『史記』の「秦始皇本紀」のなかに詳しく述べられているが、それによれば、秦は全国の武器を没収し、度量衡・貨幣・文字・車軌を統一し、全土を三六郡（のち四八郡）に分けて官僚を派遣して統治した。すなわち、春秋・戦国時代以来しだいに広がってきた郡県制を全国に施行したのである。ただし、以下に引いた「秦始皇本紀」の一節によれば、郡県制度の全国的施行には反対論もあり、それが書物を焼いたり学者を処刑したりする秦朝の弾圧（一般に「焚書坑儒《ふんしょこうじゅ》」といわれる）を引きおこし(5)たとされている。また、始皇帝は自ら全国を巡行し、長城の修復や阿房宮《あぼうきゅう》・始皇帝陵の建設などの大工事をおこなった。しかし旧東方六国の地域では反秦感情が根強く、兵卒として動員された庶民の陳勝・呉広がおこした反乱をきっかけに、各地で蜂起がおこり、秦は統一後一五年で滅亡した。動乱のなかで、農民出身の劉邦が楚の名門出身の項羽を破って全国を平定し、前二〇二年に皇帝位について漢を建国した。

（4）周の時代には、天下を統治すべき周王を呼ぶ語として「天子」が用いられていたが、秦王政は、権威の落ちた「天子」号に代わり、新しく「皇帝」の称号をつくった。「帝」という字はもともと殷の時代には自然界・人間界を支配する絶対神を指し、その後、神格化された伝説的帝王の名に用いられていたものであり、「皇帝」とは、「光かがやく神」といった意味と考えられる。なお、始皇帝とは、彼の死後の呼称であって、生前は「皇帝」のみであった。彼に続く歴代の皇帝は、「二世皇帝」「三世皇帝」などと呼ばれることが予定されていた。

（5）始皇帝陵の付近で発掘された等身大の兵馬俑（兵士や軍馬を象った陶製の像）は、秦代の精鋭部隊の様子をリアルに示すものである。

権威ある存在となりました。しかし、学者たちは勝手な議論をし、徒党を組んで誹謗《ひぼう》しています。これを禁じなければ、上では君主の勢力が衰え、下では徒党が形成されることになります。これを禁ずるのがよいでしょう。秦の歴史以外の史書は焼き捨て、博士以外の家で『詩』・『書』や諸子百家の文献をもっている者は郡の役所に提出させて焼き捨て、『詩』『書』について語り合う者は処刑してさらし者にし、古を根拠に現在を批判する者は一族皆殺しにします。……廃棄しないでよい書物は、医薬・占い・農業に関する書物のみとし、法令を学びたい者は、役人について習わせます」と。皇帝は「よし」と言われた**。

*司馬遷と『史記』については、37頁の注（1）を参照。

**この部分は、封建と郡県の優劣の議論が、「焚書坑儒」（書物を焼き捨て学者を穴埋めにする）という厳しい思想弾圧を引きおこした状況を描いている。

【史料】『史記』*巻六「秦始皇本紀」より

始皇帝は咸陽《かんよう》宮で宴会を開き、博士70人が皇帝の前に進み出て長寿を祝った。僕射《ぼくや》（官名）の周青臣が褒め称えて言うには「以前は秦の領土は千里にすぎなかったのに、陛下の神のような優れた能力によって、海内を平定し、蛮夷を駆逐し、日月の照らすところ、服従しない者はありません。諸侯を郡県に代え、人々は安楽に暮らし、戦争の憂いはなくなり、このような状態を万世に伝えようとしています。古《いにしえ》より陛下の威徳におよぶ者はありません」と。始皇帝は喜んだ。

斉の出身の博士の淳于越《じゅんうえつ》が進み出て言った。「私が聞いたところでは、殷・周の王が千年あまり続いたのは、子弟功臣を封じ、枝のように王の支えとしたからです。今や陛下は海内を支配し、子弟をも庶民としていますが、反逆者が出てきたとき、支えになる者がいなければ、誰が助けてくれましょうか。万事において、古の方法に習わないで長く続いたためしはありません。今、青臣は媚びへつらって陛下に過ちを重ねさせているのは、忠臣とはいえません」と。

始皇帝はこの問題を大臣に議論させた。宰相の李斯《りし》は次のように言った。「……古は天下が分裂しており、統一できなかったので、諸侯が並立しておりました。言論は皆、古を褒め称えて現在を批判し、虚言を飾って事実を混乱させるものでした。人は自分が勝手に学んだ学問にもとづき、お上の制度を批判したのです。今、皇帝は天下を併合し、黒白を区別して唯一のい、君主もその意向を尊重せざるを得ないため、より民意にかなった政治がおこなわれやすい、というのである。もちろん、「封建」を高く評価するこのような議論に対しては、「封建は、高度な文明が国家の隅々までいきわたらなかった未開の時代の制度である」とか「封建制度のもとでは諸侯間の争いが起きやすい」といった「郡県」支持の立場からの反論も行われた。しかしいずれにしても、「封建と郡県とどちらがすぐれた制度なのか」という問題は、帝政時代を通じ、中国の政治論の中心的な課題でありつづけた。

その後、19世紀の末になって、清朝統治下の中国でも知識人の間に西洋の政治制度への関心が高まり、議会制度の導入を主張する人々も増えていったが、彼らが西洋の議会制度を「古の封建に似た」ものとして理解していたことは面白い。「封建」が遅れた制度としてもっぱら悪い意味に使われるようになるのは、辛亥革命によって帝政が倒れた1910年代以後のことであった。

【焦点】「封建」と「郡県」

大きく見れば、有力者に封土を与えて世襲的に統治させる周代の封建制度が春秋・戦国の動乱のなかでくずれた後、官僚を派遣して統治する郡県制度が秦によって全国的に採用され、その後の二千年以上に及ぶ帝政時代を通ずる制度となった、と見ることができる。しかし、本文にも述べたように、新しく獲得した土地に「県」をおいて直接統治する方法は、春秋・戦国時代から見られるものであって、秦の独創ではない。そして、秦の統一以降も、「封建」的な支配方式はなくなったわけではない。国内で一族や功臣に領土を与えて世襲的に統治させる場合（第4章で述べる漢の「郡国」制など）、国内で少数民族の首長に世襲の支配権を与えて間接統治する場合（第9章で述べる明・清の「土司」制度など）、また、周辺諸国の君主に王号を与えて中国を中心とする世界秩序のなかに組み込もうとする場合（第5章で述べる「冊封」制度など）のように、中国の帝政時代を通じ、「封建」的支配様式は柔軟に活用されているのである。

また、帝政時代の知識人が皇帝の専制政治を批判する場合にも、往々にして「封建」は古代のすぐれた制度として引き合いに出された。すなわち、皇帝一人が天下のすべてのことを決定しようとするのはしょせん無理で、臣下の意欲をそぎ、民を苦しめる結果となりがちだが、封建の世においては、各地の事情をよく知った世襲的な支配者が地域の実情にあった統治をおこな

4 漢帝国と周辺地域

本章では、前漢と後漢の約四〇〇年間の歴史を扱う。国内においては、中央集権化の動きとそれに対抗する動きが見られるが、それは、対外政策の変化ともかかわっていた。国内の政治、経済、文化の動向と対外政策との結びついた漢代の歴史の動向を、大局的に理解する。

前漢初期の政治

漢を建国した劉邦は、沛《はい》県（現在の江蘇省北部にある）の農民の出身で、亭長《ていちょう》（治安維持を司る下級官吏）の仕事をしていたときに、町の顔役や遊侠の徒と親交を結び、陳勝・呉広の乱が広がるなかで、手勢を率いて挙兵した。劉邦は、他の集団に先駆けて、秦の都であった咸陽を陥落させ、項羽などのライバルの勢力を破って、紀元前二〇二年に長安で皇帝の位につき、漢を建国した（高祖）(1)。

高祖劉邦は、漢を建国した後、秦の苛酷な政治方針を転換し、人民の生活安定に主眼をおく政策をとった。また、秦による強引な郡県制の施行が反発を招いたことに鑑みて、「封建」の要素を取り入れ、「郡国」制を採用した。すなわち、郡県制で直接統治する部分を残しながら、領土のかなりの部分を功臣や一族に封土(「国」)として分け与えて世襲させる制度である。しかしこの制度は、封土を与えられた「王」や「侯」が独立国のように勢力を振るう状況を生み出した。功臣たちの勢力の拡大を恐れた高祖劉邦は、功臣出身の諸侯王に代えて劉氏の一族を諸侯王にするようにつとめたが、劉邦の死後何代かたつうちには、劉氏の諸侯王も中央の統制に従わなくなり、第六代の景帝《けいてい》が削藩策《さくはんさく》を打ち出すと、それに反抗して前一五四年に「呉楚七国《ごそしちこく》の乱」がおこった。この反乱は三カ月で鎮圧されたが、諸侯王の勢力を抑えることが、漢代初期の中央政府にとっては大きな課題であった。

漢初には、辺境の自立政権や周辺民族の政権にも王号を授与してその地の支配を認めるという政策が取られた。たとえば、雲南の「西南夷」の首長を「滇《てん》王」とし、広東の趙《ちょう》氏

---

(1) 高祖が即位してから後述する王莽《おうもう》が新を建てるまでを前漢という。新が倒れたあと劉秀が漢を再興するが、再興されたあとの漢を後漢という。前漢の都は長安、後漢の都は長安より東の洛陽におかれたので、前漢を西漢、後漢を東漢ということもある。

中央ユーラシアの地形と植生

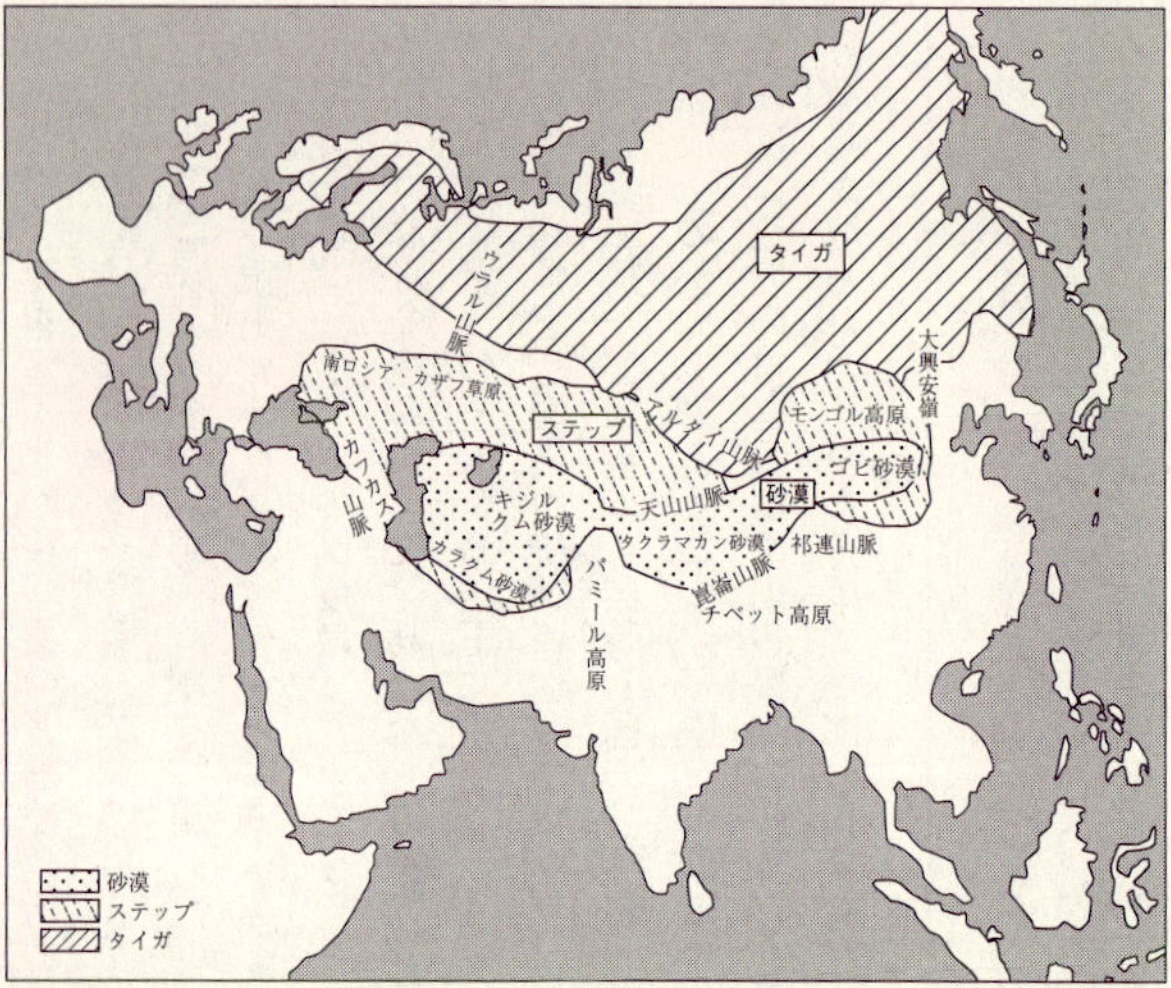

政権を「南越王《なんえつおう》」に封じたが、それは、自らの支配のおよばない地域の首長を名目的に臣下として任命し、爵位・官位を授与して彼らの領域統治を承認する、という「封建」的支配様式にもとづくものである。なお、このような「封建」式の「冊封《さくほう》」制度がその後の対外関係ではしばしば採用されるようになる。後漢の時代に九州から朝貢した奴国が「漢倭《かんのわの》奴国王《なのこくおう》」(2)印を与えられたのもその例である。

漢にとって最大の脅威となったのは、遊牧騎馬民族の匈奴《きょうど》である。秦滅亡後の動乱に乗じて侵入を繰り返す匈奴に対して、漢の高祖は大軍を率いて防衛戦に出撃したが、匈奴軍に包囲されて逃げ帰らざるを得なかった。その後、漢は、匈奴と和親の約を結んで、毎年絹や酒・米などの貢納をおこなうことを余儀なくされた。

北方の状況を振り返って見ると、ユーラシアの草原地帯に騎馬遊牧民があらわれるのは紀元前九世紀から紀元前八世紀のころといわれるが、中国北方でも、遊牧騎馬民族の活動が戦国時代から活発化しており、燕・趙・秦など戦国の諸国は長城を築いてこれを防いでいた。前四世紀末の趙の武霊王《ぶれいおう》のように、筒袖にズボンという騎馬民族の衣服や馬に乗って弓を射る戦闘方法（胡服騎射《こふくきしゃ》）を取り入れて戦力を増強する君主もあらわれた。前三世紀末、秦による統一の動きと時期を同じくして、モンゴル高原で活動していた東胡《とうこ》・匈奴・月氏《げっし》の三つの遊牧集団のうち、匈奴が急速に勢力を伸ばしてきた。秦の始皇帝は、将軍の蒙恬《もうてん》を遣わして匈奴勢力を打ち破り、戦国時代の各国の長城をつなぎ合わせて万里の

（2）この金印は、江戸時代に福岡県の志賀島《しかのしま》で発見された。中国の史書『後漢書』には、「建武中元二（五七）年、倭の奴国が貢物をもって朝賀しに来た。〔奴国は〕倭国の南の端にある。光武帝はその使節に印綬《いんじゅ》（綬は印を下げるための紐）を賜った」と書いてあり、発見された金印は、光武帝の賜与した印だと考えられる。

長城とし、匈奴の侵入を防いだ。しかし始皇帝の死後、冒頓単于《ぼくとつぜんう》(3)が匈奴の君主となると、匈奴は東胡を滅ぼし、月氏を西方に追い、草原地帯東部を統一して、西域のオアシス国家をも支配下に入れた。建国間もない漢が直面したのは、このような強大な匈奴の勢力であった。

匈奴の社会の特徴について、『史記』「匈奴列伝」では、大略次のように述べている。

「彼らが多く養っているのは馬・牛・羊であり、水や草を追って移動する。城郭や定住地、耕作地はないが、おのおの分け与えられた土地はある。子供も羊に乗って弓を引いて鳥やネズミを射ることができる。やや成長すると、狐やウサギを射て食料とする。壮年になると強弓を引くことができ、みな甲冑《かっちゅう》をつけて騎兵となる。その習俗は、無事な時は家畜とともに移動し、鳥や獣の猟を生業とする。戦時にはみな戦闘を習い侵略する。これは天性である。飛び道具は弓矢、短い兵器は刀や矛である。有利であれば進み、不利ならば退き、遁走を恥としない。利益があればむさぼり、礼儀を知らない。君王以下、みな畜肉を食べ、皮革を着て、フェルトの衣をはおる。壮年の者が美食し、老人は余り物を食べる。壮健を尊び老弱を卑しむ。父が死ねばその後妻を娶り、兄弟が死ねばその妻を取って妻とする。」

このような匈奴の社会は、漢の人々から見れば野蛮なものと見えたが、しかし一方で、そうした匈奴の生活の素朴な健康さと比べて自らの文明の問題点を自己反省する考え方もあったことは、次頁に引く『史記』の「匈奴列伝」で、中行説《ちゅうこうえつ》という人物が漢から匈奴に派遣された使節に述べたとされる言葉から知られるであろう。モンゴル高原のイヴォルガ遺跡では、漢代中国のものとよく似た土器や農具および漢字の書かれた砥石《といし》などが発見されており、匈奴の社会に入り匈奴化していった漢人もあったことが推測される。

武帝の時代

漢代の初期には、秦の強引な政策の失敗を教訓として、対内的にも対外的にも比較的消極的な政策が取られたが、このような漢初の消極策が積極策へと大きく転換してゆくのが、

（3）在位前二〇九～前一七四。単于とは、匈奴の君主の称号で、「広大なさま」を表す語という。

この類だ。かつ礼儀がわずらわしくて上も下も不平をいだき、邸宅が贅沢すぎてその造営に力を使い果たす。耕作や養蚕につとめて衣食を得、城郭を築いて備えをするので、戦時には戦闘を習わず、平時には作業に疲れ果てる。ああ土室に住む人々よ、べらべらしゃべるのは止めたまえ。口がうまく、立派な衣装を着て、冠をかぶったとて、何の役にたとうか」

*中行説とは、漢の文帝が宗室の娘を公主（皇帝の娘）に仕立てて単于《ぜんう》の妃として嫁がせた際に随行していった宦官《かんがん》であるが、単于に忠誠を誓い、漢と対抗する方策を単于に進言した人物である。中行説という人物が実際にこのような言葉を述べたのかどうかは疑問だが、当時の中国の人々が自らの華夷思想に対する自己批判の視点をもっていたことは知られるだろう。匈奴のような遊牧民族は「後れた」「野蛮な」人々なのではなく、彼らには彼らの論理があるのだ、と。

【史料】『史記』巻百十「匈奴列伝」より

漢使「匈奴の風俗は老人を賤しむ」

中行説《ちゅうこうえつ》*「しかし、漢の風俗でも、遠征に従軍する者が出発するとき、その老親は自ら暖かい着物やおいしい食べ物を与えて送ってやるのではないか」

漢使「そうだ」

中行説「匈奴は明らかに戦争を仕事にしており、老弱者は戦うことができない。だからおいしい食べ物を壮健者に食べさせるのであって、これは自衛のためなのだ。そうしてこそ父子がともに無事でいることができる。どうして匈奴は老人を軽んずるということができようか」

漢使「匈奴の父子は同じテントで寝る。父が死ねばその後妻を娶り、兄弟が死ねばその妻を妻とする。冠や帯の飾りもなく、宮廷の儀礼もない」

中行説「匈奴の風俗では、人は家畜の肉を食べ、その乳を飲み、その皮を着る。家畜は草を食べ水を飲むので時に従って移動する。故に戦時には人は騎射を習い、平時には無事を楽しむ。その規範は少なく、実行しやすい。君臣間の関係も単純で、一国の政治は一身を治めるようなものだ。父や息子、兄弟が死んだときその妻を妻とするのは、血筋が絶えることを避けるためだ。故に匈奴は、国が乱れても必ず後をつぐ子孫がいる。今中国では、父兄の妻を娶らないという建前でありながら、親族の間は疎遠で殺し合いもする。易姓革命にまで至るのは、みな

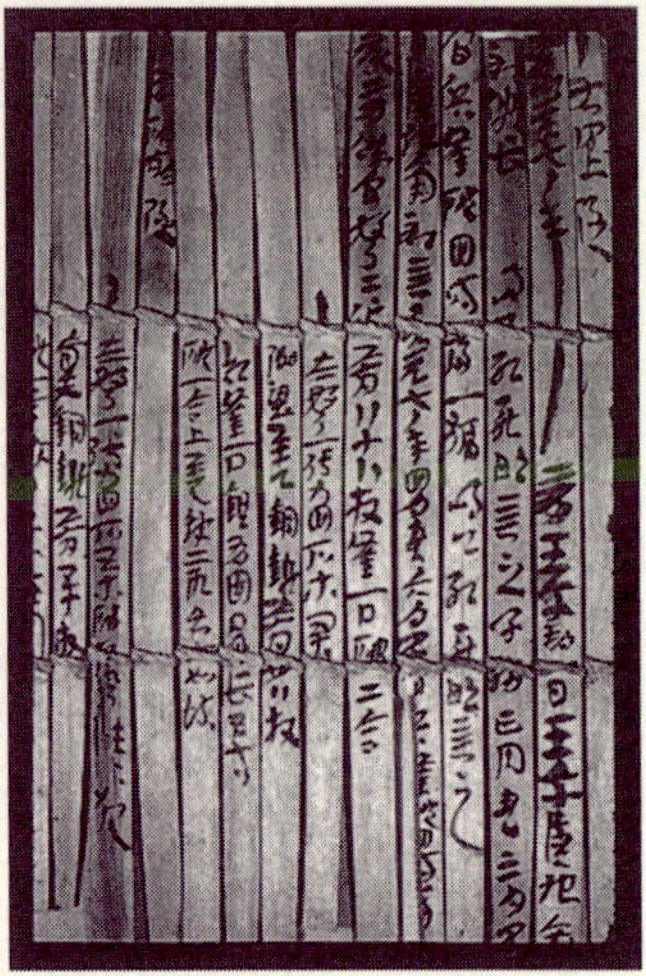

居延出土の漢の木簡

第七代の武帝（在位前一四一～前八七）の時代である。国内では、「呉楚七国の乱」が鎮圧された後を受けて、武帝は諸侯王勢力の削減につとめた。領土の分割相続を許して零細化をはかったり（「推恩《すいおん》の令」）、黄金の献上額が規定に足りないと領地を没収・削減する（「酎金律《ちゅうきんりつ》」）などの政策である。そうした政策の結果、諸侯王の勢力は弱体化していった。

武帝は対外的にも積極策を取った。武帝は当初、先に匈奴に追われて西遷していた大月氏と同盟して匈奴を挟撃することを計画し、張騫《ちょうけん》を西域に派遣した。張騫は匈奴の捕虜となって一〇年あまりを過ごしたのち、大月氏に至ったが、目的を果たさず帰国した。しかし彼が西域滞在中に集めた西域諸国に関する情報は、漢が西域に進出する際に重要な役割を果たした。大月氏との同盟策が失敗した後、武帝は、衛青《えいせい》・霍去病《かくきょへい》らの将軍に命じて大軍を以て匈奴を攻撃し、河西《かせい》[4]回廊を奪取するとともにゴビ砂漠から匈奴の勢力を駆逐した。

武帝は占領した土地に兵士を送って屯田をおこなわせ、また軍隊を駐屯させて匈奴の侵入に備えた。こうした対匈奴防備の軍事施設（のろし台など）から出土した木簡(5)は、現在、漢代史研究の史料として活用されている。匈奴を駆逐した漢は、さらに河西を通じてタリム盆地に進出し、オアシス諸国を支配下に入れた。オアシス諸国からの収入を失った匈奴は衰退に向かい、内紛により分裂して、その一部は漢の支配下に入った。漢はまた南方では南越を滅ぼして、現在のヴェトナムにまで至る九郡をおき、東方では、占領した朝鮮に楽浪郡をはじめとする四郡をおいた。このように見ると、武帝の時代の対外進出の方法は、冊封体制式ではなく、むしろ占領地に郡を設置して直接統治しようとする、植民地型の特

（4）現在の甘粛省に属し、北側の砂漠と南側の山脈にはさまれて、中国の内地とタリム盆地のオアシス地帯とを結ぶ狭い「回廊」のようになっている一帯をいう。漢はここに、敦煌《とんこう》・酒泉《しゅせん》・張掖《ちょうえき》・武威《ぶい》（西から順に）の四つの郡をおいた。

（5）当時は、紙がまだ普及していなかったので、さまざまな帳簿や規則などはすべて細い木の札に書いて通達・保存していた。出土した木簡のなかには、兵士の名簿や食糧・軍需物資の帳簿、のろしのあげ方の規則などさまざまなものが含まれ、当時の兵士や官僚の生活ぶりをうかがわせてくれる。

色のあるものであったことがわかる。

武帝期の積極的な対外進出は、財政収入の増大を必要とした。武帝は、まず塩や鉄を専売とし、鉄器や塩の販売を国家が独占する体制をつくった。また、均輸法・平準法によって、政府の必要とする物品を商人の手を経ずに調達し、市場に介入して物価の安定をはかった。そのような政策のために、財政に明るい実務官僚を尊重した。このような経済政策に対しては、民間の利益を奪うものとして当時から強い批判があった。この政策をめぐる論議を記録した『塩鉄論』には、武帝の政策を支持する実務官僚と、民間の豪族や商人の立場を代弁する学者との意見の対立が生き生きと描かれている。

武帝のこのような積極政策は、漢帝国の領土を広げたが、一方で財政難や皇帝への過度の権力集中といった問題を生み出した。武帝の死後、宮廷では、外戚や宦官による政治介入が盛んとなって政争が絶えず、地方では高官や大商人が土地や奴婢を買い集めて権勢を強めていった。そのような状況のもと、外戚の王莽《おうもう》が勢力を伸ばして、ついには皇帝の位を奪い、「新《しん》」(八~二三) という王朝を建てた。

後漢の政治

王莽の政治は、儒家古典の一つである『周礼《しゅらい》』(6)にもとづいて改革をおこなおうとする復古的なものであったが、その主眼は、豪族や商人の力を抑えて国家の統制力を回復しようとするところにあったといえる。彼は、天下の土地を「王田」として私的な売買を禁じ、大土地所有者の土地所有を制限し、奴婢の売買を禁止した。また、市場の管理や物価の調節など、積極的に市場に介入する方策をとった。また、匈奴に対しても外征をおこなったが、それは失敗してかえって匈奴勢力が盛り返すきっかけとなった。

前漢末から続く飢饉と王莽の過酷な政策により、各地で豪族や民衆による反乱がおこり、新は一五年で倒れ、漢王室の血筋の豪族である劉秀が漢を再興した(後漢、二五〜二二〇)。後漢の政治は、武帝の政治方針とは異なり、対外発展には概して消極的であり、民間社会経済に介入して大商人や豪族を抑圧するといった政策も取られなかった。豪族は、土地の集積や商業活動で富を蓄え、儒教的教養を積んで官界に進出した。

後漢豪族のそのような動向は、前漢以来の政治の儒教化の動向とも関連があろう。秦の

(6) 周代の諸制度が整然と記してあるが、実際の周代の制度ではなく、後世の学者が創作したものである。しかし、そこに記された理念的な諸制度は、のちの時代の人々が政治改革をおこなおうとする際のよりどころとしてしばしば利用された。

徳として再構成したところにあり、だからこそ、二千年にわたる中国の歴史において、生き生きした生命力を保つことができたのだといえよう。

「孔子聖蹟図」 弟子たちに学問を教える孔子（左中央）。明代の刊本を江戸時代の日本で翻刻したもの。儒教は祖先崇拝の儀礼を重んずる点など宗教的な要素も持つが、その主眼は現実世界において道徳的な秩序を建設するところにある。孔子は最高の徳を実現した人として「聖人」と称されるが、超自然的な力を持つわけではなく、だれでも学問をきわめれば「聖人」に近づけるとされる。

【焦点】 儒教とは何か

儒教とは、春秋時代の孔子にはじまる教えで、諸子百家の一つとしていうときは「儒家」といい、特に学術的な方面についていうときは「儒学」という。二千年近くにわたって中国の思想学術の中心となってきた儒教は極めて多様な側面をもつので、「儒教とは何か」を一言で述べることは容易ではないが、その中心は、家族倫理を基礎とする道徳によって、よき社会秩序をつくり上げようとする考え方にあるといえよう。儒教の学者にとって、父母に対する孝といった家族道徳は、人間のもつ最も本質的な感情であり、すべての人間関係の基礎である。このような人間関係の秩序を眼に見える形で表すものが「礼」である。

儒教というと、皇帝権力を支えるイデオロギーと考えられがちだが、儒教で最も重視するのは皇帝権力そのものよりも人間の普遍的な道徳なので、儒教は皇帝の悪政に対する批判の足場ともなる。また、儒教は煩瑣《はんさ》な礼や道徳を押しつけて人の自由を束縛するという批判もしばしばなされるが、儒学者自身の考え方からするなら、儒教の根本は、身内に対するような自然な愛情(「仁」)を社会全体に推し広げてゆくことにあるのであり、単なる形式的な礼や道徳の墨守にあるのではない。

孔子や孟子をはじめとする儒教の教説では、周代を理想的な時代として重んじており、それは一見、復古的な思想ともいえよう。しかし、儒教の特色は、氏族社会の血縁倫理を、春秋・戦国時代の活動的・開放的な社会に適応させつつ普遍的な道政治は法家的思想を基礎としており、儒教的な「封建」思想を排除して皇帝の専制権力を強化することを目指していた。漢王朝の前半も、そうした傾向が続いていた。しかし皇帝権力を安定させるためには、単なる実力のみでなく、皇帝権力を正当化する論理が必要である。その論理として求められたのが、儒教の天命論である。[7] 皇帝権力が天命によって正当化されるということは、同時に、皇帝は自らの意志を押しつけるのでなく、天の命ずる自然の秩序に依拠して政治をしなければならないということでもある。民間の豪族勢力や周縁の他民族勢力に強制的に介入するのでなく、徳化を旨とするこうした動向は、内外に対する放任的な政策となってあらわれた。

その結果、後漢の前半には大きな反乱や対外戦争はおこらず政治が比較的安定していた。しかし、二世紀に入ると北方では匈奴に代わった鮮卑《せんぴ》・烏桓《うがん》・丁零《ていれい》などの諸族が勢力を伸ばし、また中央では宦官・外戚の激しい争いが続き、地方の名士である儒教的官僚が大量に弾圧される事件（党錮《とうこ》の禁）もおこって社会不安を引きおこした。一八四年に宗教集団の指導者がおこした黄巾《こうきん》の乱をきっかけに、中国は動乱の時代を迎えることとなる。

(7) 前漢の武帝時代の人、董仲舒《とうちゅうじょ》は、天変地異は悪政に対する天の叱責であるという説を唱え、皇帝権力を支えるのは天命であると説いた。従来の学説では、この時期に儒教が国家の正統な学問とされたとしてきたが、最近の研究では、その時期はもっと遅く、前漢の末か王莽の時代だといわれている。

5　分裂と融合の時代

本章では、後漢の滅亡から隋の再統一までの三百数十年を扱う。後漢の滅亡後、中国では分裂と抗争の時代を迎えたが、その間、北方では遊牧民の伝統と農耕民の伝統とが融合して、新しい文化や政治制度がつくり出され、江南でも、南下した漢人によって耕地開発がおこなわれ、先住民族との融合が進んだ。また、朝鮮や日本など周辺諸国のなかで国家統一が進み、中国諸王朝との間に活発な交流がはじまった。

中国の分裂と北方民族の進出

ユーラシア大陸の草原地帯では、四世紀から五世紀にかけて、遊牧民の大規模な移動がはじまり、南方の農耕社会を大きく揺るがせた。ヨーロッパのゲルマン人の大移動による西ローマ帝国の滅亡と、後漢の滅亡後の周辺民族の華北進出とは、いずれもこの大きな動きの一環である。

黄巾の乱の後、中国では武力集団の抗争する時代となった。華北で勢力を伸ばした曹操《そうそう》の子の曹丕《そうひ》が後漢の献帝の禅譲《ぜんじょう》(1)を受けて魏を建国すると、長江下流域では孫権が呉を建て、また四川《しせん》では劉備《りゅうび》が蜀《しょく》(漢)を建てて、三国鼎立《ていりつ》の形勢となった。三国のなかで最も強大であった魏は、蜀を滅ぼしたが、まもなく魏の将軍の司馬炎(武帝)が魏の皇帝から禅譲されて晋(二六五〜三一六)を建て、呉を破って中国を統一した。

武帝は一族を王に封じたが、武帝の死後にはこれらの王の間で争いがおこり(八王の乱)、この内乱のなかで兵力として活躍した遊牧諸民族が、勢力を伸ばして各地で蜂起した。これらの諸民族は当時、「五胡《ごこ》」(匈奴・羯《けつ》・鮮卑《せんぴ》・氐《てい》・羌《きょう》)と総称されていた。騎馬の技術をもつ「五胡」は、三国時代から兵士として用いられていたのである。山西で挙兵した匈奴の劉氏が晋の首都の洛陽を占領すると、晋の皇族が江南に逃れて建康(現在の南京)

---

(1) 王朝交替に際し、武力をもって君主の地位を奪うのでなく、前王朝の君主が自ら位を譲り渡すやり方を、禅譲という。尭《ぎょう》や舜《しゅん》など古の聖王が禅譲をおこなったという伝説があるが、実際におこなわれたのは新の王莽のときが最初であり、その後、魏晋南北朝時代には、盛んにおこなわれた。むろん、進んで位を譲り渡すわけではなく、実際には強制である。

三国鼎立と遊牧諸民族

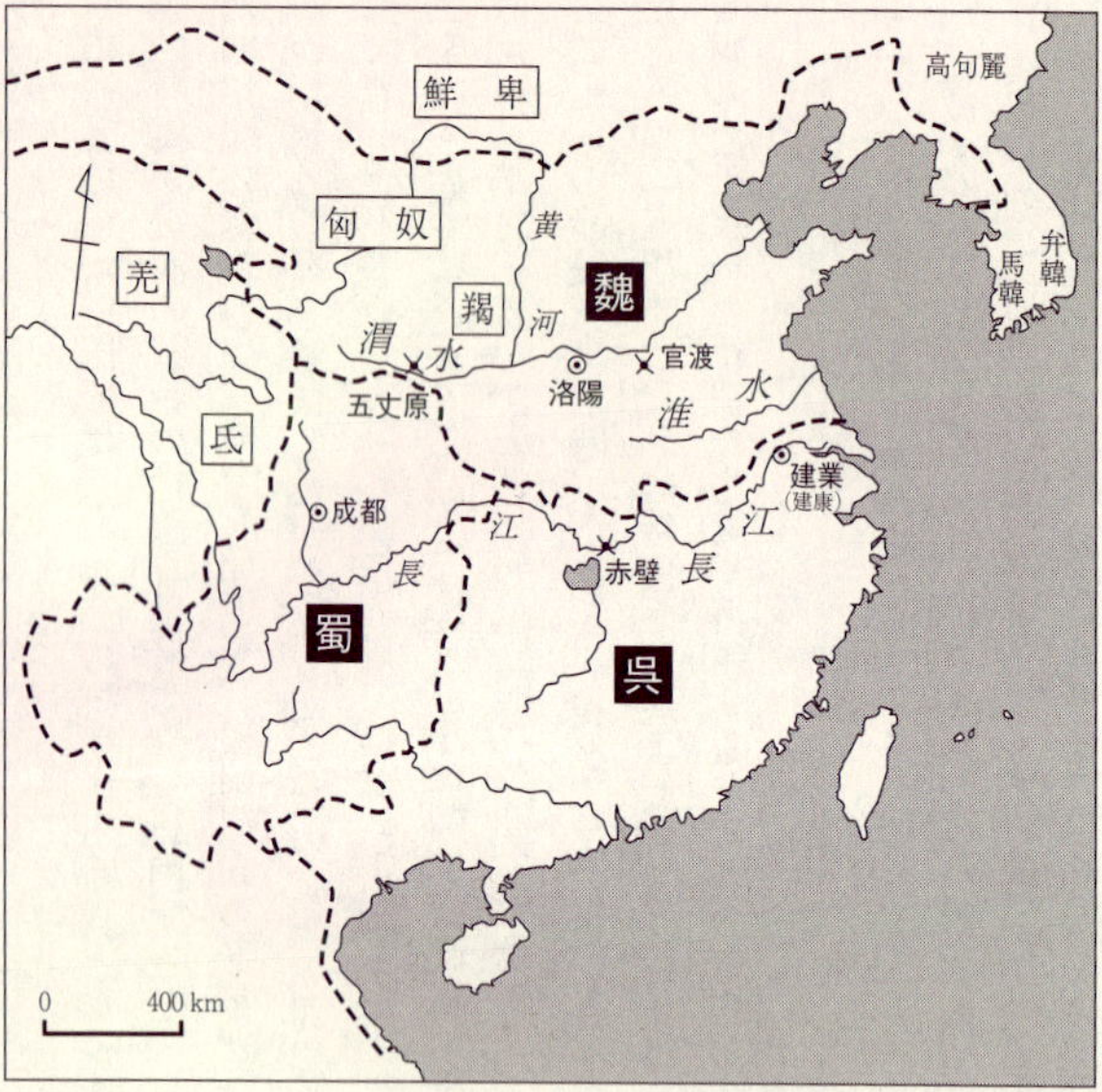

で即位した（東晋）。その後、華北では百年あまりにわたって五胡諸族を中心として多くの小国家が興亡した。これを総称して「五胡十六国」という。

五世紀前半には、鮮卑の拓跋《たくばつ》氏の建てた北魏（三八六〜五三四）の太武帝が華北を統一した。北魏が東西に分裂したあと、東魏は北斉に、西魏は北周に倒され、北斉は北周に併合された。北魏以後の五王朝は、北朝と総称される。一方、江南では、東晋の武将の劉裕が実権を握って東晋皇帝の禅譲を受け、宋を建てた。その後、江南では、宋・斉・梁・陳の四王朝が興亡した。この四王朝を総称して南朝という。南北両朝の対立は、約一世紀半続いた。

北朝における胡漢の融合

北魏の初代皇帝である道武帝（拓跋珪《たくばつけい》）は、平城（現在の山西省大同）で建国した後、諸(2)

(2)　北魏の発祥の地は、もともと大興安嶺北部、現在の黒竜江省の西北部であり、皇帝の先祖の住んでいたという洞窟が現在も残っている。その後、しだいに南下して、晋の時代には現在の内モンゴルから山西に至る地域に領土を得ていた。

部族長の部民に対する支配権を削減して皇帝の支配権を強化する改革をおこない、鮮卑の諸部族を八つの部に再編した。これらの部が北魏軍の中核として、その後の華北統一を支えてゆく。

北魏は、漢人官僚を採用して中国式の官制を整備したり、冬至に天を祀り夏至に地を祀る中国式の祭祀を採用するなど、中国王朝にならった改革を進めた。しかし、このような改革は、必ずしも直ちに鮮卑の「漢化」を意味するものではなかった。中国式の行政制度（外朝）のほかに、内朝と呼ばれる機構があり、もっぱら鮮卑の人々が任用されて外朝に対する監督をおこなった。また、中国式の祭祀の一方で、四月に西郊で天を祀る遊牧民の伝統的な儀礼をもおこなっていた。北魏前期の鮮卑は、鮮卑語を話し、胡服をはじめとする北方民族の風俗習慣を維持しつつ、中国式の官僚制度を取り入れて集権化を進めていたのである。

そのような体制が大きく転換するのが、孝文帝（在位四七一～四九九）の時代である。中原に入って一世紀近くたった彼の時代には、鮮卑の人々のなかでも鮮卑語が通じなくなっていた。また、皇帝の一族である拓跋氏を中心とした結集の力もゆるんでいた。そのなかで彼は、鮮卑式諸制度の廃止を断行し、中国的制度の全面的採用に踏み切った。彼は平城から洛陽に遷都するとともに、西郊の祭天儀礼を廃止し、内朝を解体し、胡族（北方民族）の服装や朝廷での鮮卑語の使用を禁止し、皇帝の姓の拓跋氏を元氏に変更するなど胡族の姓を中国式の一字姓に改めるといった大改革をおこなった。また鮮卑諸族のなかで貴族の家柄を定め、漢人貴族との間で婚姻をおこなわせて、胡漢の融合をはかった。

このような急激な漢化政策は、改革のなかで不利な立場に追い込まれた軍人たちの反乱(3)を招き、北魏は東西に分裂することになる。

孝文帝の改革は確かに「漢化」という語で表すことができるであろう。ただし、それを単に「文化の後れた夷狄が進んだ中華文明に同化した」という観点からのみ理解することはできないだろう。多民族的な国家を維持してゆこうとする努力のなかで中国式の制度や風俗が選び取られるとき、そこで目指されるのは漢族文化の現状への単なる追随ではない。むしろ、中華文明のなかに含まれている普遍主義的な「天下」の理念が純化されて取り出され、採用されているともいえるのである。

たとえば、北魏の都城である平城や洛陽のプランは、その後、隋唐の長安城へと連なっ

(3) 平城の北方におかれた六つの軍事拠点の軍人たちによる反乱であり、六鎮《りくちん》の乱といわれる。

てゆく整然たる都市計画の先駆けをなすものだが、中国古来の古典的理想都市をモデルとしたこのような大規模な都市計画が、非漢族の政権によってはじめて実施されたのはなぜだろうか。この都市に入ってゆく人々は、そこに特定の民族の生活文化の匂いを嗅ぎ取るというよりはむしろ、個々の民族文化を超越した普遍的・宇宙的な理念を感じ取るだろう。それは、漢族の都市というよりは、天下のさまざまな宗教・文化に向かって開かれた都市である。そして実際、北魏から隋唐に至るこうした都城は、多言語・多文化都市であり、その住人は、遊牧民や農耕民を含む多様な種族で構成されていたのである。(4)

『晋書』には、匈奴の劉淵の「帝王の出身には決まりがあるわけではない。大禹《だいう》は西戎《せいじゅう》から出、文王は東夷に生まれた。(5)ただ徳によってのみ決まるのだ」という言葉を載せている。この言葉は、徳のある者が帝王となるという儒教の考え方によりながら、その「徳」を漢人の独占物とはとらえず、胡族でも有徳であれば中華の主となり得るとしているのである。このような考え方は、北方民族が中国を支配する際にしばしば出てくるものであり、種族観念にとらわれた狭い中華思想を突破しようとする方向性をもつものである。

華北で興亡した北方民族政権においては、仏教が重んじられ、平城西郊の雲崗《うんこう》など大規模な石窟寺院がつくられた。(6)これもまた、種族を超えた世界宗教としての仏教に対する関心にもとづくものといえよう。仏教ばかりでなく、この時期には道教も体系化され、北魏の道士、寇謙之《こうけんし》のように、皇帝に信任される者も出た。道教の勢力が強いときには、仏教に対する弾圧もおこなわれた。

五胡十六国から南北朝時代は、「宗教の時代」といわれるように、さまざまな宗教が花開いた時期であった。その一つの背景は、動乱の続く不安のなかで、人々が世俗の抗争を超えた宗教的な境地に魂の拠り所を求めたということに求められるだろう。学問の面でも、政治に深くかかわる儒教を嫌い、世俗から隠遁して自由に哲学的・宗教的議論をおこなう（こうした議論を「清談」という）ことに魅力を感じる知識人が多かった。しかし一方では、華北の政権が、宗教と結びつきつつ自らの正統性を模索していたことも、宗教の興隆の重

（4）妹尾達彦《せおたつひこ》は、このような計画都市は、遊牧民の政治的組織力と華北の伝統文化とが融合した結果だ、と述べている。

（5）大禹とは、夏王朝を建てたといわれる禹（三九頁参照）のことで、文王は周王朝の創始者（武王の父）である。いずれも古の徳のある君主とされている。

（6）インドで生まれた仏教は紀元前後に中国に伝わったが、広く普及しはじめたのは南北朝の時期である。江南でも仏教は広まったが、石窟寺院がつくられたのは、華北の特徴である。敦煌《とんこう》の莫高窟《ばっこうくつ》は壁画や塑像で有名であり、雲崗や龍門（洛陽付近）は石仏や石彫が名高い。

要な原因であろう。政権が仏教のような外来の宗教と結びつくなかで、中華の観念は、より普遍的なものにつくり変えられていったともいえる。この時期につくられた、漢代以前のそれとは異なる新しい中華観念が、隋唐時代の東アジア世界の秩序を支えてゆくことになったのである。

六朝政権と江南の開発

呉・東晋・宋・斉・梁・陳と続いて長江流域以南に建国した王朝は、いずれも建康を都としており、これらをあわせて六朝《りくちょう》という。五胡十六国時代の華北の混乱は、中原から周辺部への大量の人口移動を引きおこしたが、なかでも黄河下流域から淮河《わいが》・長江下流域への移動が最も大規模であった。北方からの流寓者については、もともと江南に住んでいる人々の「黄籍」とは異なり、「白籍」という臨時の戸籍がつくられて、本籍への帰還が容易になるように配慮されていたが、南朝ではしばしば「土断」法が施行され、北人と南人との戸籍の区別をなくし、北人も南人と同様に租税を負担することが命じられた。このようにして、北方からの移住民は江南に土着化していった。

これらの移住民や土着の豪族によって、この時期、江南の開発が進んだ。当時の江南は、中原から見れば僻遠《へきえん》の地であり、山地には「山越《さんえつ》」と呼ばれる先住民族が住んでいた。春秋・戦国時代にこの地方に国を建てた「越」族は、「文身断髪《ぶんしんだんぱつ》」（入れ墨をし、髪を結わずに切る）といわれるように、中原とは異なる風俗をもつ民族であったが、この地方が秦・漢王朝の版図《はんと》に入ったあとも、その文化的固有性はなくなったわけではなく、呉などの南朝政権に対してしばしば反乱をおこしていた。南朝の社会は、いまだ開発途上の辺境という側面をもっていたのである。しかし六朝期以降、このような先住民族と漢族との融合は一段と進んでゆく。今日の中国の東南地域に住む人々は、ほとんどがみな自らを「漢族」とみなしているといってよいが、そこには、北方の標準語と大きく異なる諸方言が分布している。(7) それは、漢代に「鳥語《ちょうご》」などといわれたこれら先住民族の言語と漢語とが、長い時間をかけて融合していった結果なのである。北方で胡漢の融合がおこなわれていた時期に、江南でも別の形の融合がおこなわれていたといえるだろう。

北方民族の建てた北朝政権を南朝の側からは「索虜《さくりょ》」などと呼んで夷狄扱いしたが、北

（7） 上海語、福建語、広東語などは、語彙や発音体系も北方の中国語と大きく異なり、単なる地方的ななまりと見ることはできない。

朝の立場からは南朝は「島夷」と呼ばれた。南北朝の時代は、双方の政権が多民族融合の課題をかかえながら、正統性を争っていた時代ということができよう。そのなかで、隋唐時代に連なる新たな「中華」が生まれてくるのである。

以上、中国の北方と南方で、分裂・動乱と相表裏して進行した民族融合の状況を述べてきたが、このような動乱を通じて、社会経済や思想の面でも新たな展開が見られた。この時期には、三国の魏の屯田制《とんでんせい》や北魏の均田制など、農民に土地を分配する制度が華北で定められたが、それは、農民の逃亡によって荒廃した土地が増加したためであるといえる。こうした土地制度は、後の隋・唐時代にも受け継がれた。戦乱を避けるため、親戚や友人とともに集団で山中の要害の地に移り住み、自給的な生活を送る人々もあった。知識人のなかには、政治とのかかわりを避け、隠遁して高尚な哲学談義をしたり趣味生活を送ったりすることを理想とする風潮が広まった。九八～九頁に引いた陶潜《とうせん》（陶淵明。三六五～四二七）の「桃花源記《とうかげんき》」は、ユートピア物語ではあるが、当時の現実および人々の願いを反映した文章といえる。

魏晋南北朝期の冊封関係

三世紀はじめの後漢の滅亡以降、隋の再統一（五八一）に至る分裂時代の間、中国内部の混乱にもかかわらず、周辺諸国との関係は盛んに結ばれた。多くの国々が中国の王朝に貢ぎ物を贈って臣従の儀礼をおこない（朝貢《ちょうこう》）、(8) 中国側も返礼品を贈るとともに官爵を与えて冊封《さくほう》した。

この時期、国家間の関係が盛んに結ばれた一つの理由は、漢王朝に接触した周辺地域、特に朝鮮や日本など「東夷」諸国の間で、国家形成の動きがしだいに生まれてきたことにあるだろう。新興の諸国家にとって、中国王朝の承認を得ることは、自らの正統性を主張し、また近隣諸国との関係で優位に立つ上で重要なことであった。一方、抗争する南北両朝にとっても、周辺諸国と冊封関係を結ぶことには、抗争相手を牽制《けんせい》するという戦略的な意味があった。周辺諸国が天子の徳を慕って朝貢してくるという華夷思想の建前と異なり、実際の朝貢・冊封関係は、厳しいパワー・ポリティックスのなかで結ばれていたといってよい。

（8） 朝貢という場合、狭い意味では使節が皇帝に対しておこなう儀礼をいうが、広い意味では、朝貢使節にともなってやってくる商人たちがおこなう貿易も朝貢貿易といわれる。

まること数日、いとまごいをすることになった。別れぎわ、ここの人びとは「外部の人には申されぬがよろしいぞ」というのだった。

やがてここを出て、もとの舟を見つけ、そのまま来た道をたどって、あちこちに目じるしをつけておいた。城下についた漁夫は、郡の太守のもとにまかり出て、しかじかかようのことがと申し上げた。太守はすぐさま部下に命じて、漁夫のあとについてゆかせ、さきにしるしをつけた場所をたどったが、結局見失って、もはやあの道は探し出せなかった。(伊藤正文・一海知義編訳『漢・魏・六朝・唐・宋散文選』平凡社中国古典文学大系、1970年、より。改行など少し変更したところがある。)

*一族で戦乱を避け、山地を開墾して防備を固めながら自給的な生活を送る人々は、当時少なくなかった。「桃花源記」はそのような状況を理想化して描いたものだと考え、そのモデルを歴史事実のなかにさぐる研究もある。

【史料】 陶潜「桃花源記」*

晋の太元年間（376〜396）のこと、武陵《ぶりょう》（湖南省桃源県）の人で漁が仕事の男がいた。谷川の流れにそうてのぼり、どれほどの道のりを来たのか、突然桃の花咲く林に出逢った。……林は川の源でおわり、そこに一つの山があった。山には小さなほら穴があり、そこからほのかな光がさしているように思われる。すぐさま舟を乗り捨て、その口から入って行った。はじめはとてもせまく、人ひとりやっと通れるほどであったが、さらに数十歩進むと、突然目の前はからりとひらけた。見れば土地は平らかにうちひろがり、家々のたたずまいもきちんとととのい、よく肥えた田・美しい池があり、桑や竹などがうわっている。道は四方にゆきかい、鶏や犬の声がきこえて来る。そこここにゆききし畑にはたらく男女のきものは、まったく外部の人のそれとかわりなく、しらがの老人もおさげの幼児も、みなよろこばしげにそれぞれ楽しんでいる。

漁夫を見つけると、たいへんおどろき、どこから来たのかと問う。細かに事のしだいをこたえると、すぐさま招いて家につれて帰り、酒をととのえ鶏をつぶして、もてなしてくれた。村中の人は、こんな男が来たときくと、みなやってきてあいさつする。そしていうには、「先祖のものが秦の世の戦乱をさけて、妻子や村人をひきつれ、この人里はなれた土地に来た。以来ここから一歩も出ず、こうして外界の人とはへだたってしまったのじゃ」と。漢という時代があったことも知らず、魏や晋はいうまでもないので、この男が詳しく話をしてやると、みんなは「ふぅーむ」とうなった。とど倭《わ》（日本）[9]は、魏の時代に卑弥呼《ひみこ》が朝貢して「親魏倭王《しんぎわおう》」の称号を受け、その後五世紀には南朝に五人の王が朝貢して、それぞれ称号を受けた。朝鮮半島では、前漢末に国家を形成した高句麗《こうくり》が、三一三年に楽浪・帯方二郡を滅ぼし半島北部を領有した。四世紀末から五世紀はじめの広開土王《こうかいどおう》の時代に領土を広げた高句麗は、次の長寿王の時代に、南北両朝に朝貢し、それぞれ冊封を受けている。四世紀前半に成立した百済《ひゃくさい》は倭と同様、もっぱら南朝と朝貢・冊封関係を結んだ。四世紀なかごろに小国を統一して成立した新羅《しんら》は、六世紀半ばに朝鮮半島南部を領有して、南北両朝との交渉も六世紀に開始した。この時期冊封を受けたのは、日本や朝鮮など東方の諸国が多いが、西域の漢人王朝である高昌国《こうしょうこく》も、冊封を受けている。

この時期の冊封の特色は、漢代のような王号のみの授与と異なり、「使持節都督倭・百済・新羅・任那《にんな》・加羅・秦韓・慕韓七国諸軍事・安東大将軍・開府儀同三司・倭国王」（宋に対する倭王武の自称）のように他地域への軍事的支配権を含む長大な官爵名がつけられていることである。この場合、倭王武の官爵要求に対して宋は、百済と開府儀同三司を除いた官爵を授与しているが、こうした冊封が、中国と周辺諸国との二国関係のみならず、東アジア全体の国際秩序にかかわる問題であったことがわかる。魏晋南北朝期は、中国大陸で多民族の融合が進行したというのみならず、中国の周辺地域で中国の諸王朝と結びつきながら国家形成がおこなわれたという点でも、重要な意味をもつ時代であったといえる。

（9） 当時の日本は「倭」と呼ばれていた。「日本」という国名は、のちに遣隋使を派遣した際にはじめて用いられたものである。

唐使の時代は、朝貢はおこなったが冊封は受けていない。鎌倉時代や江戸時代のように朝貢関係も冊封関係もない時代もある。しかしそのような時代でも、貿易や人の移動を通じた経済・文化の交流は存在した。

東アジア世界を考える場合には、それぞれの時代の特色に注目する必要があるのである。

「梁職貢図《りようしよつこうず》」 南朝の梁に朝貢してきた使節を描いた図（宋代の模写）の一部。百済の使節の部分。

【焦点】 東アジア世界論

中国・朝鮮・日本など東アジア諸地域の文化の共通性や歴史の関連性については、戦前から指摘されていたが、戦後も、これらの国々の歴史を孤立させてとらえるのでなく、東アジア世界という場のなかに位置づけてとらえる見方は、学界で広い支持を受けている。特に、西嶋定生《にしじまさだお》（1919〜98。東京大学教授）の「東アジア世界」論は、東アジア諸地域を完結的な文化圏（東アジア世界）たらしめた基礎として、中国を中心とする朝貢・冊封体制という政治構造が存在したことを強調し、大きな影響を与えた。魏晋南北朝の東アジアの動きは、そうした見方の有効性を証する最も適切な事例の一つであろう。

むろん、「東アジア世界」という語のとらえ方はさまざまである。国家間関係としての冊封体制を通した文化の伝播を重視する見方もあれば、14〜16 世紀の倭寇のような、国の枠を越えた民衆の動きに着目する見方もある。また、貿易ネットワークに注目する考え方もあれば、東アジアを舞台とした諸勢力のパワー・ポリティックスに焦点をあてる見方もある。

本章で述べたような冊封関係は、東アジアの国際関係を秩序づけるシステムとして重要であるが、その一つにすぎない。たとえば日本の例でいえば、朝貢をおこなってかつ冊封も受けた時代としては、卑弥呼や倭の五王の時代（中国でいえば魏晋南北朝時代）および室町時代（中国では明代）があげられるが、日本が中国の制度や文化を最も積極的に取り入れた遣隋使・遣

6　隋唐帝国の形成

本章では、隋の中国統一から五代までの四〇〇年弱の時期を扱う。隋・唐は南北朝時代の諸民族融合の成果を引き継ぎ、整然とした国家制度と国際的な文化を発達させた。その影響は東アジア全体におよび、周辺諸地域でも隋・唐の制度を取り入れて国家制度の整備がおこなわれた。

南北の再統一

北魏の漢化政策の行き過ぎは、軍人の反乱を招き、北魏は東西に分裂したが、隋王朝を開いた楊氏、唐王朝を開いた李氏はいずれも、西魏（のちに北周）の支配層であった軍事集団に属していた。楊氏や李氏は漢人名門貴族の出身と称していたが、北魏以来の軍事集団のなかでは漢人と鮮卑など北方民族との融合が進んでいたので、いずれにせよ北方民族

計画都市の系譜

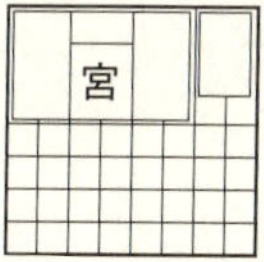

①北魏平城

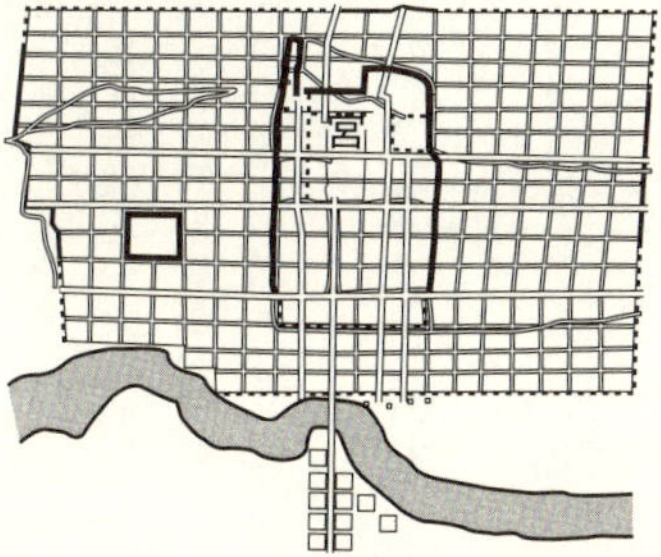

②北魏洛陽

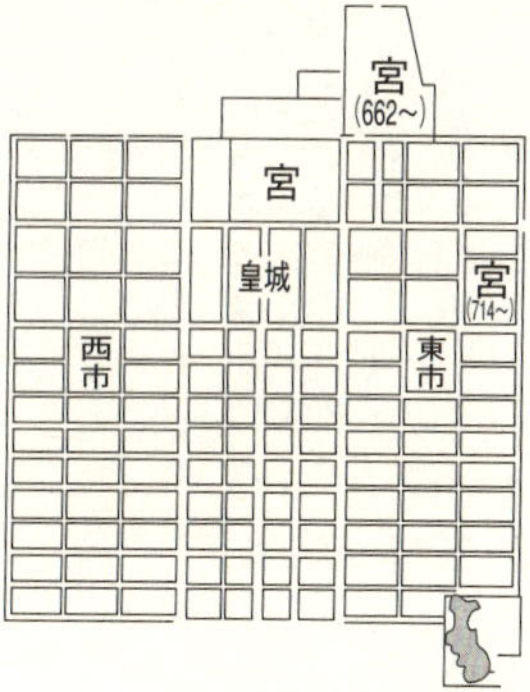

③隋唐長安

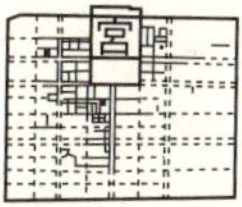

④渤海上京龍泉府

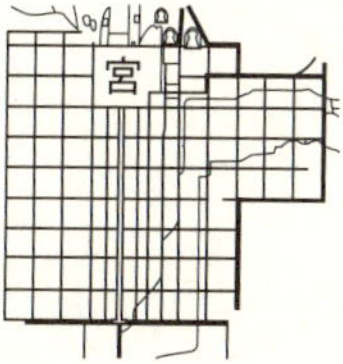

⑤平城京

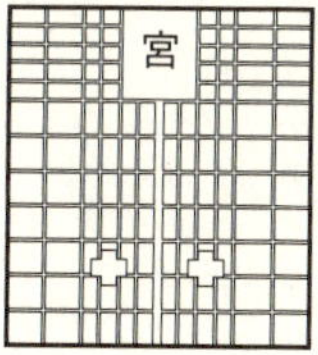

⑥平安京

0　2 km

の影響を強く受けた人々ということができる。

楊堅《ようけん》（文帝）は、五八一年に北周皇帝から禅譲されて隋を建て、長安に新都を建設した（大興城）。そのプランは、北魏の都城のそれと同様の整然たる方格状の町割をもった構造であった。唐の長安城も大興城をほぼそのまま受け継いでいる。文帝は続いて南朝の陳も滅ぼし、西晋以来二七〇年ぶりに中国を統一した。

隋の課題は、長年分裂していた南北を統合し、集権的な支配を打ち立てることであった。そうした政策の例として、官制の整備と科挙の導入、および大運河の開鑿《かいさく》があげられる。文帝は地方官制を簡素化すると同時に、従来上級地方官がもっていた属僚採用権を廃止し、地方官任命権を中央に回収した。また、その際の人員確保のために科挙制度を採用して、試験による官僚登用を開始した。(1) 続く煬帝《ようだい》の時代には、現在の北京付近から杭州湾に至る大運河の建設が開始された。その結果、長安からも黄河を通じて水路で江南に至ることが可能になった。

しかし、煬帝の時代の大土木工事による負担と高句麗遠征の失敗により、各地で反乱がおき、隋が倒れて、李淵（高祖）が唐を建国した。高祖に続く太宗・高宗の時代に、唐の版図は最大に達した。

国家制度の整備

唐代には、その後の歴代王朝を通じて採用され、あるいは東アジア諸国に広くおこなわれた諸制度が整備された。そのいくつかをあげてみよう。

まず、律令《りつれい》制度の編纂である。律はおもに刑法にあたるものであり、令は行政にかかわる法である。そうした法令の編纂は晋の時代から見られ、明・清時代までおこなわれているが、隋・唐時代はそうした法令編纂が特に精力的におこなわれた時期であり、その整然たる構成によって広い影響力をもった。唐律は現在も残っているが、唐令は散逸し、日本令なども参照しながら復元がおこなわれてきた(2)。当時国家建設を進めつつあった日本や朝

(1) ただし、隋・唐の時代には、科挙を通じて採用される官僚は、全体の一部にとどまった。科挙による官僚登用が全面的におこなわれるようになるのは、のちの宋代(一〇世紀以降)になってからである。なお、隋の時代には「回避の制」も定められ、地方官が自分の出身地を任地とすることは禁止された。これも、中央による官僚統制策の一環である。

(2) 仁井田陞《にいだのぼる》の『唐令拾遺』が代表的なものである。

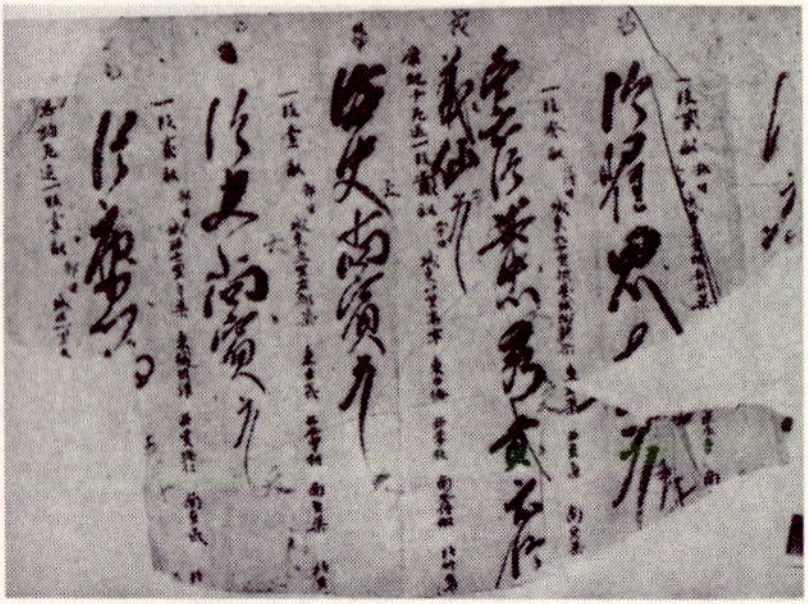

トルファンの給田文書　次に誰に支給するかを書き込んである。

鮮諸国は、唐の律令を中央集権体制整備の柱として重んじたので、隋から唐前半期の時代は、しばしば律令制《りつりょうせい》の時代といわれる。

官制としては、中書省・門下省・尚書省の三省および尚書省の部局である吏部・戸部・礼部・兵部・刑部・工部の六部《りくぶ》(3)を中心とした中央官制が整備された。宋代以後、三省は次第に廃止されて、六部が皇帝に直属する体制がつくられてゆくが、清代にまで至る中央官制の骨格は唐代に整備されたものといえる。

租税・兵役制度に関して見ると、唐の租税制度は北魏以来の均田制にもとづく租調庸《そちょうよう》制を基本的に踏襲したものであった。この制度は、成年男子に定額の土地を支給すると同時に、穀物(租)、絹や麻(調)、労役ないしその代納品(庸)を課するところに特色があった。均田制が実際に全国におこなわれていたかどうかは不明であるが、敦煌《とんこう》やトルファンに残された唐代の文書は、少なくともこれらの地方では、田土の支給と返還が実際におこなわれていたことを示している。ただし、そこに記された田土の授受額は、規定よりはずっと少ないものである。

府兵制と呼ばれる兵制は、一般農民を対象とする徴兵制度であり、農民から徴発された兵士が、都の周辺や辺境地帯での防備にあたった。

唐代初期の諸制度をかつての漢代や、あるいは唐より後の宋（趙宋）[4]代の制度と比べてみると、明確な理念にもとづいた整然たる構成をもつ点にその特色があるといえるだろう。唐王朝は、さまざまな民族を統合してゆくために明確な理念を必要とした北朝政権の諸制度を受け継ぎ、それを集大成していったのである。唐初の諸制度のこのような性格は、東アジアの新興諸国家がそれを取り入れてゆくのにふさわしい普遍性をもっていたといえるだろう。しかし他面から見れば、このような理念的制度は現実と乖離して形骸化してゆきやすいものでもある。均田制や府兵制が八世紀には解体してしまうのは、その一例である。

(3) 吏部は官僚人事、戸部は財政、礼部は儀礼（科挙や朝貢などを含む）、兵部は軍隊・戦争関係、刑部は法律・裁判、工部は土木事業、をそれぞれ担当する。
(4) 南北朝時代の宋と区別するため、趙氏の建てた一〇世紀以降の宋は趙宋、南朝の宋は劉宋などと呼ぶことがある。

**「哭晁卿衡」の詩は、阿倍仲麻呂（中国では晁衡という名を使っていた）が長安を辞して帰国した際、船が難破して死亡したという噂を聞いて、李白がつくった追悼の詩である。阿倍仲麻呂は長安で王維や李白など、高名な詩人と交友関係を結んでいたのである。しかし実際には阿倍仲麻呂はこのとき、安南（ヴェトナム）に漂着していた。彼は長安に戻ってまた官僚生活を送り、結局日本に帰ることはなかった。

***「少年行」は、当時の都の春景を描く。金持ちの若者が馬に乗って都大路を闊歩する風習、馬具につけられた金銀の飾り物、そしてイラン系の美人がサービスする酒場など、いずれも人々の心を引きつける都市風俗であった。

婦女乗馬俑（唐代） 唐代の俑（俑とは副葬品の人形）のなかには、女性の騎馬像が多くみられ、唐代には女性が馬に乗って外出することは珍しくなかったことを物語る。これは、中国の他の時代にはほとんど見られないことである。

【史料】　李白*の詩に見る唐代社会

李白　哭晁卿衡《こくちょうけいこう》**

日本晁卿辞帝都	日本晁卿帝都を辞し
征帆一片繞蓬壺	征帆《せいはん》一片蓬壺《ほうこ》を繞《めぐ》る
明月不帰沈碧海	明月帰らず碧海《へきかい》に沈み
白雲愁色満蒼梧	白雲愁色蒼梧《そうご》に満つ

李白　少年行***

五陵年少金市東	五陵の年少金市の東
銀鞍白馬度春風	銀鞍《ぎんあん》白馬春風を度《わた》る
落花踏尽遊何処	落花踏み尽くして何処《いずこ》にか遊ぶ
笑入胡姫酒肆中	笑って入る胡姫酒肆《こきしゅし》の中

李白

*李白（701〜762）は、杜甫と並び、唐代を代表する詩人とされる。若いころは剣術と任侠を好み、各地を流浪していた。中年になって長安に出てきて玄宗に拝謁し、官僚となったが、奔放な性格のため、すぐに失職し、流浪のうちに一生を終わった。

唐と周辺諸地域

唐は周辺諸国との間に、冊封以外にも多彩な関係を結んだ。以下、唐の対外関係を、地域別に概観してみよう。

東方では、周辺諸国において唐の諸制度の導入が積極的におこなわれた点に、その特色を見ることができる。その代表は、新羅・日本・渤海《ぼっかい》である。唐は七世紀後半に新羅と連合して百済と高句麗を滅ぼし（このとき、日本に多数亡命した百済人によって大陸文化の受容が促進された）、朝鮮半島を統一した新羅との間に冊封関係を結んだ。

日本との間には、隋・唐時代には冊封関係は結ばなかったが、日本は七世紀から九世紀にかけて十数回、遣隋使・遣唐使を派遣し、唐の制度や文化の移入につとめた。同行した留学生のなかには、阿倍仲麻呂《あべのなかまろ》のように唐朝に仕えて高官となり、結局帰国しなかった者もいた。(5) 七世紀末におこった渤海も、冊封を受けて、三省六部の官制や長安を模した都城など、唐の制度を積極的に取り入れた。

カンボジア・チャンパー・シュリーヴィジャヤなど、もともとインド文化の影響を受けていた東南アジアの国々も唐に朝貢した。香料など南海物産は揚州・広州など中国の港に運ばれ、そこから大運河を経て華北にも販路をもった。唐の広大な消費市場は、東南アジア諸国の交易の発展を支えていた。

北方においては、前期は突厥《とっけつ》、後期はウイグルがおもな対抗勢力であった。唐が建国の際に突厥の騎兵の援助を受けていたこともあって、突厥は大きな勢力をもったが、六三〇年に唐に服属し、このとき多くの西北遊牧部族は唐の太宗に「天可汗《てんかがん》」(6)の称号を奉った。服属した突厥は、唐の羈縻《きび》支配下におかれた。羈縻とはもともと牛や馬を繋いでおく綱という意味であるが、異民族の首長を都督や刺史などの官に任命し、生活様式はそのままで形式上唐の支配領域に組み込むもので、朝廷派遣の官僚が都護府や都督府に拠ってこれを監督した。北方や西方ではしばしばこうした羈縻方式による支配がおこなわれた。北方ではウイグルが、安史《あんし》の乱（七五五～七六三。後述）で唐を救援したことをきっかけに勢力を伸ばしたが、唐はウイグルとは兄弟の関係を結び、公主（皇帝の娘）を降嫁させることに

(5)　二〇〇四年に西安で発見された唐代の墓誌に、日本出身の井真成《せいしんせい》という人物の名前が記されていて話題を呼んだが、この井真成も、遣唐使に随行した留学生と考えられている。

(6)　テュルク語のテングリ・カガンに漢字をあてたもの。カガン（ハーン）とは、北方諸民族の頂点に立つ支配者をいう。

よって関係を維持した。ウイグルと唐との間では絹と馬とが交換されたが、朝貢の形式をとっていても実際には対等な交易であった。

チベットの吐蕃《とばん》は六三四年、はじめて唐に使いを送って唐の冊封を受け、中国文化を積極的に導入した。その後吐蕃は急速に勢力を拡大し、唐の西域支配を脅かした。安史の乱以後の両国の関係は、「甥（むこ）と舅（しゅうと）」の関係で対等な盟約を結ぶというものであり、それは唐が公主（吐蕃の場合は皇帝の実の娘ではなく宗室の娘）を吐蕃に降嫁させていたからである。

タリム盆地のオアシス諸国家は、東の唐、北の突厥などの遊牧勢力、南の吐蕃という三方からの圧力を受けて複雑な動きを示した。西域では唐はおもに羈縻方式による支配をおこない、八世紀前半には名目的なものにせよ、カスピ海沿岸の国々にまで王号を授与した。しかし唐は、八世紀半ばにはアッバース朝とのタラスの戦いに敗れ、また安史の乱がおこって、西域支配を放棄せざるを得なかった。

以上のように、唐の対外関係は、冊封関係のほか、羈縻関係や、兄弟あるいは舅—甥などの親族になぞらえた関係など、多種多様な関係が、事情に応じて選び取られていたのである。

長安と国際的な文化

唐と周辺諸国との活発な交流に支えられて、朝貢使節のみならず、留学生や商人など多様な人々が周辺諸地域から国都長安を訪れた。長安の整然たる都市計画は、日本の平城京・平安京や渤海の上京龍泉府など、周辺地域でも模倣された。長安（現在の西安）は、渭河《いが》（黄河の支流）の南岸に位置し、北を渭河に、南を秦嶺《しんれい》山脈に守られる要害の地にある。周囲には肥沃な関中平野が広がり、豊富な農産物が得られるとともに、遊牧地帯との関係も密接である。西周、秦、前漢など、西方からおこった政権や、遊牧地帯との結びつきを重視した政権は、長安に都をおくことが多く、隋や唐も例外ではない。

七世紀半ばにササン朝が新興のイスラーム勢力に滅ぼされた際には、多くのイラン人が長安に移住した。ソグド地方(7)の商人も多数長安に来て、金銀の工芸品や絹などの交易をおこなった。馬に乗って棒で球を打つ、ポロ競技のようなイラン起源の遊びも流行した。魏

(7) サマルカンドなど、現在の西トルキスタンのオアシス地帯。

し、唐代の半ばころから、特に関中平野では、小麦の栽培が普及し、アワなどに代わって主食の座を占めるようになった。小麦はアワなどと異なり、製粉の手間がかかるが、さまざまに加工することができ、美味である。小麦粉でさまざまな種類の餅《ピン》（日本の餅とは異なり、小麦粉を練ってうすく延ばし、蒸したり焼いたり揚げたりしたもの）をつくる方法は、西アジアから伝わり、華北の人々に歓迎された。長安の周辺には、水力や畜力を利用した粉ひき場ができ、粉食品の需要にこたえた。

小麦粉の餅をはじめとする西方由来の食べ物は、「胡食」と総称され、長安では貴族と庶民とを問わず好まれた。「胡食」の代表的なものは「胡餅」と呼ばれる胡麻つきパンで、9世紀に中国を訪れた日本の僧の円仁《えんにん》は、皇帝から胡餅を下賜されたこと、及び一般の人々の間でも胡餅が流行していたことを述べている。そのほか葡萄酒も、この時期に中国で歓迎された西方起源の飲物であった。

唐代に広まった西方起源の風俗のなかには、その後の中国であまり見られなくなったものも多いが、椅子とテーブルの生活や小麦の粉食は、その後の中国の生活文化の重要な一面として根付いていった。

【焦点】 新しい生活文化の定着

五胡十六国時代から唐代前半にかけて、北方の遊牧社会やインド・西アジアの諸都市の影響が広まり、中国の生活文化を大きく変容させた。たとえば、漢代までの中国では、床にむしろなどを敷いて直接座っていたが、この時期以降、椅子とテーブルの生活が一般化する。日本では、室町時代から畳が普及するが椅子は近代まであまり用いられなかったのに対し、中国では唐代のころから、椅子に座る生活が普通となったのである。

食べ物の面でいうと、華北では小麦は古くからつくられていたが、漢代まで主食はアワや稗《ひえ》・黍《きび》などの雑穀であった。しか

唐代の宴会のようす 唐代中期の長安の墓の壁画に見える宴会の風景。大きなテーブルに食べ物や杯を並べ、長いすに座って楽しんでいるようすが生き生きと描かれている。

正倉院のガラス器

晋南北朝期には「胡」といえば北方民族を指すことがふつうであったが、唐代にはむしろ、イラン系の人々や風俗を示すようになる。当時は女性の乗馬もおこなわれており、これも「胡化」の一例ということができる。

長安城内には、無数の仏教寺院のほか、ササン朝で信仰されていたゾロアスター教（祆教《けんきょう》）、エフェソス公会議で異端とされて以来、東方への布教を目指していたネストリウス派キリスト教（景教）、ゾロアスター教を母体にキリスト教や仏教を融合し、ウイグル人の間に広まっていたマニ教など、西方起源の宗教の寺院も建設され、信者たちを集めていた。

国際性をもった唐代の文化は、唐と関係を結んだ周辺諸国へも伝播した。日本の平城京で栄えた天平文化はその典型的なものであり、奈良の正倉院には、イランから直接伝来したとされるガラス器などのほかにも、イラン風の意匠による屛風《びょうぶ》や金銀器などの宝物が多数収蔵されている。

唐の衰退

唐の領土が最大となったのは七世紀の太宗・高宗の治世であり、唐の隆盛は八世紀の前半まで続いた。高宗の皇后であった則天武后《そくてんぶこう》は、高宗の死後実権を握って自ら帝位についた。(8) 則天武后は、対立勢力を抑えるため、科挙を通じて官僚を積極的に登用したが、このことは、政治の担い手が古い家柄の貴族から科挙官僚に移ってくるきっかけとなった。

則天武后の死後の混乱を経て、八世紀初めに即位した玄宗《げんそう》の治世は、唐代でも有数の繁

(8) 則天武后は、中国史上唯一の女帝である。中国史のなかでは、漢の高祖の皇后であった呂后や、清末の西太后(二〇九頁参照)など、実権を握り国政を動かした女性たちもいるが、則天武后を含めて彼女らは、政治を混乱させた元凶とみなされ、その冷酷な性格や異常な権力欲が強調されることが多かった。則天武后についても、ライバルに罪を着せて陥れるため自分の娘を殺すなど、その悪女ぶりを示すエピソードが多く残っているが、彼女らに関する史料の記述には、女性の権力掌握への反感に基づく当時の偏見が反映されていることも確かであろう。

栄の時期と称される。周辺諸国との交流が活発におこなわれ、長安で李白や杜甫などの詩人が活躍したのも、「盛唐《せいとう》」といわれるこの時期である。しかし一方、兵役負担の重さから逃亡者が続出して、府兵制が崩れていったのもこの時期であり、政府は府兵制の代わりに募兵制を採用せざるを得ず、その指揮官として節度使《せつどし》をおいて辺境に配置した。

安史の乱(9)をおこした安禄山《あんろくざん》は、ソグド人の父と突厥人の母をもつ武将であり、反乱当時、安禄山は一〇ある節度使のうち、三節度使を兼ねていた。この反乱は、玄宗に取り立てられて宮廷で力をもっていた楊国忠《ようこくちゅう》(玄宗が寵愛していた楊貴妃の兄)と安禄山との対立からおこったもので、八年間続いた末、ウイグルの力を借りてようやく鎮圧されたが、これをきっかけに唐の体制は大きく変貌してゆく。

財政難の解決のため、租・調以外の税が増え、七八〇年には租調庸制に代えて両税法が施行された。これは、均田制のように一律の土地支給を目指さず、現に所有している土地の面積に応じて夏と秋の二回、銅銭で税を納めさせるというものであった。それは、民間の大土地所有が容認されたことを意味する。また、塩の専売制度もはじまり、国家財政のなかで大きな割合を占めるようになった。

節度使は、やがて内地にもおかれるようになり、監察使(督察を任務とする)を兼ねて、地方行政権と軍事権とを一手に握ることとなる。節度使・監察使の支配する領域を藩鎮《はんちん》というが、藩鎮のなかには唐朝の命令に従わず独立割拠する傾向も生まれてきた。

九世紀末におこった黄巣《こうそう》の乱は、塩の密売商人がおこした反乱で、中国のほとんど全体を巻き込んで、約一〇年続いた。雁門《がんもん》節度使李克用《りこくよう》(10)らの連合軍によって反乱は鎮圧されたが、反乱後の唐朝は互いに抗争する藩鎮への統制力を失い、黄巣軍からの降将であった朱全忠《しゅぜんちゅう》が唐の皇帝から位を譲り受け、後梁《こうりょう》王朝を建てた(九〇七)。その後、約半世紀の間、華北では五つの王朝が交代したので、この時期を五代《ごだい》という。

唐の滅亡が東アジアに与えた衝撃は大きかった。唐の滅亡にやや遅れて、朝鮮では高麗《こうらい》がおこって新羅・渤海が倒れ、雲南の南詔《なんしょう》が滅びて大理が建国した。北方では契丹《きったん》が勢力を強めて大勢力となり、南ではヴェトナムが独立政権をつくった。日本では平安朝が続いていたが、律令制が崩れて独自の国風文化が栄え、また平将門《たいらのまさかど》の乱がおこるなど、国家体制が大きく変わっていく時期であった。一〇世紀は、東アジア全体の変動期であったということができよう。

---

(9) 安禄山とその武将である史思明《ししめい》とが中心になったので、安史の乱という。

(10) 沙陀《さだ》突厥という北方部族の出身で、のちに後唐《こうとう》を建てる。

7　宋と北方諸民族

ここでは、五代から南宋末までの約三世紀半を扱う。この時期は、対外的には北方民族の勢力伸長により、宋は常に守勢に追い込まれていた。しかし、このような対外的緊張のもと、中国には政治・経済・文化の各方面における新しい動きが生まれ、唐末から宋に至る時期は、中国史の大きな発展が見られた時期と見なされている。北方民族の動向と国内の変化をむすびつけながら、この時期の歴史の流れをとらえてみたい。

北方諸民族の動向

中国の歴史を見るとき、統一王朝といわれる時代であっても、その統治する範囲は大小さまざまであることに気がつくであろう。すなわち、北方や西方の民族をも含みこんだ多民族的な大きな政治的まとまりがつくられる時期と、北方や西方の民族を排除していわゆる漢族(1)を中心としたまとまりを単位に王朝が建てられる時期とが、波のように繰り返されるのである。この波からいえば、隋・唐は領土こそそれほど広くはないものの、北方や西方の文化が混じり合った、多民族的なまとまりを示す王朝であった。それに対し、唐末五代の動乱のあとで成立する宋の時代は、漢族中心の小さなまとまりという性格を典型的に示す時代である。これを周辺民族の側からいえば、周辺民族がそれぞれ独自の文化を打ち出して自立していく時期ということもできる。

隋・唐時代に北方で大勢力となったのは、まず突厥《とっけつ》、続いてウイグルといういずれもトルコ系の民族であった。突厥とウイグルでは独自の文字がつくられたが、これは北方遊牧民として最初期のものといえる。九世紀の半ば、ウイグルが西北モンゴリアのキルギスに敗れて解体したことをきっかけに、草原・オアシス地帯では大きな変動がおこる。彼らの一部は南下して唐の領域内に入り、他の一部は西方へと移住した。西方に向かったトルコ系民族の一部は、従来の遊牧生活から、オアシスでの定住生活に入り、それまでのオアシ

(1)「漢族」の定義は難しいが、ごく簡単にいうならば、漢字を用い漢語を話し、家族関係や衣食住などに関する習慣を共有し、おもに農耕生活を営みながら、「漢族」としてのアイデンティティを形成してきた人々、ということができよう。

11 世紀後半の東アジア

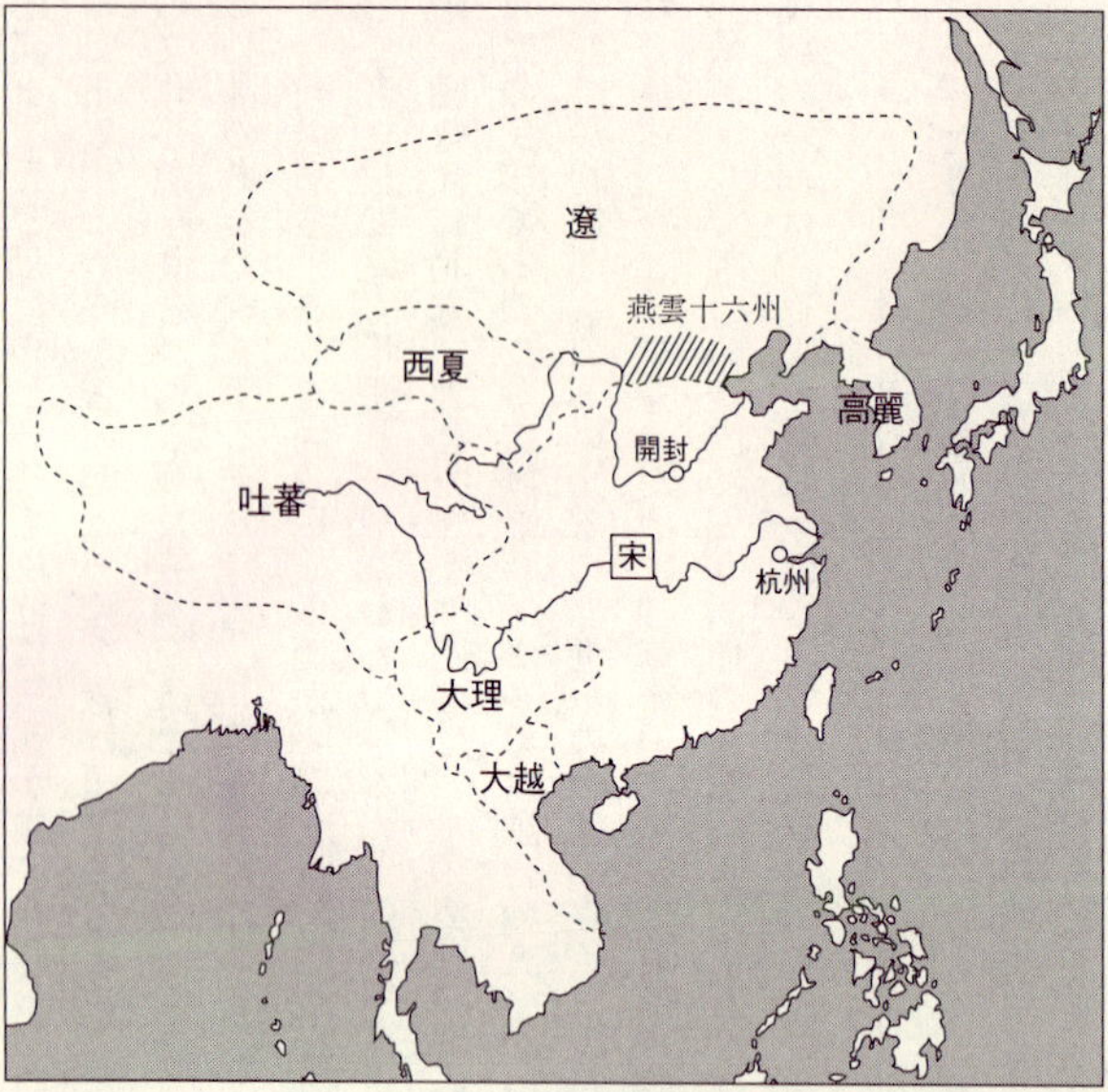

スの住民と融合してゆく。(2) さらに九世紀から一〇世紀にかけてこの地域にイスラームが伝わると、トルコ人のイスラーム化が進展し、のちのセルジューク朝やオスマン帝国に見られるように、トルコ人はイスラーム世界の重要な一翼を担うようになる。

このようなトルコ系民族の西方移動のあとに生じた空白を埋めたのは、モンゴル高原の東方から登場した新しい勢力、すなわち契丹《きったん》である。耶律阿保機《やりつあぼき》(太祖)は九〇七年に契丹の汗の位につき、九一六年には皇帝を称し中国風の年号を定めた。(3) その後、太祖は渤海《ぼっかい》などを滅ぼして急速に勢力を拡大し、次の太宗の時代には、華北に進入して燕雲《えんうん》十六州(4)を獲得した。当時宋は、国内を統一したあと、燕雲地方の奪回を目指したので、契丹と宋との間に戦争がおこったが、契丹優位のうちに講和が成立し、宋から契丹に毎年多額の銀や

(2) 現在、パミール高原東西のオアシス地帯ではトルコ語系の言語が話され、この地域は「トルキスタン」すなわち「トルコ人の土地」と呼ばれているが、それはこの時期のトルコ系民族の移住に端を発するものである。

(3) 契丹王朝は、族名の契丹を国号とすることもあれば、中国風の遼という国号を用いることもあった。

(4) 現在の山西や河北の北部。燕とは北京周辺、雲とは大同周辺を指す。

絹を支払うことが定められた。契丹は北方民族として本拠地を保ちながら中国内地を支配した最初の王朝であり、その領内には、狩猟・遊牧・農耕など、さまざまな生業をもつ諸民族がいた。したがって、その統治においても、部族制にもとづく北面官、州県制にもとづく南面官といった区別を設けて、性格の異なる社会をまとめてゆくことが必要となった。

その間、一一世紀前半には、宋の西北の陝西・甘粛地方でチベット系のタングートが西夏を建て、中国と西方を結ぶ通商路の要《かなめ》を握って宋を圧迫した。また、一二世紀に入ると、東北の松花江《しょうかこう》流域から女真《じょしん》が台頭し、金国を建てた。金は宋と結んで契丹に攻め入ってこれを倒した。(5)その後、金と宋との間で領土争いがおこると、金は華北に攻め入って都の開《かい》封《ほう》を陥れ、華北一帯を支配した。宋では皇帝の弟が江南に逃れて臨安(杭州)を首都として帝位についた。(6)宋と金は、淮河《わいが》を境界線に定め、宋は金に対して臣下の礼をとり、毎年、銀や絹を金に送ることが定められた。南宋の時期は、対外的には強い圧迫を受けていたが、首都が長江以南に移ったことにより、華中・華南の開発が進み、特に長江下流域で水田の造成がおこなわれた。

以上のように、宋は周辺諸国の厳しい軍事的脅威に直面していた。契丹・金・西夏ともに、自ら皇帝を称したが、これは唐の皇帝が唯一の皇帝として周辺地域と朝貢・冊封関係を結んでいた唐代の東アジアの秩序とは大きく異なる。また、契丹・金・西夏はそれぞれ独自の文字をもっていたが、これら周辺諸国の台頭は、文化的自覚とも結びついていた。そのような「自立化」の潮流は、北方や西方のみならず、日本をも含みこむものであった。(7)

唐宋変革とは何か

このような周辺諸国の自立化の動きにともなって、中国の政治や文化も大きく変容した。唐代の国際的な文化とは異なって、北方や西方とは異なる漢族文化の独自の特徴が、宋代には色濃くあらわれてくるといえる。唐と宋の間を中国史上の大きな変動期ととらえることは学界の通説となっており、「唐宋変革」という語もよく使われる。(8) それでは、唐宋変

(5) このとき契丹の皇族の一人が西方に逃れて中央アジアに西遼を建てた。
(6) 臨安遷都前の開封を都としていた時期を北宋といい、臨安遷都後を南宋という。
(7) 「東アジア世界」論の代表的論者である西嶋定生は、日本での仮名文字の普及が、契丹・金・西夏などにおける独自の文字の制定とちょうど同じ時期であることに注目し、これを東アジアにおける「漢字文化からの離脱現象」の一環と見なしている。
(8) 唐と宋との間に大きな変革を見る説は、日本の東洋史学の創始者の一人とされる内藤湖《ないとうこ》

革とはどのようなものであり、なぜおこったのだろうか。

九〇七年に唐が倒れてから、約五〇年の間、華北には五代といわれる五つの王朝（後《こう》梁《りょう》・後唐《こうとう》・後晋《こうしん》・後漢《こうかん》・後周《こうしゅう》）が興亡した。そのほか中国の中部・南部に次々と建てられた地方政権を十国とし、あわせて五代十国と呼ぶこともある。この時代は分裂と抗争の時代ではあったが、同時に、長江デルタの水利施設の整備や、都市郊外での商業中心地の成長など、後の時代につながるような経済発展も見られた。

後周の武将であった宋の太祖趙匡胤《ちょうきょういん》は、九六〇年に部下に擁立されて即位し、統一を進め、第二代の太宗の時代に中国主要部の統一が一応完成した。しかし、北は契丹が燕雲十六州を占拠しており、西北は甘粛・陝西に西夏の進出を受け、西南は大理が雲南・貴州を支配しており、歴代の統一王朝に比べるとやや小規模な統一であった。

宋代に見られる新しい特徴の第一は、皇帝を中心とした中央集権的な文官統治制度が確立されたという点である。太祖・太宗は、従来地方の軍事権と行政権を一手に握っていた節度使の権力を削減し、中央集権化を進めた。そのために、一方では、節度使の配下にある地方官を直接中央が任命する制度につくりかえるとともに、隋代以来の科挙制度を拡充し、中国特有の官吏登用制度を整備していった。[9] 科挙の特色はまず、出身を問わず男性ならばほとんど誰でも受けられる、というその開放性にある。女性や一部の賤民は受けることができず、また長期間の受験勉強のためには相当の経済力が必要ではあったが、受験資格が一部の家柄に制限されるということはなかった。高級官僚の息子が恩典を受けて特別に任用される制度もあったが、科挙の資格は原則的に一代限りであった。さらに、科挙の内容が、実務的知識でなく儒学の経典の理解を問うものであったという点が、もう一つの特色である。科挙に合格することは、儒学の教養をもつ徳の高い人物であることの証明と見なされたので、仮に実際に官僚にならなくても、賦役制度や法律の上での優遇措置を受け、地方社会の名士として尊敬を得ることができた。

第二に宋代の社会を特色づけるのは、商業の発展である。北宋の首都の開封《かいほう》は、大運河と黄河をつなぐ地点にある商業都市であり、長安が遊牧地帯には近いが中国のなかでは西

南《なん》(一八六六〜一九三四。京都帝国大学教授)によって一九一〇年前後に最初に提唱された。内藤湖南は、宋代における君主独裁制の強化、商品経済と都市の発展、儒学の刷新、といった、政治・経済・文化にわたる多面的指標をもって、宋代とルネッサンス時代のヨーロッパとの類似性を論じ、宋代以降を中国史上の近世と見なした。

(9) 官吏登用制度には、文官の科挙と武官の武挙との双方があったが、文官の方が圧倒的に重要視されていた。

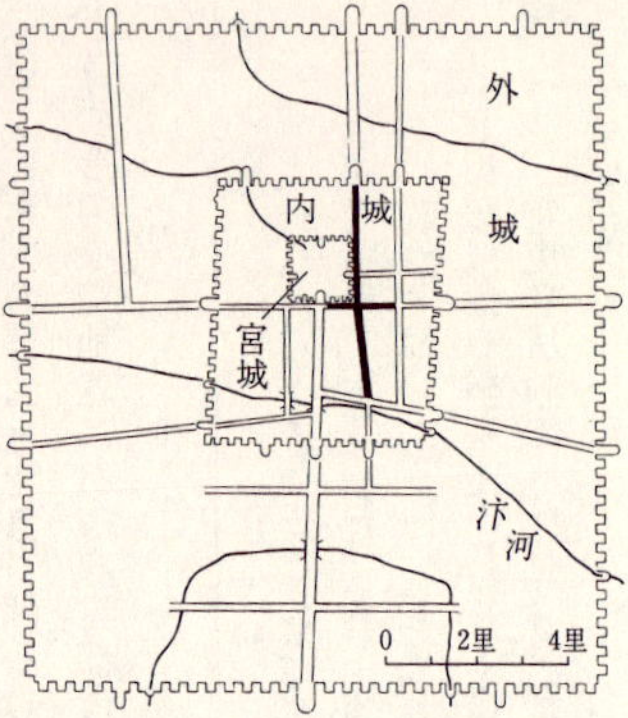

宋代の開封　132-3頁の【史料】で説明している区域は、宮城の東南、黒色で示す街路の周辺である。

北の隅にあったのと比較すると、中国内部の東西南北の交通の要に位置していた。城壁のなかの道路は整然たる碁盤の目状ではなく、入り組んだ道が主流であり、また城内には運河が掘られていた。長安では、道路で区切られた一つ一つの区画が壁でかこまれていたが、開封ではそのような壁はなく、商店は直接道路に面していた。

むろん宋代の中国の経済は農業を基盤としたものであったが、土地経営方式も商業化の影響を受けて変化した。唐代中期の両税法以降、大土地所有が発展し、宋代には新興の地主層が成長してきた。大土地所有といっても、宋代の地主は、まとまった領地を世襲的に支配して自給自足的な経営をおこなうような領主とは異なり、利益を求めてあちこちの土地に投資するという、商業的な性格を帯びた地主が多かった。

宋代には対外的な交易も活発化した。対外的な交易としては、陸路による契丹や西夏との交易、海路による日本や高麗との交易、同じく海路による南海貿易（東南アジア交易）

「清明上河図」（部分）　北宋末（12世紀）に描かれた絵巻物。清明節（4月はじめ）の日の開封のにぎわいを描いている。酒楼（レストラン）の本店（正店）、軒先の露店、大勢の人が行き交う虹橋や人物の服装など、当時の情景が伝わってくる貴重な資料である。

売り、切紙芸人のたぐいも大勢いて、一日じゅうここにいたら、日が暮れるのも気がつかなかった。(松枝茂夫編『記録文学集』平凡社中国古典文学大系、1969 年、より)

* 『東京夢華録』は、作者の孟元老《もうげんろう》が南宋はじめに北宋末年の開封の様子と行事習慣を詳細に描写した回想録である。張択端「清明上河図」も同じく北宋末年の開封を描いたとされる絵巻物であり、絵と文章をつきあわせて見ると、開封の状況が具体的に思い浮かべられるだろう。この部分は、宮城の東南の角を中心として、その東側の繁華な一角の様子を描いている。唐代の長安の地図 (105 頁) を見てみると、長安では商業は東市と西市の二つのブロックに限定されていた。それに対し、開封では通りに沿って店が立ち並んでおり、また路上で開かれる朝市の類もにぎわっていたことがわかる。

【史料】『東京夢華録《とうけいむかろく》』*巻二　東角楼街巷

宣徳楼から東のかた、東角楼へと行けば皇城の東南角である。十字街を南に行けば薑行《きようこう》（生姜市場）で、高頭街を北へ行き、紗行《しやこう》（薄絹市場）から東華門街・晨暉門《しんきもん》・宝籙宮《ほうろくきゆう》をへて旧酸棗門《さんそうもん》までの道筋はもっとも店舗がにぎわしかった。……東に行くと潘楼街《はんろうがい》だ。通りの南は鷹店《ようてん》といって、タカやクマタカを商う旅商人ばかり、その他はみな真珠・反物・香料・薬物を商う店だった。南に通ずる通りのひとつは界身といって、ずらりと金銀や色とりどりの絹を取引する店が立ち並び、どっしりとした建物、広い間口の店々は、見るからに堂々たる有様で、取引ごとに千万もの金品を動かし、人々の耳目を驚かした。

その東の通りの北側は、潘楼酒店という酒楼で、その下では毎日五更（午前4時ころ）から市がたち、衣類・書画・珍貴な愛玩物とか犀《さい》の角や宝玉などを売買した。夜が明け放つと、羊の頭・肺臓・腎臓・胃袋や、ウズラ・ウサギ・ハトなど山林でとれる食用の禽獣《きんじゆう》と、カニ・アサリの類の取引をし、それが終わるとさまざまな職人が市に出てきて、こまごましたた材料を売買する。……

通りの南は桑家瓦子《そうかがし》（瓦子とは歓楽街）で、北寄りは中瓦《ちゆうが》、その奥は裏瓦《りが》といった。瓦子の中には大小の演芸小屋が五十余座あり、なかでも中瓦子の蓮荷棚《れんかほう》、牡丹棚、裏瓦子の夜叉《やしや》棚《ほう》、象棚《ぞうほう》はもっとも大きく、数千人を収容することができた。……瓦子の中には薬売りや八卦見《はつけみ》、古着売り、飲食物の掛け

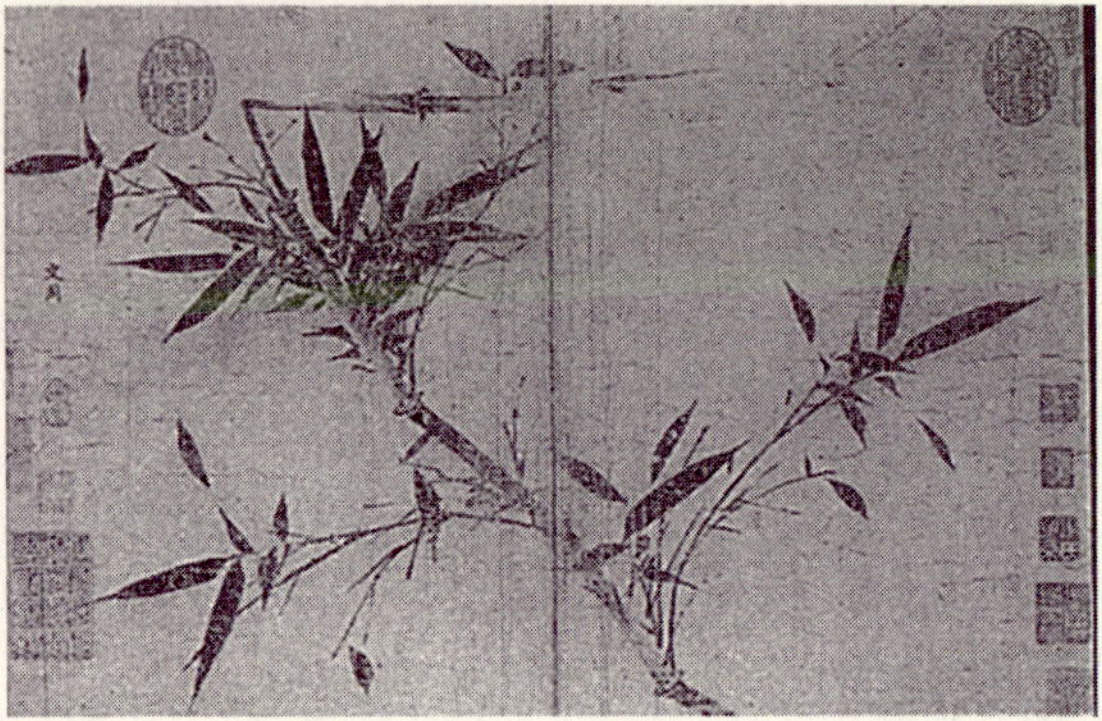

文人画　北宋時代の文学者、文同の墨竹図。外面を細かく似せる丹念な職人芸ではなく、むしろ勢いのある筆致で対象の生き生きしたたたずまいを一気に描き出すことが、士大夫の絵画では重んじられた。

【焦点】 士大夫の倫理と生活

「士大夫」という言葉はもともと、周の封建時代の支配者であった「大夫」とか「士」という語に由来するが、宋代以降、儒学の素養を積んだ知識人を指して用いられるようになった。「読書人」という言葉も同様の意味である。周代の「士」「大夫」が世襲であったのに対し、宋代以降の士大夫の地位は、学問を積み科挙に合格するか、あるいは科挙合格者と同様の教養をもつと認められることによって勝ち取らなければならなかった。一般庶民に対して科挙合格者は刑法上、賦役制度上で優遇され、またいったん科挙に合格すれば社会的にも尊敬を集め大きな勢力を得ることができたため、科挙合格の狭い門をめぐり激しい受験競争がおこなわれた。科挙受験を目指す子供は、数えの８歳くらいから先生について儒教経典の読み方を学び、数十万字におよぶ主要経典の文章を暗記し、答案の書き方を練習した。二十代で科挙に合格して官職を得るのは優秀な方で、何度受けても落第し、一生を受験勉強に費やす人々もいた。

儒教の精神を体得した知識人として、士大夫は高潔な道徳のもち主であることを期待されていたが、受験勉強にかけた元手を取り戻す必要もあり、官僚になれば賄賂や付加税で私腹を肥やすのは普通のことだった。高潔であるべき士大夫が私利私欲や虚栄心のために陰湿な暗闘を演じる様子は、清代の『儒林外史《じゆりんがいし》』や『官場現形記《かんじようげんけいき》』などの小説に皮肉を込めて描かれている。

があげられる。中国からの輸出品としては、絹織物や陶磁器・書籍・文房具や銅銭などがおもなものであり、その対価として契丹や西夏からは馬・毛皮・人参《にんじん》（薬用人参）など、日本からは金・真珠・水銀・硫黄や刀剣・扇子などの工芸品、東南アジア諸国からは香料や薬品類が中国に輸入されていた。これらの交易は政治権力と結びついておこなわれることも多かった[10]が、唐代のように正式な国交の表現である朝貢としておこなわれるものではなかった。宋代には、広州・泉州・明州（寧波《ニンポー》）・杭州に市舶司《しはくし》がおかれ、外国貿易を管理した。唐末以来、朝貢や冊封によって成立する国際的な政治秩序は崩れてきたが、代わって商人による交易活動が東アジア世界を結びつける国際的な絆となったのである。

　宋代の特色として、第三に、士大夫《したいふ》（科挙官僚ないしそれに準ずるような儒学の教養を積んだ知識人を指す）を担い手とする文化の興隆があげられる。中国思想史の研究者、島田虔《けん》次《じ》は、宋代におこってきた儒学の特徴として、㈠正統主義の確立、㈡道徳と政治の一致、㈢思弁主義、をあげている。㈠の正統主義とは、道教や仏教に対して儒教の正統性を主張したことである。人間は社会的な存在であり、仁義道徳によって社会の正しい秩序をもたらすことこそ、学問の使命であるのに、道教や仏教は仁義道徳を無視して社会からの逃避を目指している、と批判したのである。㈡の道徳と政治の一致とは、自らの身を道徳的に律することが、すぐれた政治と直接に結びついているという考え方である。㈢の思弁主義とは、広く知識を求めるのでなく、深く思索しようとする態度を指す。唐代までの儒学は、訓詁《くんこ》学といわれるように経典の注釈を中心としていたが、宋代の儒学は、一字一句の注釈よりはむしろ経典全体を通じて、宇宙万物の正しいあり方を哲学的に探究しようとした。その正しいあり方を示すキーワードとして「理」という語が用いられたので、宋代以降の儒学は「理学」ともいわれる(11)。

宋学のこうした特色は、宋代の芸術とも共通するところがある。すなわち、華やかさや多彩さ、具象的な美しさよりは、内面的な深みを追求しようとする方向である。白磁・青磁や墨一色の文人画などは、そうした特色をよく表したものといえるだろう。

政治制度、社会経済、文化の諸側面にわたるこのような変化がなぜ唐と宋との間におこったのか、というのは大きな問題である。この変動は、中国国内の政治や社会・文化の発展でのみ説明できるものでなく、東アジアにおける周辺民族の台頭という情勢のなかでとらえる必要があるだろう。

---

(10) 日宋貿易を積極的に推進した日本の平氏政権は、その一例である。
(11) 宋代の新しい儒学は南宋の朱熹《しゅき》によって集大成されたので「朱子学」と呼ばれることも多い。

対外危機に対し、宋王朝は中央集権を強化することによって対処しようとした。中央財政は膨脹し、かつてない多額の銅銭が発行されることによって全国的商品流通も促進された。また、士大夫の間には、純粋な中華を目指す中華正統主義の風潮が高まった。中央集権化、商品経済の発展、士大夫の間の中華正統主義、といった傾向は、唐末からすでに見られるが、常に対外的緊張のなかにあった宋代に至って定着したということができる。

宋代の政治を特徴づける激しい党争も、直接間接に対外危機にかかわっている。一一世紀の後半、神宗《しんそう》の時代には、戦争による財政難を打開するため、王安石《おうあんせき》が抜擢されて大改革をはじめるが、これがその後の北宋政治を一貫する新法派（改革支持派）と旧法派（改革反対派）の抗争を引きおこすこととなった。次々と打ち出された王安石の新法をいくつかのグループに分けてみると、まず青苗法《せいびょうほう》や募役法《ぼえきほう》(12)のように農民の救済を目指す法がある。第二のグループとして、均輸法《きんゆほう》、市易法《しえきほう》のように、商業に関係した法がある。いずれも大商人の利益を抑え、政府が流通に直接関与することによって物資流通の促進と価格安定をはかるものといえる。第三のグループとして、保甲法や保馬法のように、民兵を組織したり民間で軍馬を養わせたりすることによって、軍費の削減をはかる方法がある。これらはいずれも、国家財政の建て直しを大目標とするもので、そのために政府が経済に介入し、官僚地主や大商人の利益を制限するとともに直接生産者の没落を防ごうとするものであった。このような政府の介入に対しては、民間の利益を奪うものとして、官僚地主たちの間に激しい批判がおこり、神宗の死後も、旧法派と新法派との激しい争いが続いていくこととなる。

南宋になると、金に対する戦争か和議か、という対立が直接に政治闘争の表面に出てくるが、いずれにせよ、宋代の政治や経済・文化を考える際には、緊迫した対外関係のもたらす緊張感が常にその背景にあったことに注意すべきである。

モンゴルの登場

さて、ここで再び目を北方に転じてみよう。金を建国した完顔阿骨打《ワンヤンアグダ》（太祖）は、女真《じょしん》の旧来の軍事組織であった猛安《もうあん》・謀克《ぼうこく》(13)制度を整備し、それを国家行政の中心に据えた。三

(12) 青苗法は、従来地主や商人の高利貸しつけに頼らざるを得なかった農民に対し、政府が銅銭で低利の貸しつけをおこない、収穫期に穀物で返済させる方法。募役法は、農民を輪番で徴発し役所で働かせるという雑役《ざつえき》の制度を廃止し、代わりに一定額の銅銭を納めさせて、それで人を雇って働かせる方法をいう。

代皇帝熙宗《きそう》の時代に、中国的な官制や科挙制を取り入れ、律令も制定して、中国的な方式で華北支配をおこなうようになった。こうして、華北の漢人を中国的官制によって支配し、それを猛安・謀克に編成された女真人が監視する、という体制が取られることとなった。クーデタで熙宗から皇帝の位を奪った海陵王の南宋遠征が失敗に終わると、次に即位した世宗《せいそう》は、南宋と和議を結びなおす一方、女真人の漢化を押し止めるべく、女真語の普及などにつとめるが、彼の死後、モンゴルの侵入がはじまり、金は衰退の道をたどった。

ウイグル国家が九世紀に滅亡したあと、モンゴル高原には大小さまざまな遊牧集団が割拠して抗争を続けていたが、モンゴル高原の東北、オノン川上流地域の小部族出身のテムジンがしだいに頭角をあらわし、モンゴル高原の統一に乗り出した。彼は高原東部のケレイト部、ついで西部のナイマン部を破り、モンゴル高原の大半を領有した。一二〇六年、彼はオノン河河畔の草原で開かれたクリルタイ(14)でハン位につき、チンギス・ハンと名乗った。

チンギス・ハンが即位後最初に実施したのが、遊牧民集団の再編成であり、支配下の遊牧民を九五の集団（千人隊）に編成して、軍功のあった臣下や一族をその隊長に任命した。そしてその千人隊を数個ずつ、自分の子供や兄弟に分け与え、残りを自分の直属とした。これらの千人隊は、単なる軍事組織ではなく、行政や社会生活すべての単位となる組織で、それぞれの放牧地はチンギス・ハンによって指定された。そのほか、ケシクといわれる親衛隊もあり、千人隊のみならず新しく支配下に入った部族の子弟も抜擢されて参加し、ハンと強い個人的な関係で結ばれた特権集団を形成した。

その後、チンギス・ハンは征服戦争に乗り出し、中央アジアの西遼、イラン方面の新興国家ホラズム、および西夏を次々に滅ぼした。チンギス・ハンの死後に即位したオゴデイは、金を滅ぼして華北を領有するとともに、カラコルムに都を建設した。チンギス・ハンの孫の一人のバトゥの率いる軍は、西北ユーラシアの草原を制圧して東ヨーロッパまで侵入し、一方、西アジアでも孫のフラグがバグダードを占領してアッバース朝を滅ぼした。

その結果、一三世紀半ばまでに、モンゴルの支配は、東は中国北部から西はロシア・イランに至る広大な領域に広がった。この大領土のなかには、チンギス・ハンの子孫の治めるいくつかの地方政権がつくられ、それらが大ハン（ハーン）のもとにゆるやかに統合さ

---

(13) 三〇〇戸で一謀克、一〇謀克で一猛安とし、戦時には一謀克から一〇〇人の兵士が、武器や食糧自弁で従軍することになっていた。

(14) モンゴル語で集会の意味。有力部族長が集まり、ハンの選出や遠征など重要なことがらを決定する。

れていた。しかし、そのなかで誰がハーンとなるか、という点については、ハーン位がクリルタイの合議で決定されるという北方民族の制度もあって、しばしば深刻な争いがおこった。元朝を建てるフビライも、そうした争いの末、政権を握った人物であった。

8 元から明へ

本章では、モンゴルの元朝による中国支配の状況、およびその後、明の建国から明中期の対外的危機に至るまで、約三百年間の歴史を扱う。ユーラシアの大部分を直接支配していたモンゴルに代わり、明は朝貢制度という形式での国際秩序の再編を目指すが、広域商業の活発化とともに、明を中心とする朝貢体制は解体を迫られた。

元朝の中国統治

チンギス・ハンの死後、クリルタイで次のハーン[1]に指名されたのは、第三子のオゴデイ

(1) 一般のハンの上に立つ大ハンをハーンという。前述（一一三頁）の可汗と同じで、北方

モンゴル帝国（13世紀後半）

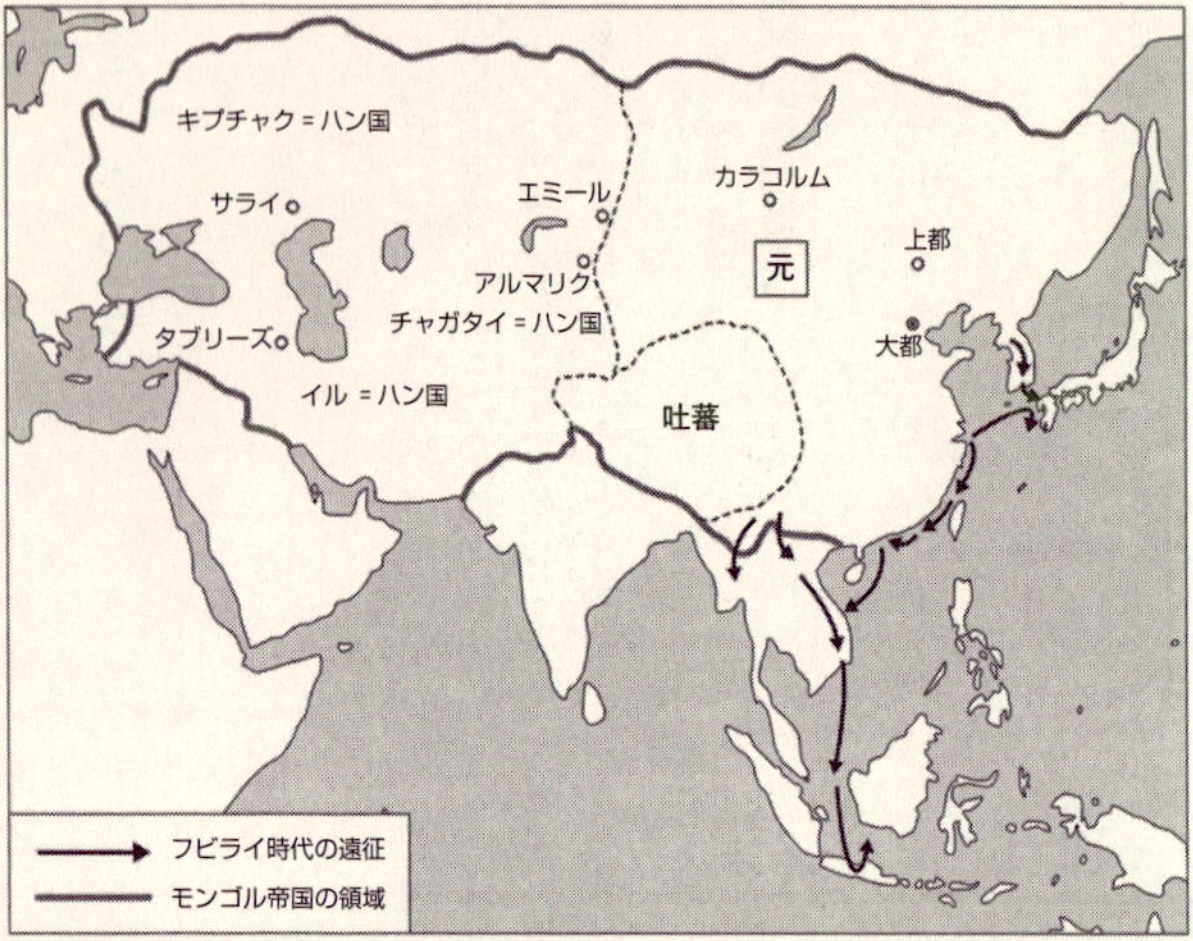

であった。彼は金を滅ぼして華北を領有するとともに、モンゴル高原の中央部に首都カラコルムを建設し、首都を起点とした駅伝制度（ジャムチ）を整えて、征服地の経営にとりかかった。

オゴデイおよび次のモンケの時代に、バトゥのロシア・ヨーロッパ方面への遠征、フラグの西アジア遠征がおこなわれるが、南宋征服を中心とする東方への進出については、やや遅れ、モンケは弟のフビライにその任務を委ねた。

モンケが遠征中に急死したあと、ハーン位の継承をめぐって、フビライと末の弟のアリクブケの争いがおこるが、フビライはこれに勝ってハーン位につき(2)、一二七一年には大元という国号を定めた。

その後フビライは、一二七六年に臨安を占領して南宋を滅ぼした。朝鮮半島では、モンゴルに帰順の姿勢を示した高麗国王に対し、それに承服しない武人勢力が半島南部で反乱をおこしていたが、モンゴル軍は高麗政府軍と協力してこれを鎮圧し、高麗はフビライ政権と最も緊密な関係の付属国となった。日本に対するいわゆる元寇《げんこう》は、南宋の滅亡をはさんで、一二七四年と八一年の二回おこなわれた。第一回は、高麗とモンゴルとの連合軍、第二回は旧南宋の軍隊を主力としていたが、いずれも暴風によって船団が被害を受け、撤退している。

さらに、フビライは、東南アジアの諸地域にも遠征軍を送った。雲南経由の陸路でのビルマ攻撃をはじめとして、陸・海両路でのチャンパー征討、ヴェトナム出兵、ジャワ遠征、

民族の唯一最高の首長を指す称号として、モンゴルではオゴデイ以降用いられるようになったものである。
(2) それまでの中国王朝の国号は、漢にせよ唐にせよ、みな地名によっていたが、元というのは儒教経典の『易経《えききょう》』から取った言葉で、それ以後、明や清などはいずれもそうした抽象的な理念を表す字で国号を定めることになる。

など、一二七〇年代から九〇年代にかけて元のおこなった東南アジア遠征は、ビルマを除きおおむね失敗に終わったが、こうした遠征を通じて、元は東南アジアからインド洋に至る海上交易圏と結びつくこととなった。元軍の活動は、一千年にわたって東南アジアの上層文化を担ってきたサンスクリット文化が消えて、大陸部に上座部仏教を奉ずるタイ族が進出し、また島嶼部でイスラーム化がはじまるきっかけとなった。

フビライは自らの権力基盤である東方に首都を移し、開平府（現在の内モンゴルのドロン）を夏の都の上都とするとともに、現在の北京の地に冬の都の大都の建設を命じた。大都は、唐の長安城などと同様の、整然たる碁盤の目状の道路をもつ計画都市である。

フビライは中国王朝の伝統的な官制を受け継いだが、実際の運営には大きな違いがあった。これらの官職につくのは科挙合格者ではなく、モンゴルの有力者や、ケシク（親衛隊）出身者、そのほかモンゴル、ウイグルをはじめとするさまざまな出自で皇帝に実務能力を見込まれた者が任命された。彼らは官僚であると同時に、自ら軍隊を率いる軍人でもあった。

地方官制における大きな変化の一つは、路・府・州・県といった宋代と同様の地方行政機構を設けながら、その上に「行省《こうしょう》」という大きな行政単位をおいたことである。「行省」とは、「行中書省」の略で、もともと中央の中書省の出先機関という意味であり、占領地を支配するための、軍事的・臨時的要素の強いものであった。しかし、元朝の支配が安定すると、徴税その他の一般地方行政を司るようになった。(3) 路・府・州・県には、在来の行政官をおくほか、達魯花赤（ダルガチ、鎮守する者）をおき、軍事関係の業務をおこなうとともに行政官の担当する一般行政をも監督させた。ダルガチには、おもにモンゴル人が任命され、在来の行政官には、モンゴル人以外の人々が任命された。

科挙は元朝建国以後、しばらく停止されていたが、一四世紀はじめに再開され、中断されながらも一六回おこなわれた。しかしその合格者数は、宋代に比べると比較にならない少数であった。高級官僚となったのは、モンゴルやウイグルの有力な家柄の出身者や、ケシク出身で実力を認められた者などが多かった。しかし、漢人学者のなかにも、ハーンのブレーンとして活躍した人々がいないわけではない。元の身分制度としては「モンゴル、色目《しきもく》、漢人、南人」という四区分があったといわれるが、(4) こうした四区分法のもと、漢人や南人は差別され、官僚として出世できなかった、といった通説に対しては、近年批判が

(3) 今日の中国の「省」という呼称は、元代の「行中書省」に由来する。

(4) 色目とは各種の人々の意味で、おもに中央アジアの諸民族を指し、漢人はもともと金の領土だった華北出身の漢人や契丹、女真など、南人はもと南宋領の人々を指す。

交鈔（元の紙幣）

なされている。元朝の官吏登用法は実力主義であって、民族的な差別は少なかった、というものである。漢文史料に出てくるこのような四区分法には、「夷狄」である元の支配に反感を抱く漢人知識人の主観が入っており、実際にはそれほど差別はなかったといえるかもしれない。しかしここでいう実力主義は、ハーンとの個人的近さを重視するものであり、科挙のような競争試験の実力主義とはやはり異なるものであった。元の場合、官僚の条件として重んぜられたのは、儒教的な道徳ではなく、もっぱら実務的能力であったといえるだろう。

次に、モンゴル支配のもとでの中国の社会経済について見てみよう。

モンゴル時代には、中国もモンゴル帝国のユーラシア規模の交易網のなかに組み込まれ、長距離商業が活発になった。モンゴル帝国は、初期から交通路の安全を重視してその整備や治安の維持につとめた。イラン系のムスリム商人は、オルトク（仲間の意）といわれる会社組織をつくり、共同出資による巨大な資本力によって、ユーラシア全域で活動した。海上交易も盛んであり、宋代に引き続いて杭州・泉州・広州などの港が繁栄し、宋と同様市舶司が設けられて関税を徴収した。そうした南方の港町や長江下流の商業都市は、大運河や元代に開かれた海運ルートを通じて首都の大都と結ばれた。ユーラシア規模の商品流通は銀によって担われたが、元朝では貨幣の不足を補うために紙幣が大量に発行された。元朝において、財務官僚として活躍したのは、ムスリム商人出身の官僚たちである。彼らのつくり上げた中央財政のシステムは、塩の専売や商税など流通税を中心とするものであり、元朝の財政は、土地でなく、商業に依存していた点に特色があるといえる。

明の建国

モンゴルの中国支配は、一三三〇年前後から動揺しはじめた。この時期は、ヨーロッパにおいても凶作や飢饉、ペストの流行で人口が激減した時期であるが、その原因であった異常気象は、中国でも飢饉を引きおこしていた。のちに明の太祖となる朱元璋《しゅげんしょう》は、現在の安徽省北部、淮河のほとりの貧農の家に生まれ、流浪生活を送っていたが、白蓮教徒《びゃくれんきょうと》のおこした紅巾《こうきん》の乱[5]に身を投じてしだいに頭角をあらわした。彼は浙江省東部出身の儒学者たちと結び、ライバルの諸集団を打ち破ったのち、白蓮教を迷信的邪教としてこれと手を切り、一三六八年、応天府（現在の南京）で皇帝の座につき、国号を明とした（洪武帝）。明軍は同年、大都を占領して元の皇室を北方に駆逐し、中国全土はほぼ明朝のもとに統一された。

貧農から身をおこした朱元璋の統治は、富豪や汚職官吏に対しての厳しい態度を特徴としていた。たとえば長江デルタの富豪層を貧困地帯に移住させて開墾事業に従事させたり、大地主の土地を没収したり、汚職官吏を極刑に処する、といった政策である。同時に、人民一人一人を直接に把握するために、全国的な人口調査・土地調査をおこない、その調査を基にして里甲制(6)を定めた。里に老人の職をおき、簡単な裁判をおこなわせたり、洪武帝のつくった教えを唱えて民衆を教化させたりした。総じて、元朝の自由放任的な政策のもとで貧困農民を犠牲にして繁栄していた都市中心の社会経済に対し、洪武帝は強い引き締め政策を取った。

朱元璋は即位後、数回の大規模な疑獄をおこしている。「空印《くういん》の獄」では、財政報告文書の不正を口実に、数千名の地方官を処刑あるいは左遷し、それとともに、従来軍政・民政にわたる大きな権限をもっていた行中書省を廃止し、各省に行政担当の布政使司《ふせいしし》、監察・裁判担当の按察使司《あんさつしし》、軍事担当の都指揮使司《としきしし》の三つの役所をおいて、地方官の権限分散をはかった。続く「胡惟庸《こいよう》の獄」では、丞相（中書省長官）の地位にあった胡惟庸が、謀反を企み、日本やモンゴルに使いを送って加担を求めたといった罪状で逮捕処刑され、その一味として処刑された人は一万五〇〇〇人におよんだ。この事件の後、中書省が廃止され、中書省に所属していた六部が皇帝の直属とされた。このように、粛清を通じて、洪武帝は皇帝への権力集中を進めていったのである。

明王朝と周辺地域

朱元璋は、モンゴル民族の元朝を北方に追って新王朝を建てたが、その実、彼は、漢民族のみを正統な政権とするような華夷意識をもっていたわけではない。朱元璋のブレーンの儒学者たちは、科挙や天を祭る祭祀、律令の編纂など、中華王朝的な制度の復活につとめたが、一方で、紙幣の発行など、元の制度を踏襲した部分も少なくなかった。

---

(5) 仏教の一派である白蓮教徒が、弥勒《みろく》仏がこの世に降臨して世直しをおこなうと予言しておこした反乱。
(6) 一一〇戸を一里とし、一里のなかで富裕な者一〇戸を里長戸、残りを甲首戸として、毎年里長一戸と甲首一〇戸が組になって税の督促や犯罪者の連行など、里のなかの事務を担当するという制度。

明代のアジア（15世紀ころ）

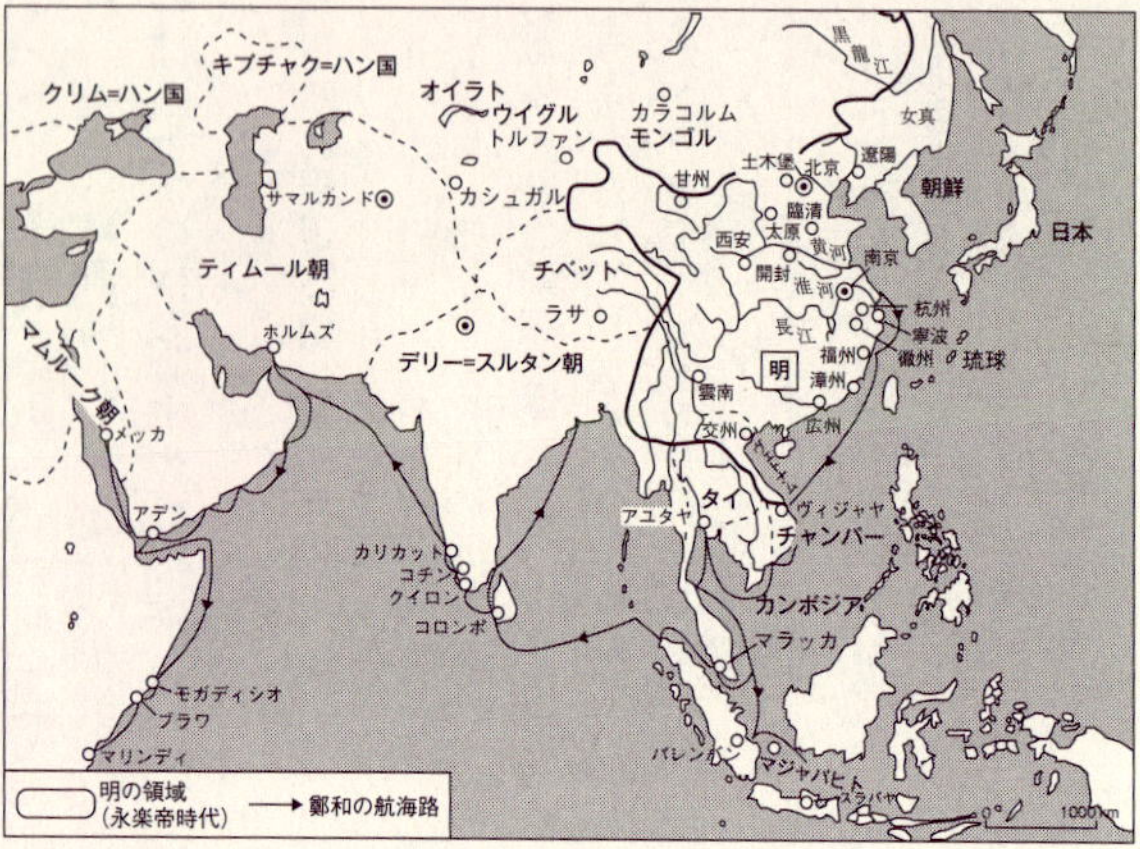

明代になってもすべてのモンゴル人や西域出身の人々が北方や西方に戻っていったのではなく、特に華北では、元代の状況を受け継ぐような多民族的な構成の社会が続いていた。明朝政権の基盤であった華中・華南と北方の社会とをどのように統合するかが、明初の重要な課題であった。朱元璋は長江南岸の南京《ナンキン》を首都としたが、財政的に見ても[7]、科挙で登用される人材という点から見ても、明朝の基盤は長江流域以南、特に長江下流の江南地方にあったため、南北のバランスの欠如という問題が発生した。人材の面でも経済の面でも南方に偏りすぎ、モンゴルなどの北方勢力に対する威力を十分に行使できないという危険があったのである。洪武帝は、科挙における南方出身者

の合格者数をおさえて華北出身者の抜擢に力を入れるほか、自分の息子たちのうち、年長の者を西安、太原、北平《ペイピン》(8)に王として封じ、北方統治の充実をはかった。このうち、最も有能で武勇に優れていると評価されていたのは、北平に封じられていた第四子の燕王《えんおう》である。元の大都時代の諸民族雑居の雰囲気を残す当時の北平で、彼は一流の武将たちに鍛えられながら対モンゴルの軍事演習に日を過ごしていた。

一方、洪武帝の死後、皇帝の位についた建文帝(9)は学者肌の理想主義者で、浙江省出身の有名な儒学者であった方孝孺《ほうこうじゅ》をブレーンとして、儒学の経典にならって刑罰の緩和や税の軽減を内容とする政策を次々と打ち出していた。北平を拠点とする燕王の勢力が、軍事的な色彩の強さや多民族的な社会基盤において元朝のあとを継ぐ性格をもっていたのに対し、南京の建文政権は、むしろ南方出身の学者を中心とした文人的・純漢文化的な色彩をもっ

---

(7) 明初には南直隷(現在の江蘇・安徽)、浙江、江西、湖広といった長江流域の四省で税の半分以上を占めていた。

(8) 北京のことであるが、このときは首都でなかったので北平という。

(9) 洪武帝の長男の息子。皇太子であった長男が早く亡くなったために、孫が帝位を継ぐこととなった。

ていたといえる。

皇帝の地位に野心のあった燕王と、王の勢力を削減して中央集権をはかる建文帝との間で緊張が高まり、一三九九年、燕王の謀反準備を理由として逮捕命令が出されると、燕王はそれに対抗して挙兵し、四年間にわたる「靖難《せいなん》の役」がはじまった。燕王のもとには、南京政権に不満をもつモンゴル人の騎兵集団などが続々と集まり、戦力を増強した燕王は南下して一四〇二年、南京を占領し、皇帝の位についた。これが永楽帝である。

永楽帝は北平を首都と定めて北京とし、元の大都から少し南にずれた地点に新しく首都を建設したが、南京にも北京に準ずる中央官制が敷かれ、北京と南京は楕円の二つの中心のように、明帝国の統合の二つの核をなすこととなった。

永楽帝は、内政に重点をおいた洪武帝と異なり、積極的な対外進出をおこなった。まず北方では、モンゴル高原に遠征し、元朝の末裔のモンゴル族と、その西方に位置していたオイラトとの覇権争いに介入して、明の勢力拡大に一定の成功を収めた。また東北では女真族の首長たちに武官の地位を与えて支配下に入れ、宦官《かんがん》のイシハを派遣して沿海州まで勢力を伸ばした。一方、南方ではヴェトナムの北半分を一時占領したほか、鄭和《ていわ》(10)に南海遠征をおこなわせた。その遠征は、前後三〇年、七回にわたっておこなわれ、東南アジアからインド、さらにペルシャ湾岸、アラビア半島から東アフリカに至った。この航海を通じ、インド洋沿岸の十数か国が明に朝貢使節を送るようになり、南海に関する中国人の知識も増大した。

イシハや鄭和の例に見られるように、永楽帝は宦官、しかも漢民族以外の人々を活用した。これは、元朝の雰囲気を残す北平で青年期を過ごした永楽帝の発想が、宦官への儒学的な蔑視や、非漢民族への偏見と無縁であったことにも関係があるだろう。しかし、この宦官重視の結果、のちの明朝の政治では、宦官の専権による混乱がしばしば引きおこされた。

宋・元時代の東アジア世界では、朝貢といった国家間の正式の関係よりは、民間の商業ベースの交易の方が盛んであった。それに対し、明朝においては、民間の海外貿易を禁じて朝貢貿易に一本化しようとする政府の厳しい対外貿易管理政策がおこなわれたところに、特徴がある。元末から東アジア

鄭和航海図

(10) 雲南の貧しいムスリムの家に生まれ、宦官となって永楽帝に仕えた際に、その才能を認められて南海遠征の指揮官に抜擢された。

の海上秩序は乱れ、倭寇《わこう》と呼ばれるような海賊集団が東アジア海域に多数出没していた。洪武帝の一つの課題は、反明勢力とも結びつきかねないこのような海賊集団を取り締まり、海上の秩序を回復することであった。同時に、明の新政権に対する周辺諸国の支持を取りつける必要もあった。したがって洪武帝から永楽帝の時代には、周辺諸国に対して熱心な朝貢勧誘がおこなわれた。その結果、明に朝貢する国々は多数にのぼり、南北朝の合一を経た足利政権下の日本も、倭寇討伐で台頭した李成桂《りせいけい》が高麗に代わって建国した朝鮮王朝も、また、このころ統一国家をつくった琉球も、明に朝貢して冊封を受けることとなった。

永楽帝は、北方においても積極的に朝貢関係を結んだ。東北の女真に対しては、その首長たちに武官の地位を与え、また一種の貿易許可証である勅書を与えて朝貢をおこなわせた。モンゴル・オイラトも明と朝貢関係を結んだ。オイラトは明とティムール帝国とを結ぶ貿易の利益を得るため、朝貢貿易に熱心であり、貿易拡大を要求して明に圧力をかけた。

永楽帝の死後におこった「土木の変」(11)はもともと、オイラトの朝貢貿易拡大要求に端を発しているが、永楽帝の時代の拡張的な対外政策は、この事件をきっかけに転換され、それ以後の明帝国は周辺地域に対してむしろ守勢に回ることとなる。対モンゴル政策を守備重視へと転換した明は、長城を補修して、東は山海関から西は嘉峪関《かよくかん》に至る、五〇〇〇キロメートル近くにおよぶ長城が完成した。海洋方面についても、海禁政策（民間の海外貿易を禁止する政策）が洪武帝以来の制度として守られ、明帝国は、対外的に閉鎖的な傾向を強めていく。そうした明の体制が、国際情勢の変動によってゆさぶられるのが一六世紀であった。

「北虜南倭」の時代

一六世紀に入ると、「北虜南倭《ほくりよなんわ》」(12)が、明にとって最大の問題となってくる。明の官僚で辺境問題のエキスパートであった鄭暁《ていぎょう》は、『皇明四夷考』（一五六四）のなかで「昔は外夷が中華に入り、今は華人が外夷に入る」と述べている。つまり、「昔の辺境問題とは、夷狄が中国を侵略することだったが、今の辺境問題とは、中国人が夷狄の世界に入り、夷狄と一緒になって新しい軍事勢力をつくることだ」と指摘したのである。「北虜」においても「南倭」においても、単なる異民族の侵入ではなく、そこに中国人と周辺民族とがまざ

(11) 一四四九年、朝貢貿易拡大を求めて侵入してきたオイラトに対し、自ら軍を率いて出撃した皇帝が、北京北方の土木堡《どぼくほ》で敗れ、オイラトの捕虜になった事件。
(12) 「北虜」とはモンゴルの侵攻を指し、「南倭」とは東南沿岸の倭寇を指す。

*16世紀の半ばは、倭寇の活発な活動にともない、東南沿岸の海防および日本に対する関心が中国で高まった時期であり、関連の書物が多くつくられた。『籌海図編』はその代表的なものであり、日本の地理や言語など、日本に関する豊富な記述を含んでいる。

**16世紀前半の倭寇の最大の首領であった徽州出身の王直の活動を記す。この記述からは、王直が東シナ海、南シナ海をまたにかけて活動し、日本人と中国人を含む軍団を組織して、「王」といわれるような勢力を誇っていたことがわかる。なお、文中にある「薩摩州の松浦」は誤りで、実際は肥前の松浦。

***「西洋諸国」とは、今日の意味の西洋ではなく、東南アジアの西部を示す。しかし、当時の東シナ海・南シナ海には、ポルトガル人などヨーロッパ商人が進出しており、王直は彼らとも接触をもっていただろう。

****日本の種子島《たねがしま》への鉄砲伝来を伝える『鉄炮記』にも、ポルトガル船に同乗していた「五峯」という中国商人のことが記されており、「五峯船主」という王直の呼び名からして、その「五峯」とは王直のことではないかといわれている。なお、この「五峯」という呼び名は、王直の拠点があった九州の五島に由来するとされる。

【史料】 鄭若曾《ていじやくそう》『籌海図編《ちゆうかいずへん》』* (1563年)

巻九「擒獲王直《きんかくおうちよく》」**

王直は、若いときは不遇であったが任俠的性格をもち、壮年に至って智略と気前のよさをもって人々の信頼を得た。葉宗満《しようそうまん》・徐惟学・謝和・方廷助など、当時の若手の海賊たちは皆彼との交際を喜んだ。あるとき相談して曰く、「中国の法令は厳しく、ともすれば禁に触れる。海外で思い切り羽をのばすのと比べてどうだろうか」と。……嘉靖19年(1540年)、海禁がまだそれほど厳しくない時期に、王直は葉宗満とともに広東に行き、巨艦を建造し、硫黄《いおう》や生糸など禁制物品を積み込んで、日本やシャム、西洋諸国***に至り、往来交易すること5、6年、計り知れない巨富を積んだ。夷人は大いに彼に心服し、これを「五峯《ごほう》船主《せんしゆ》」****と呼んだ。そこで徐海・陳東・葉明らの逃亡者を招いて将領とし、資力を傾けて倭酋《わしゆう》の門多郎・次郎・四助・四郎らを引き入れて配下の集団とし、また甥の王汝賢、義子の王滶《ごう》を腹心とした。……彼は薩摩州の松浦に拠点を定め、僭越にも「京」と名づけ、自ら徽王《きおう》と称した。要害の地を支配し、三十六島の夷は、みなその指図に従った。たびたび夷と漢の兵、十あまりの軍団を派遣して沿海の地域で略奪をおこない、数千里にわたる地域がみな被害を受けた。家を焼き、女子供や財物を略奪すること何万にも至り、官吏や民で殺されたり貧困化して死ぬ者はまた数十万に至った。毎年このようであったが、官軍はそれを防止できなかった。

った銀は、貿易を通じて中国に流れ込んだ。17世紀の初頭には、世界の銀の主産地であったアメリカ大陸や日本から輸出される銀の5分の1から3分の1程度が中国に流入していたと推計される。その結果、明代中期以降の中国では、銀は銅銭と並んで主要な貨幣となった。流入した銀は、商人や大官僚の手を経て都市に集まり、明末都市の豪華な庭園や盛んな出版業など、華やかな文化を支えた。

ただ、中国では、国内の銀産量が少ないため、貿易を通じて順調に銀が流入しているときはよいが、銀の流入が減少したり逆に流出したりすると、国内経済に混乱をもたらした。近代になっても銀は中国の主要な貨幣の一つとして流通し続け、1935年の国民政府の幣制改革で、通貨が政府系銀行の発行する紙幣に統一されるに至ってはじめて、通貨としての役割を終えたのである。

スペイン銀貨　アメリカ大陸で鋳造されたスペイン銀貨は、16～18世紀に大量に中国に輸出された。図は18世紀後半の銀貨で、スペイン国王の肖像が刻されているが、中国では「仏頭銀」と呼ばれた。

【焦点】 銀と中国経済

秦の始皇帝の貨幣統一以来、中国では、政府の発行する方孔円銭《ほうこうえんせん》（四角い穴のあいた円形の銅銭）が主要な貨幣として用いられ、金や銀の貨幣としての使用は一般的ではなかった。宋・金の時代には、銅の不足や銅銭の海外流出を補うため、紙幣が用いられるようになる。元代には交鈔《こうしょう》と呼ばれる紙幣が大量に発行され、通貨の中心となった。交鈔は、当初は信用が高く順調に流通したが、元末には乱発でインフレーションを引きおこし、経済を混乱させた。明朝政府は当初、元にならって紙幣を発行したが、順調に流通させることができず、また、銅銭発行も十分でなかったことによって、明代中期には徴税や商業流通のための貨幣の不足が強く感じられていた。

16 世紀以降、アメリカ大陸や日本で大量に生産されるようにな

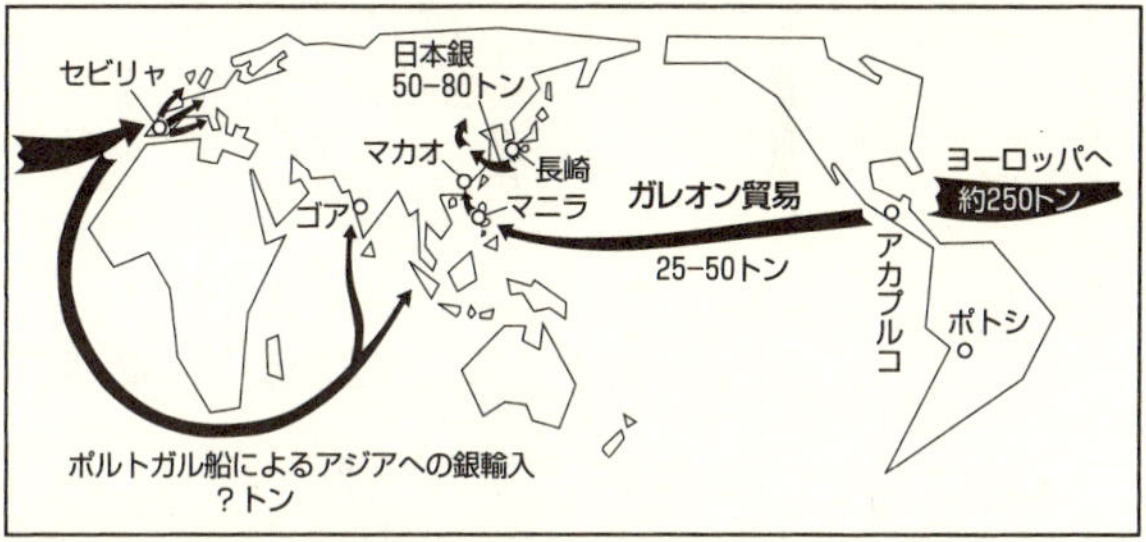

1600 年前後における銀の移動

りあった辺境社会が形成されていることに、鄭暁は注目したのである。

このような辺境社会の形成は、北方辺境でも東南沿岸でも、一六世紀前半からはじまっている。長城の整備にともなって北方には九鎮といわれる九つの軍管区が設けられ、それぞれ数万の軍隊が駐屯し、大量の軍需物資が投下された。一五三〇年代には、モンゴルのアルタンが勢力を伸ばし、しばしば明に侵入して物資の略奪をおこなうとともに漢人を捕らえて連れ帰った。しかしそれ以外にも、軍需物資の徴発に苦しむ農民、当時邪教として弾圧を受けていた白蓮教徒、さらに、待遇に不満をもつ軍人兵士など、自ら進んで長城を越え、アルタンの支配下に投ずる漢人が増加していた。アルタンの庇護のもと、これらの漢人は土地を開墾して漢人居住区を形成し、長城外に中国式の城壁都市が建設された(13)。明の軍人の協力のもと、アルタンは毎年のように長城線を突破して略奪を繰り返し、一五五〇年には北京にまで至って、八日間にわたり北京城を包囲した。

このような状況のもとで、北方の軍事費は増大してゆく。毎年重い銀納の税を課せられる中国内地では、銀不足が深刻化していたが(14)、あたかも当時、アメリカ大陸のポトシ銀山の開発や日本の銀の増産により(15)、世界の銀産量は爆発的に増大していた。中国では慢性的な銀不足状況であるのに対し、海外では銀が余っている。こうして、生糸などの中国物産と海外の銀との交易は、当時の東アジアで最大の利益をもたらす貿易路線となった。しかし当時の明の海禁のもとでは、それは密貿易とならざるを得なかった。一五二〇年代から中国東南沿岸には、浙江の双嶼《そうしょ》や福建漳州《しょうしゅう》の月港《げっこう》など、密貿易の拠点が出現していたが、中国・日本の密貿易商人に加えて、当時東アジアに進出しつつあったポルトガルの商人なども、この日中貿易に参加した。明の官憲の取り締まりに対抗するため、彼らは武装船団を組んで、密貿易のかたわら略奪をおこなった。この「倭寇」の活動は、一五五〇年代に頂点に達した。

北方で中国人とモンゴル人の入りまじる辺境社会が形成されたのと同様、倭寇の活動地域でも、中国人と日本人の入りまじる海上勢力が形成された。明の側から見れば、彼らは明に逆らう謀叛人であるが、密貿易集団が入り乱れる当時の海の世界の観点から見れば、

(13) 現在の内モンゴル自治区の中心都市であるフフホトは、このときにつくられた城壁都市を起源とする。

(14) 重税に苦しむ農民は、家計を補うため、生糸や綿糸・綿布生産などの副業をおこなうようになり、特に長江下流のデルタ地帯が、そうした手工業生産の中心地となった。

(15) 一五三〇年代に朝鮮から日本に、灰吹法《はいふき》と呼ばれる銀精錬法が導入されてから、日本の銀の生産量は一挙に高まり、アメリカ大陸に次ぐ銀産地域となった。

倭寇集団は、そのなかで台頭してきた新しい国家の萌芽ということもできる。

一六世紀の「北虜南倭」は単に戦争による荒廃をもたらしただけではなく、むしろ、戦争景気と密貿易の利益に沸く好況地帯を、北方の長城線から東南沿岸・東シナ海に至る中国の周辺部につくり出した。中国人と周辺民族とを問わず、利益に引かれた人々が集まってゆき、そこに紛争に満ちた荒々しい、しかし巨大な利益をもたらす市場が形成された。東アジアの一七世紀を担う諸勢力の多くは、この市場のなかで生まれてきたのである。

9 清朝の平和

本章では、一六世紀の満洲勢力の勃興から、一七世紀に清朝が中国を占領し、一八世紀の最盛期を迎えるまでを扱う。一六世紀の交易ブームのなかで、国際商業にたずさわり、さまざまな民族を統合しながら勢力を拡大してきた清朝は、中国の制度や文化と北方民族の伝統とを融合させながら、長期にわたる安定政権を実現した。

東アジアの新興勢力

明の「北虜南倭」の危機は、一五六〇年代以降緩和されてゆく。六〇年代はじめには、明朝は倭寇鎮圧をほぼ成功させて宥和《ゆうわ》策に転じ、海禁をゆるめて民間の海上貿易を許すという政策転換に踏み切った。ただし、明が危険視していた日本に対しては渡航は許されなかった。一方、アルタンの孫が内紛から明に投降してきたことをきっかけに、一五七一年、明とモンゴルとの間に和議が結ばれ、アルタンは順義王に封ぜられた。あたかも一五七一年にはスペインによりマニラが建設されて、太平洋を横断するガレオン船により、アメリカ大陸の銀が大量に東アジアに流れ込むようになる。また、一五五七年にマカオ居留権を得たポルトガルが、長崎とマカオを結ぶ日中貿易（日本から見たいわゆる南蛮貿易）に乗り出すのも、一五七〇年前後である。このような動きにより、東アジアの交易ブームはさらに過熱化し、貿易の利益に支えられた新興の軍事集団が抗争する激動の時代がはじまった。

モンゴルと明との和議のあと、大同・宣府などの国境の町では、馬市と呼ばれる市場が設置されたが、一六世紀の末から一七世紀にかけて、北方交易の中心は、東方の遼東に移動する。明代の東北では女真の首長たちに勅書を与えて朝貢貿易を許していたが、人参《にんじん》や毛皮などの交易が盛んになるにつれて、有力な首長が勅書を集めて利益を独占しようと争うようになった。女真の首長たちの一人であるヌルハチは、弱小部族の出であったが、人参や毛皮の交易を支配して頭角をあらわし、女真諸部族の統一に乗り出した。当初、ヌルハチは明の有力軍閥李成梁《りせいりよう》と手を結んで勢力を拡大していったが、一七世紀のはじめ、李成梁が失脚すると、ヌルハチは明王朝の権威に頼ることをやめ、新しい国家の形成に向かってゆく。彼らは文殊菩薩《もんじゆぼさつ》信仰に由来する「満洲（マンジュ）」という名で自らの民族を呼ぶようになった。また、ヌルハチのもとに服属した諸集団を整理して、八つの軍団からなる「八旗《はっき》」を編成し、モンゴル文字を改良して満洲文字をつくるなど、独自の制度を整備してゆく。そして一六一六年にヌルハチは、ハンの位につき、金を建国する。(1) 一六一八年に明との対決に乗り出したヌルハチは遼東を制圧し、明にとって北方辺境最大の脅威となった。

ヌルハチの建国した金は、北方民族的伝統に則り、部族連合ともいうべき性格をもった国家で、重要事項は八旗の長（旗王）の合議で決めることとなっていた。ヌルハチの死後ハン位を継いだホンタイジは、有力な旗王の勢力を削いで集権化をはかるとともに、明の制度にならった中央官制を整備した。この時期には、漢人の軍人・官僚やモンゴルの諸部族が、次々と投降してきたが、ホンタイジは彼らの軍団を解体せず、自らの直属軍として集権化の基盤とした。一六三六年にホンタイジは金に代わって「大清《シン》」の国号を定め皇帝に即位するが、その儀式は、満洲人・モンゴル人・漢人それぞれが即位を願う上奏文をホンタイジに奉るという形でおこなわれた。「多民族国家」としての清朝の基礎は、清朝が中国内地に進出する以前のホンタイジの時代にすでに据えられていたといえる。清朝はホ

(1) 一二世紀の金と同じ国号であるが、普通「後金《こうきん》」と称する。

ンタイジの時代に、内モンゴルを支配下に入れるとともに、朝鮮に侵攻してこれを服属させ、中国本土侵入の体制を整えた。

東南沿岸でも、一六世紀の王直のような海上権力の性格を受け継いだ軍閥が、一六三〇年代に福建を中心に大きな勢力を築いていた。マカオ―長崎間の貿易を独占して巨大な利益をあげていたポルトガルは、一六世紀末に日本でキリシタン弾圧がはじまり、また新興勢力のオランダや日本の朱印船との競争が激化したことによって、しだいに力を失うが、それに取って代わろうとするオランダは中国に拠点をもたないため、中国の有力商人との提携を求めていた。当時中国の東南沿岸では、多くの冒険商人が船団を率いて抗争を繰返していたが、そのなかで頭角をあらわしてきたのが鄭芝龍《ていしりゅう》である。鄭芝龍は日本の平戸に拠点をもち、(2)また、台湾でオランダ商館の通訳をつとめたこともあり、日本・オランダと深い関係があった。日本の鎖国とともに、ポルトガル人の日本来航は禁じられ、鄭芝龍と組んだオランダが日中貿易の要を握ることとなり、鄭芝龍は大船団を率いて東南沿岸の交易を支配する勢力へと成長した。

北方の満洲と東南沿岸の鄭氏という二つの軍事集団は、広域商業との深い関係、首領の現実主義的な判断力とそれにもとづくワンマン的リーダーシップ、さまざまなエスニシティの人々を配下に含む多民族的性格、などの点で、共通する性格をもっており、明末の辺境の交易ブームのなかで生まれてきた双子のような存在であるといえる。清朝の中国占領後、鄭氏集団は、清朝に抵抗する最大の勢力となった。

清朝の中国占領

明の支配は、周辺部の自立勢力の成長によって外側から崩されつつあったが、明朝を直接に倒したのは、内陸部の貧しい農民を中心とする反乱軍であった(3)。一六四〇年前後の異常気象による全国的な飢饉の結果、反乱は全国的に広がった。一六四四年、李自成の反乱軍は北京を攻略し、明朝最後の皇帝となった崇禎帝《すうてい》が自殺して、明は滅亡した。しかし、当時長城の東の端、山海関の外で清軍と戦っていた明の将軍呉三桂《ごさんけい》は、急を聞いて清朝と

(2) 鄭芝龍が平戸で日本人女性田川マツとの間にもうけた子供が、のちに清に対抗する最大勢力となる鄭成功《ていせいこう》である。

(3) 明末農民反乱のリーダーである李自成《りじせい》と張献忠《ちょうけんちゅう》はともに、陝西省東北部の延安府の出身である。一六二〇年代には北方軍備の重心が遼東へと移動して、この地域では軍需物資が不足し、また飢饉もおこったために、軍隊と貧農がともに反乱をおこす状況となった。

講和し、李自成軍討伐を目的に清軍を中国本土に導き入れた。清軍は李自成が逃亡したあとの北京を占領し、清朝皇帝が北京で改めて即位することとなった。

清朝が中国全土の征服を開始すると、各地で明の皇族を擁立して反清活動が展開されたが、ほとんどは間もなく清軍によって鎮圧され、一六四五年には清軍はほぼ全土を占領した。清にとって最大の強敵は、東南沿岸を拠点とする鄭成功(4)の勢力であった。鄭成功は、清朝側に投降した父の鄭芝龍と別れて抵抗を続け、東シナ海・南シナ海での交易から得られる潤沢な資金を財源として、一時は長江をさかのぼって南京にまで迫り、清軍を悩ませた。

鄭氏は清軍に本土の拠点を奪われると、台湾のオランダ勢力を追い払って台湾を占領し、一六八〇年代のはじめまで抵抗を続ける。さらに、一六七三年には、呉三桂などの漢人軍閥(5)が三藩の乱をおこし、清朝は一時危機に陥った。しかし、清朝は、明の軍隊を改変した緑営《りよくえい》軍の待遇を改善するなどしてその支持を取りつけ、三藩の乱を鎮圧した。また、中国との貿易に依存する鄭氏勢力に対し、厳しい海禁をしいてその財源を絶ち、一六八三年、ついに鄭氏は清朝に降伏することとなった。

清朝と周辺地域

清朝が中国を支配下に入れた後、投降した漢人官僚の積極的な協力により、明朝のそれをほぼ踏襲する統治の仕組みがすみやかにつくられていった。科挙試験の実施を早々と決定するとともに、明末の増税分を免除するなど、清朝の施策は概して、中国の伝統的な「善政」のモデルにそったものであった。清朝は漢民族の伝統を積極的に採用したが、その反面、漢人男子に辮髪《べんぱつ》を強制した(6)ことに見られるように、漢人の民族的優越感情に対し

---

(4) 鄭氏親子は、明の皇族を擁立した反清政権の一つに参加したが、このとき鄭成功はその功績を認められ、明朝皇室の姓である「朱」という姓を賜与されたため、国姓爺《こくせんや》と呼ばれている。

(5) 清朝に投降して清の中国本土征服を助けた彼らは、中国南部に世襲の領土を与えられていた。

(6) 辮髪とは、頭を剃《そ》り、後頭部の一部の髪のみを長く伸ばして三つ編みにする髪型。辮髪に抵抗すると首を斬られるということで、「留髪不留頭（髪を留めんとすれば頭を留めず）」

ては仮借《かしやく》なき弾圧をおこなった。
三藩の乱が鎮圧され、台湾の鄭氏も降伏した一六八〇年代は、清朝支配の確立期ということができる。康熙《こうき》帝(7)のもとで清朝の内政が安定した一六八〇年代は同時に、東アジア全体から見れば、一六世紀末以来の交易ブームの終焉とともに、動乱も鎮静に向かった時期であった。

東南沿岸の安定にともない、清朝政府は、その関心を内陸部へと向けてゆく。すでに中国征服以前に、ホンタイジは黒龍江《こくりゅうこう》沿岸の住民を征討して彼らの朝貢を受け、内モンゴルのチャハルを服属させ、さらに西に進んで、外モンゴル東部のハルハにも勢力をおよぼしていた。中国本土を征服した清朝が北辺でまず直面した強敵は、ロシアである。一六世紀後半に毛皮を求めてシベリア進出をはじめたロシア人は、一七世紀前半に太平洋岸に到達し、ついで黒龍江沿岸に至った。黒龍江岸でのロシアと清側との小競り合いは一六五〇年代はじめからはじまっていたが、八五年ころからその争いは激化し、アルバジンなど黒龍江沿岸の拠点をめぐって攻防戦が繰り広げられた。八九年に結ばれたネルチンスク条約は、アルグン川・外興安嶺《そとこうあんれい》の線で両国の国境を取り決め、逃亡者の処理などについて定めたものであった。この条約は中国がはじめて外国と対等の立場で結んだ条約といわれ、この会議で通訳をつとめたイエズス会士の日記からも、ヨーロッパ流の国際法が意識されていたことは確かであるが、清朝は国内向けには、この条約を朝貢関係の枠組みで処理しており、そうした曖昧な状態のまま、この体制は、一八六〇年の北京条約で正式に無効とされるまで存続した。(8)

ロシアと清とが、こうした形で関係修復をはかった背景には、急速に力をのばしてきたジュンガルの存在があった。ホンタイジの時代に東モンゴルの諸部が清朝の勢力下に入ったあとも、オイラトは自立を守り、一七世紀半ば以降、オイラトの一部族であるジュンガルが、ガルダンの統率下に急成長した。ガルダンは、モンゴル族の間に宗教的権威をもつチベットのダライラマの支持を受け、(9)タリム盆地に支配を拡大するとともに、東方ではハ

という諺もあった。

(7) 在位一六六一〜一七二二。

(8) 一七二七年のキャフタ条約では、国境線の未定であった部分について取り決めるほか、国境地帯での通商についての規定が定められた。

(9) チベット仏教は、中国から伝わった仏教と民間信仰とが融合した独特の仏教である。元朝の支配者はチベット仏教を信仰していたが、元の滅亡後、チベットでは黄帽派《こうぼうは》による改革がおこなわれ、その教主がチベットを支配するようになった。一六世紀にモンゴルのアルタ

ルハを圧迫して、清朝と衝突した。康熙帝率いる清軍との戦いで敗れたガルダンの死後も、ジュンガルは、一八世紀の前半を通じ、中央アジアの大勢力としてロシアや清と対立していた。露清関係の改善の背景には、双方にとって、ジュンガルの牽制という大きな課題があったのである。

康熙帝の死後、位を継いだ雍正《ようせい》帝(10)、およびその次の乾隆《けんりゅう》帝(11)の初期に至るまで、清朝にとって最も重要な対外問題は、ジュンガルおよびそれに関係するチベット問題であった。ジュンガルは東トルキスタンを支配しつつ中央アジアに進出をはかり、また彼らの信仰するチベット仏教の本拠であるチベットをめぐって清朝と争った。一七一七～一九年のジュンガルのチベットへの侵入は、清朝のチベット介入を招き、その後清朝は、しだいにチベット支配を強めた。のち一七五〇年前後に清は、チベットの政争を機会に、駐蔵大臣(12)の権限を強化し、ジュンガルとの交通を厳禁して、チベットを実質的に支配下に入れた。建国当初よりチベット仏教の保護者をもって任じていた清朝は、さらにこの時期以後チベット仏教寺院を各地に建てるなどして盛んにこれを奨励したが、その背景には、平和主義のチベット仏教を通じてモンゴル族を統制しようとする意図があった。

一七五〇年代に至るとジュンガルでは内紛がおき、その一派アムルサナの清朝投降をきっかけに、乾隆帝は一七五五年、イリを陥落させジュンガル帝国を滅ぼした。その後、アムルサナが清朝に反旗をひるがえし、また天山南路のウイグル族が清朝に反抗してイスラーム王国の建設を目指したが、いずれも清朝に平定され、東トルキスタン全域が清朝の支配下に入った。清朝はこの地域を「新疆《しんきょう》（新しい領土）」と称した。

清朝の国家構造

乾隆帝の時代に、清朝の領土は最大となった。清朝の支配は、いくつかの種類に分かれていた。まず第一に、清朝発祥の地である東北地域は特別行政区域とされ、奉天には首都北京の中央官制に準ずる官制が敷かれたほか、奉天《ほうてん》・吉林《きつりん》・黒龍江の三将軍が地域を分けて統治していた。清末に至るまで、この地域には、漢人の入植が制度上禁じられていた。

ンが黄帽派の教主に「ダライラマ」の称号を贈ってから、代々その称号が用いられるようになり、モンゴルとチベット仏教との関係も再び強まった。

(10) 在位一七二二〜三五。
(11) 在位一七三五〜九五。
(12) 清朝の派遣するチベット駐在の大臣。

清の最大領域

第二に、一八の省がおかれた中国本土では、明と大体同様の地方官制により、科挙官僚が派遣されて統治した。西南のミャオ族、ヤオ族など少数民族居住地では、少数民族の有力者を「土司《どし》」に任命して世襲の統治をおこなわせていたが、清代を通じて次第に「改土帰《かいどき》流《りゅう》（土司を廃止し中央から地方官を派遣する）」が進行した。第三に、内外モンゴル・新疆・青海・チベットは、「藩部《はんぶ》」と

して理藩院《りはんいん》の管轄区域とされ、清朝の監督のもとで、固有の社会制度が維持された。モンゴルではモンゴル王侯が、新疆では「ベグ」という職に任命されたトルコ系有力者が、チベットではダライラマが、現地支配者として存続したのである。

以上の範囲を現在の中華人民共和国の領土と比較してみると、沿海州など東北の北部がロシア領となり、外モンゴルがモンゴル国となり、また台湾が中華人民共和国政府の支配の外にあるほかは、ほぼ重なりあう。しかし、清朝支配者の目から見て、その支配地域は、必ずしもこの範囲に止まるものではなかった。朝鮮・琉球など、清朝に定期的に朝貢使を派遣する周辺諸国も、またヴェトナムやタイのように国内で紛争がおこって清朝のお墨つきが必要なときにだけたまに朝貢してくる国々も、現実の支配はおよばなかったとはいえ、理念的には天子の勢力のもとにあった。また、広州に来航するヨーロッパ船など、朝貢でなく貿易をおこなうのみの外国（「互市《ごし》の国」）

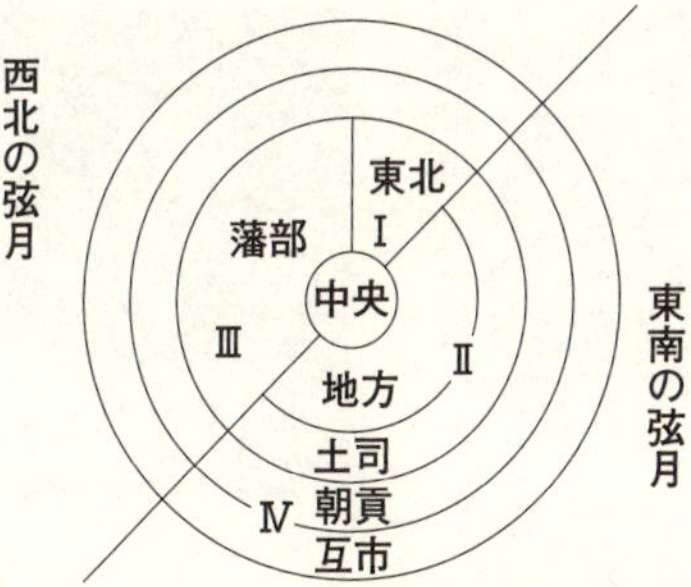

マーク・マンコールのアイデアによる清朝統治の概念図。歴代中国王朝の特徴である同心円的支配構造と、東南・西北の分割線とが組み合わさっている点が、このモデルの特色である。

康熙帝

も、清朝の目から見れば、天子の徳を慕ってはるばるやってくるという意味で、潜在的な支配関係の枠組のなかで認識されていた。この「朝貢」「互市」の国を、第四の領域ということができるであろう。

歴代の中国王朝と比較してみると、直轄の領土と朝貢国、という第二と第四の領域については、清朝は歴代の王朝の支配構造を受け継いでいる。ここにおいて、清朝の皇帝は中華帝国の皇帝として支配をおこなうのである。その一方、第一と第三の領域、すなわち清朝皇帝が北方・西方民族に対してハンとして支配する領域があることは、清朝の特色といえる。すなわち、清朝皇帝は、中華皇帝としての顔と、北方・西方民族のハンとしての顔と、二つの顔をもっていたということができる。

康熙《こうき》帝は、人並みはずれた能力と努力によって、この二つの側面を統合した人物であった。彼は、ほとんど毎年、秋に内モンゴルの猟場に赴き、モンゴル諸王と巻き狩りをおこなって武術を磨いた。一八世紀はじめには、熱河《ねっか》の離宮（避暑山荘）がつくられ、毎年夏から初秋の数か月、北京を離れて熱河で過ごし、そこに設えられたモンゴル風テントでモンゴル諸王や各国の朝貢使節を引見することが、清朝皇帝の慣例となった。一方で、北京における康熙帝は、学者に毎日儒学の講義を命じ、随時質問するために紫禁城《しきんじょう》内の南書房《なんしょぼう》に学者を当直させるなど、儒学を好む中国風の天子としても模範的な精励ぶりを示した。彼は朱子学を重んじ、また、『康熙字典』『古今《ここん》図書集成』などの編纂においても、中国の伝統的学問の強力なパトロンとしてふるまった。

清朝は、中国歴代王朝の伝統と北方民族の伝統との両側面を意識的に保持しながら大帝国を築き上げたといえる。史料として引いた『大義《たいぎ》覚迷録《かくめいろく》』のなかで雍正帝は、出身や文化が中国であろうと夷狄であろうと、徳の高い君主が優れた統治をおこなえば天はそれに味方する、と主張している。逆にいえば、現に清朝が優れた政治をおこなっている以上、異民族だからという理由でそれに逆らうのは、天を恐れない極悪人ということになる。

乾隆帝の時代につくられた『四庫全書』は、古今の書物を網羅《もうら》して編纂《へんさん》分類の上、七部の写本をつくって保存しようという一大文化事業であったが、中国の学問伝統の保持振興のため巨費を投じたこの事業は、他面では清朝批判につながる書物を見つけ出しそれを禁《きん》書《しょ》(13)とする政策と表裏一体のものであった。中国文化を重んずると同時に、華夷思想による

(13) 文章のなかに清朝を誹謗《ひぼう》する語句があることを理由に、作者が極刑に処せられることも

反清的言動を厳しく取り締まる、という二面性は、清朝の中国統治の特色であったといえる。

清代の社会と経済

清朝の統治のもと、中国では、辺境での戦争や反乱を除き、一七世紀末から一〇〇年ほどの間、安定した平和な時期が続いた。対外貿易について見ると、清朝は鄭氏を降伏させたあとは、海禁を解除し、中国船が日本や東南アジアに出かけたり、東南アジアやヨーロッパの船が中国に来航して交易することが盛んにおこなわれた。一八世紀の半ばにはヨーロッパ船の来航を広州一港のみに限ったが、これは治安上の措置であって、貿易量はその後も拡大し続け、一九世紀のはじめに至るまで、中国から輸出される茶・生糸・陶磁器などの対価として、外国から大量の銀が流入したのである。

そのような状況のもとで、清朝中期には概して好景気が続き、物価上昇にともなって穀物や手工業原料、嗜好品の生産が活発化した。人口も急速に増加してゆき、一八世紀の百年間で中国の人口は一億数千万から三億へとほぼ倍増したと推定されている。このような人口増にもかかわらず、食糧不足が深刻化しなかった理由の一つは、華中・華南の山地開めの進展であった。山地では、藍《あい》・葉タバコ・木材・紙・茶・漆《うるし》など利益のあがる特産物がとれるため、山地への移住が活発におこなわれた。一六世紀にアメリカ大陸から東アジアに伝えられたトウモロコシやサツマイモなどの新作物は、山地でも栽培が可能だったため、山地に住む人々の主食として、山地開発にともなって急速に普及した。

しかし、山地の過度の開発は環境破壊を招き、一八世紀の末には、土壌の流出による洪水の頻発など、開発の問題点が顕在化してくる。もともと基盤の不安定な山地の経済は、災害や不況に弱い。それに加えて、単身男性が集まり、地方政府の監視もゆきとどかない山地の社会では、暴動や反乱が発生しやすかった。一八世紀末に清朝を揺るがした白蓮教《びゃくれん》徒の大反乱がおこったのは、そのような新開地の一つである陝西《せんせい》・四川・湖北の省境地帯であった。一八世紀の清朝の繁栄のしわよせが、このような新開地に集中してあらわれたものだといえよう。この反乱は、一〇年近く続き、従来豊かな蓄積のあった清朝の財政は、この反乱の鎮圧のため、一挙に窮乏化した。このような状況のもとで、清朝は新たなヨーロッパ勢力の進出を迎えることとなる。

あった。これを「文字《もんじ》の獄」という。

は、古の聖王である舜も「東夷の人」であり、周の文王も「西夷の人」だと言っているではないか。ここで夷といっているのは出身地のことで、現在の本籍のようなものにすぎないのだ**。

*雍正帝の編纂させた『大義覚迷録』は、「夷狄」清朝を攻撃する文章を著していた曾静という下級知識人が逮捕された際に、この一件に関して皇帝が下した上諭や、官僚と曾静との間の尋問・供述などをまとめたもので、清朝の支配の正当性に関する雍正帝の論理を、明快に表している。

**どのような人々であれ、徳を備え天命を受けた清朝皇帝の支配を受け入れ基本的な道徳秩序を守って暮らしていれば、それでよいのであって、出身や習俗の違いによって差別すべきではない——これは、大変開放的で合理的な考え方ともいえるが、逆にいうと、清朝皇帝の支配に逆らって独自の民族国家を建てようとするような動きは、決して許されないこととなる。このような考え方は、「民族自決」のナショナリズムとは対極に立つものといえる。

【史料】『大義覚迷録《たいぎかくめいろく》』*に収録された雍正帝の上諭《じようゆ》

『書経』には「天は差別なく、ただ徳のある者のみを助ける」とある。徳のある者のみが天に従うことができるのであって天が味方する際にその出身地によって区別をすることがあり得ようか。わが清朝は東の地方から興り、優れた君主が相次ぎ、天下を安んじ、天の恵みを受け、徳を広め恩を与え、民に安定した生活をさせ、内外の人々に慕われること、すでに百年にもなる。……漢・唐・宋などの王朝は全盛時代にあっても、北狄《ほくてき》や西戎《せいじゆう》の侵入に苦しめられ、その土地を服従させることができなかったために、華夷の区分を建てざるを得なかったのだ。わが王朝が中国の主人となってからは、天下に君臨し、モンゴルの辺鄙な諸部族に至るまでわが領土に入っている。これは中国の領域が広大になったということで、中国臣民の幸いであるのに、どうして華夷・内外の区分を論ずることがあろうか。

逆書（曾静《そうせい》が清を批判した書）では、夷狄は人類と異なるといって禽獣であるかのように罵っている。そもそも人と禽獣の違いは心に仁義があるかどうかということだ。山中の野蛮人で道徳も礼儀も知らないというなら禽獣と同じかもしれないが、今日のモンゴル四十八旗、ハルハなどを見るなら、君主を尊び目上を敬い、法を守り、盗賊は起こらず、殺人事件も稀《まれ》で、詐欺《さぎ》や盗みの習慣はなく、穏やかでなごやかな風俗がある。これをどうして禽獣といえようか。種族的な意味では満洲族は確かに「夷」であり、わが王朝は夷狄の名を避けようとは思わない。孟子

宝巻　民間宗教の布教用の経典。粗末な印刷物の形で民間に広く普及していた。

【焦点】 宗教と民衆反乱

中国の歴史を動かしてきた大きな反乱のなかには、あまり宗教色のないものもあるが（たとえば黄巣《こうそう》の乱など）、漢末の黄巾の乱、元末の紅巾の乱、そして清代の白蓮教反乱などは、宗教色の強いものである。黄巾の乱は、護符《ごふ》による病気治療で信徒を集めた太平道《たいへいどう》という宗教結社を母体としているが、紅巾の乱と清代の白蓮教反乱はともに、白蓮教徒のおこした反乱とされる。白蓮教といっても、そのような教団が一貫して続いているわけではなく、政府から見て社会秩序を乱す邪教と見なされる諸宗教集団が「白蓮教」と総称されているにすぎないが、その共通の特徴は、「大災害により世界の終末がおとずれると、弥《み》勒仏《ろくぶつ》が人間として地上に生まれ変わり、災厄《さいやく》から人々を救う」という信仰に求めることができる。白蓮教の教義自体が必ずしも反体制的な内容をもっているわけではないが、災害や迫害に苦しむ人々にとって、このような救世主信仰は、現状を否定し反乱に参加するきっかけとなった。

競争の激しい中国社会においては、多様な相互扶助《ふじょ》組織が発達しており、男系の血縁を媒介に結ばれる宗族《そうぞく》結合は、その代表的なものである。しかし、新開地に流れてきた労働者など、そうした血縁ネットワークをもたない人々にとって、宗教結社は、血縁に代わる相互扶助の機能をもち、また心のよりどころともなる。新開発の山地が清代白蓮教の発生地となった背景には、新開地で宗教結社が発達しやすいという事情もあったといえよう。

10　清末の動乱と社会の変容

本章では、清代中期までの欧米勢力と中国の接触を概観したあと、おもにアヘン戦争から日清戦争までの時期を扱う。一九世紀の半ばから末に至るこの時期、清朝は、列強の圧力のもと、不平等条約、朝貢国の喪失といった事態に直面し、また国内では太平天国などの反乱で政権の基礎を揺るがされ、新しい技術や産業を導入して国力を増強する必要を痛感するようになる。

清代中期までの中国と欧米勢力

一六～一七世紀前半の国際交易ブームの際には、ポルトガルやオランダの商人が中国の近海でも活発に活動していたが、その後、清朝が成立し、一八世紀の最盛期を迎えるにつれて、ヨーロッパ勢力の活動は相対的に沈滞していった。ポルトガルは一六世紀にマカオでの居留を許されて以来、明末から清代を通じてマカオを拠点に活動していたが、日本の鎖国によって日本との貿易ができなくなってからは、東南アジア諸地域との交易を細々とおこなうにすぎなかった。オランダは、台湾の拠点を鄭成功《ていせいこう》に奪われて以降、東南アジアの島嶼《とうしょ》部を植民地化し、中国沿岸への直接の進出をあきらめて、もっぱら中国船の来航に頼って対中貿易をおこなうようになった。

　明末以降の中国とヨーロッパの関係は、経済面のみに限られない。明末には、マテオ・リッチなど、イエズス会を中心とするカトリックの宣教師が来航し、おもに士大夫の間で布教をおこなった。宣教師のもつ科学的知識は、明末の士大夫の間で関心を集めた。康熙《こうき》帝や乾隆《けんりゅう》帝など、清朝の皇帝も、宣教師のもつ天文・地理・数学・医学などの科学的知識や絵画などの技能を重視し、多くのヨーロッパ人宣教師を宮廷内で専門家として重用した(1)。しかし、それは清朝がキリスト教の教義そのものを認めたということではない。イエズス会が中国人の風俗習慣を尊重しつつおこなってきた布教の方法が教皇庁で問題化し（典礼

（1）清初に欽天監《きんてんかん》（天文台）の長官となったアダム・シャールやフェルビースト、清代中期に宮廷画家として多くの絵画を残したカスティリオーネなどはその例である。

広州の商館

問題）、教皇庁が中国人のキリスト教信者の祖先祭祀などを認めない方針を打ち出すと、清朝はキリスト教布教に対し、厳しい態度を取るようになり、雍正帝《ようせい》の時代には、キリスト教布教が全面的に禁止された。宣教師は相変わらず宮中で用いられていたものの、それは技術者としての役割にすぎなかった。

一八世紀の半ばころ、ヨーロッパ経済は好況の時期を迎え、中国との交易を求めて来航する船が増加した。その中心となったのは、イギリスである。ヨーロッパ船は広州に来航して交易をおこなうのが従来の慣行だったが、イギリス船はより条件のよい港を求めて沿岸を北上し、寧波《ニンポー》での交易を要求した。清朝は、治安上の見地からこれを拒否し、ヨーロッパ船の交易を広州に限ることとした。当時ヨーロッパでは、茶を飲む風習が大衆の間にも広まりつつあり、イギリス船による茶の輸入の激増もあって、広州での貿易額は順調に増えていったが、行動の自由を制限され、広東十三公行と呼ばれる特定の商人を通じてのみ取引を許される広州での貿易制度（これをカントン・システムという）は、ヨーロッパの商人たちにとって、満足できるものではなかった。

一七九二年、イギリスは、より自由な貿易を要求するため、マカートニーを団長とする使節団を中国に派遣した。マカートニーは熱河の離宮で乾隆帝に拝謁し、豪華なもてなしを受けたものの、自由貿易は認められなかった。清朝からすれば、中国の豊富な物産を求めてやってくる外国商人に交易を許すのは清朝の恩恵であって、外国人の要求によって「天朝の定制」を変えるなどは、論外のことであったのである。

アヘン戦争

イギリスでは、一八世紀の後半に木綿工業においてはじまった技術革新が、さまざまな産業部門に波及し、蒸気機関を動力とする機械による工業生産が広まっていった（産業革命）。従来イギリスはインドや中国から綿布を輸入していたが、一九世紀に至るとその流れは逆転し、イギリスからアジアに向かって、機械製の綿製品が流れはじめた。しかし、中国では、農民の副業としての織物生産が早くから発達していたため、イギリスが中国に綿製品をもち込んでもなかなか売れなかった。一方、茶は大衆的嗜好《しこう》品としてイギリス人

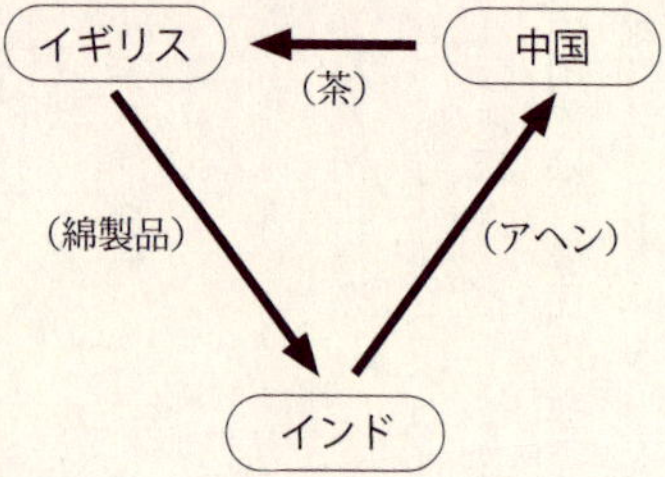

三角貿易

の生活になくてはならないものとなり、イギリス船による中国からの茶の輸出は急激に増加した。中国とイギリスとの交易は、中国側の大幅な輸出超過であり、イギリスから中国に大量の銀が流れ込んだ。当時イギリスでは、工業の発展にともない、資金が足りない状態であったため、中国への銀の流出を防ぐ必要があった。そこで形成されたのが、インド産のアヘンを媒介とする三角貿易である。すなわち、イギリスからインドに綿製品を輸出し、インド産のアヘンを中国に輸出し、中国の茶をイギリスに輸出して、銀をあまり動かさず為替によって決済するシステムである。

アヘンが中毒性をもつ麻薬であることは中国でも知られており、アヘンの輸入は一八世紀から禁止されていたが、イギリス商人は禁を犯してアヘンを中国にもち込んだ。アヘン吸飲の風習が広まって社会問題になる一方、アヘン輸入量の急増のため、中国からはかえって銀が流出するようになった。銀流出による銀不足は経済の停滞を招き、特に税の額が銀で定められていたため、銀不足による銀価の高騰（すなわち税負担の実質的増加）は、納税者を苦しめた。清朝政府は、アヘン輸入の禁止を実行するため、林則徐《りんそくじょ》を広州に派遣した。林則徐はアヘン商人からアヘンを没収し、廃棄処分にした。イギリス政府は、カントン・システムの打破を理由として中国に遠征軍を送り、アヘン戦争がはじまった。イギリスの圧倒的な軍事力に清軍は対抗できず、イギリス側の要求を呑んで、一八四二年に南京条約を結んだ。

南京条約の主要な内容は、以下のとおりである。広州・アモイ・福州・寧波・上海の五港を開港すること。公行の貿易独占を廃止すること。香港を割譲すること。イギリス側の戦費一二〇〇万ドルを賠償すること。両国の国交は対等を原則とすること。

また、翌年の追加条約では、領事裁判権、最恵国《さいけいこく》待遇、(2) 関税・通過税の協定(すなわち中国にとっては関税自主権の喪失)などの条項が取り決められた。アヘン戦争と南京条約は、中国が、従来の朝貢体制に代わり、列強主導の条約体制の受容を余儀なくされる第一歩で

(2) 他の国(たとえばアメリカやフランス)と条約を結び、有利な条件や権限を与えた場合、当該国(イギリス)にも自動的にその条件や権限が与えられるという規定。その後、中国がアメリカ、フランスその他の国々と条約を結んだ際、いずれもこの最恵国待遇条項が取り入れられたため、中国にとっては、一国と不利な条件で条約を結ぶと、それが他国にも波及するという事態を招いた。

あった。

アヘン戦争は今日、中国の「近代」のはじまりと見なされている。すなわち、中国が列強の圧力のもと、従属的な地位におかれるようになった転換点ということである。アヘン問題とアヘン戦争を通じて西洋の脅威を深く感じ取った林則徐や魏源《ぎげん》など一部の官僚・知識人は、西洋の侵略に対抗するため、西洋事情を知り、西洋の技術を導入することを提唱して、『海国図志』などの書を編纂した（【史料】参照）。しかし、当時の中国の一般の官僚・知識人の間では、この事件は歴史上しばしば存在した「夷狄」による局地的な侵略の一例にすぎないとみなされ、それほどの危機感を引きおこすものではなかった。アヘン戦争はむしろ、日本や朝鮮などの周辺諸国に大きな衝撃を与えたのである。

太平天国と列強

アヘン戦争によってアヘン問題は解決したわけではない。むしろ、アヘンの輸入が増大して銀流出が続き、また、賠償金の支払いのために税の負担が増加して農村を疲弊《ひへい》させた。特に、長江下流の経済的先進地帯に位置する上海が開港したことによって、広州周辺の経済活動は沈滞し、社会不安が広まった。そのなかでおこった太平天国の反乱は、窮乏した農民を巻き込んで華南・華中の広範な地域に広がり、一四年間にわたって清朝を脅かす大反乱となった。

太平天国の指導者の洪秀全《こうしゅうぜん》は、広州に近い農村の出身で、科挙に失敗して失意のあまり病気にかかって見た幻想と、広州の町でキリスト教宣教師から渡されたパンフレットの記述を結びつけて、新しい教えをつくった。その内容は、洪秀全自らを上帝（神）の子、キリストの弟と称し、廟《びょう》に祭られている孔子や道教の神々を偶像として破壊し、上帝を信仰することによって天国に行けると説くものであった。布教先の広西の山中で多くの信徒を得、「拝上帝会」という結社をつくった彼は、一八五一年に清朝打倒を唱えて挙兵し、反乱に合流してくる多数の農民を従えて北上し、五三年に南京を都として「太平天国」という政権を建てた。(3) 太平軍においては、男女を問わず戦闘に参加し、厳格な規律のもと、民からの略奪は厳しく禁じられた。(4)

---

(3) 彼らは清朝に従わないことの印として、辮髪を切り、長髪にしていたので、政府側からは「長髪賊」などと呼ばれた。

(4) 太平天国の綱領とされた『天朝田畝《でんぽ》制度』という文献のなかには、「田があればみな同じに耕し、飯があればみな同じに食べ、衣があればみな同じに着て、銭があればみな同じに

の減少により、上海の経済は相対的に沈滞した。1970年代末から改革・開放政策がはじまると、上海は沿海開放都市の一つに指定されたが、広州などに比べて発展は後れ気味だった。上海の転機は、1990年の浦東《ほとう》開発計画の策定であり、黄浦《こうほ》江《こう》東岸の500平方キロメートルの開発区には、空港・環状道路・発電所などのインフラストラクチュアが整備され、ハイテク産業と金融のセンターを目指し、開発が進められている。

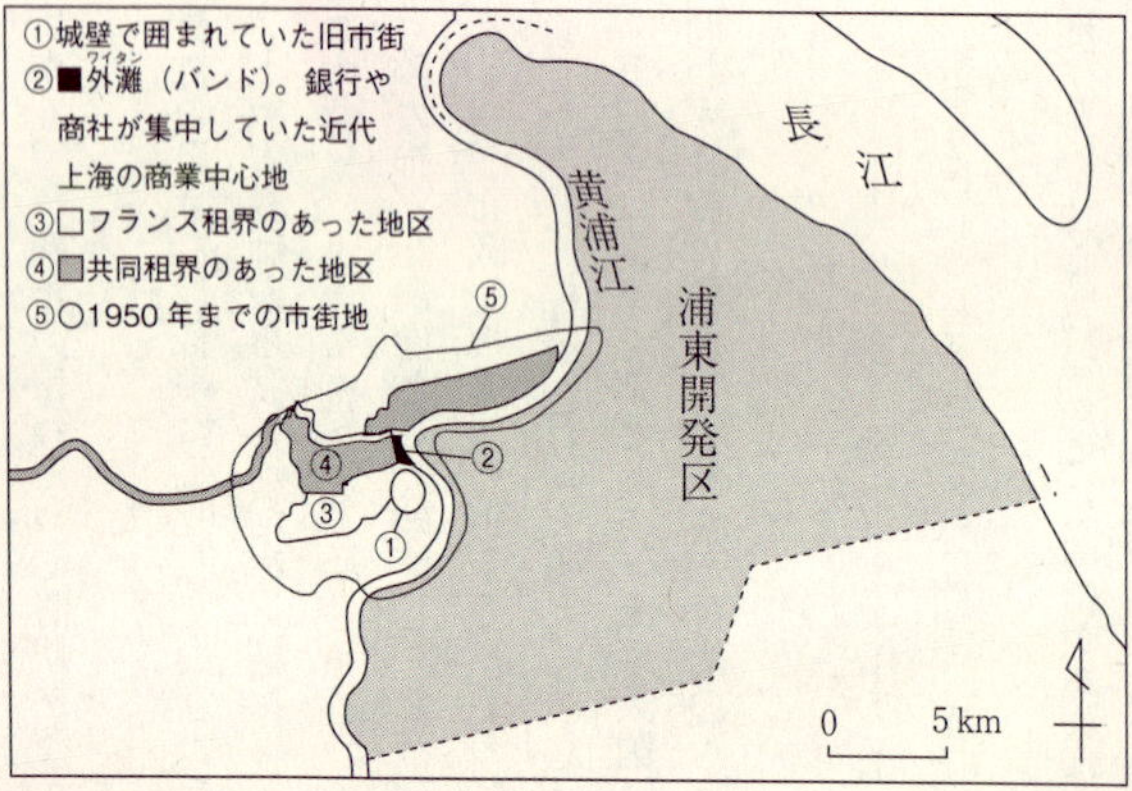

上海の発展

【焦点】 上海

今日の上海は、中国を代表する商工業都市として急速に発展している。上海の発展にはいくつかの画期がある。長江下流デルタの小さな港町であった上海は、元の時代に県となったが、上海に城壁ができ、都市らしい姿になったのは、16 世紀の半ば、倭寇《わこう》の襲撃に備えるためであった。このころの上海は、長江下流デルタの手工業中心地に位置する港として海上貿易で栄えてはいたが、蘇州や杭州のような大都市と比べると、小規模な地方都市にすぎなかった。上海が大きく発展するのは、アヘン戦争後の南京条約で開港場となってからである。開港後まもなく、外国人専用の居留区として租界《そかい》が設定された。租界は、中国の主権のおよばない特殊地域とされた。その後、太平天国の時期に中国人避難者を受け入れたことをきっかけに、中国人が租界に住むことを許されると、租界の人口は膨《ふく》れ上がり、上海は中国有数の大都会として発展した。

1920 年代になると、上海は全中国の貿易額および工業生産の約半分を占める商工業都市であると同時に、日本の東京をもしのぐ東アジアの国際金融の中心地となった。バンド（外灘《ワイタン》）には、西洋風のビルが立ち並んで威容を誇り、デパートやカフェ、映画やジャズなど、モダンな都市文化が人々をひきつけた。外国資本が集中し、同時に中国の官憲の手のおよばない租界は、民族運動・革命運動の中心ともなった。

中華人民共和国成立後、企業の社会主義改造と外国貿易

は除かれる。これがまず第一。実事をもって実効をはかり、……目的に向かって着実に実行し、船がないのに黄河を徒歩で渡るというような無謀な行動を避け、画にかいた餅を望むというようなことをしなければ、人才の空虚という病気は除かれるであろう。これが第二である。人心のねむりという病気が除かれて太陽がかがやき、人才の空虚という病気が除かれて風雷がなりひびくのである。（西順蔵・島田虔次編『清末民国初政治評論集』平凡社中国古典文学大系、1971年、より。改行などを若干改めた。）

*魏源は湖南省出身の学者。1794〜1856年。

**『海国図志』は、幕末の日本で大きな反響を呼び、改訂版の百巻本が日本にもたらされた1854年から3年間のみでも二十余種のダイジェスト版が日本で出版された。

***『四洲志』とは、イギリス人マレーの地理書を林則徐が部下に翻訳させたもの。

【史料】 魏源* 「『海国図志』叙」（1842年）**

『海国図志』六十巻は、何に依拠したか。一つには、前両広総督林則徐尚書の訳した西夷の『四洲志《ししゆうし》』***により、さらには歴代の史志、及び明以来の島志、それに最近の夷図、夷語に依拠し、徹底的に調査し、困難をきり開いて道案内になろうとしたものである。……どこが先人の海図の書と異なるかといえば、かの書物は中国人の立場から西洋を語ったものであるのに対し、こちらは、西洋人が西洋を語ったものであるからである。

この書物をなぜに作ったのかといえば、夷をもって夷を攻め、夷をもって夷と和し、夷のすぐれた技術を学んで夷を制馭しようとして作ったのである。『易』には、「愛悪相攻めて吉凶生ず。遠近相取りて悔吝《かいりん》生ず。情偽《じようぎ》相感じて利害生ず」とある。だから、同じように敵を禦《ふせ》ぐにしても、その状況を知るのと知らないのとでは、利害に大きな差が生じるし、同じように敵と和するにしても、その事情を知るのと知らないのとでは利害に大きな差が生じる。いにしえの外夷を制馭しようとするものは、敵の状況を問うと、手にとるようにはっきりとこころえており、敵の事情を問うと、たなごころをさすようにこころえていた。それならば、この書物さえもっておれば、外夷を制馭しうるだろうか。しかり。いな。これは軍事の機（表に現れたきざし）であって軍事の根本ではなく、有形の兵のことであって無形の兵のことではない。……偽飾《ぎしよく》を去り、困難に対する畏《おそ》れを除き、腫瘍《しゆよう》を治療せぬまま放置することをやめ、私利をはかることを改めれば、人心のねむりという病気

太平天国期の諸運動

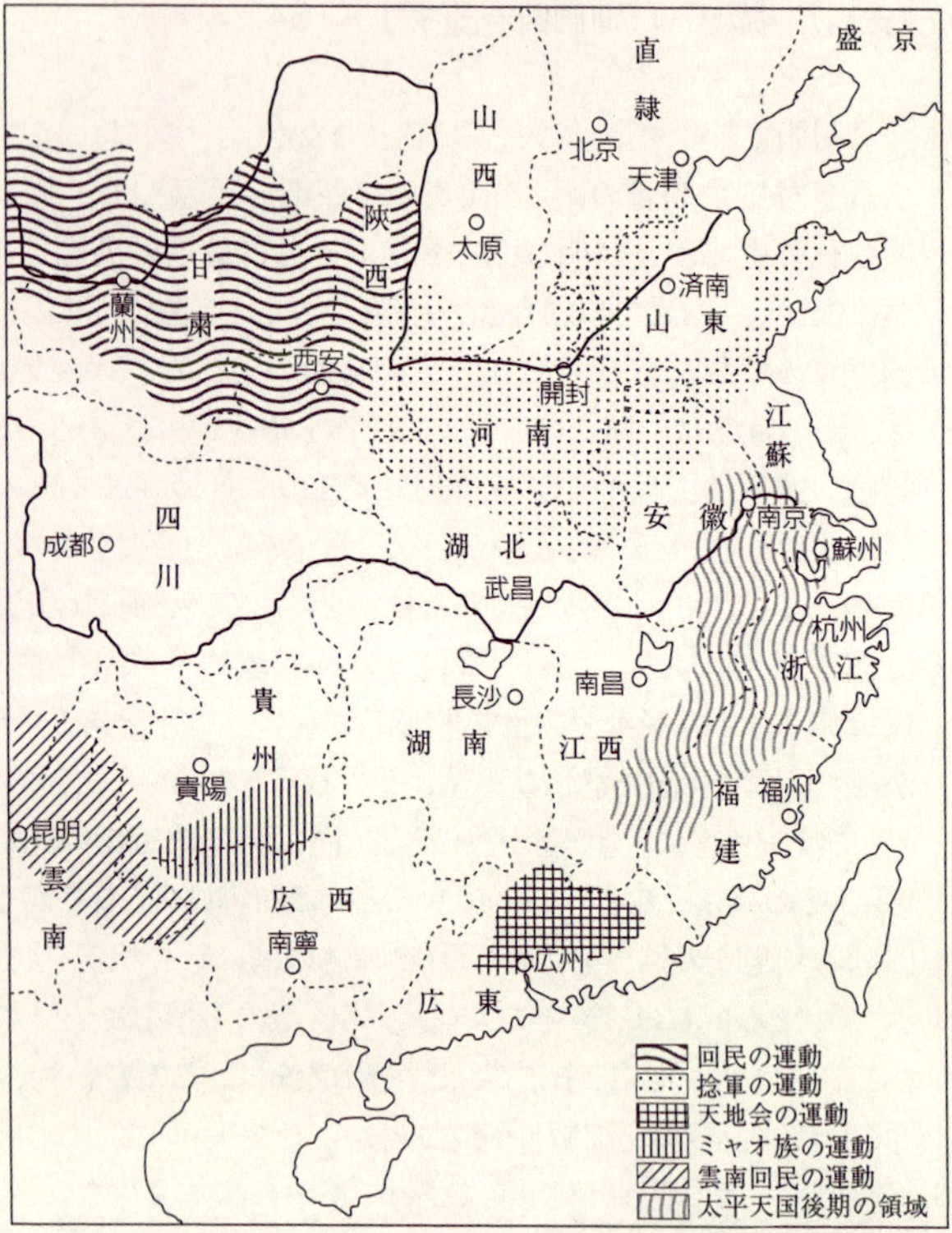

盛京
直隷
北京
天津
山西
太原
陝西
甘粛
蘭州
西安
済南
山東
開封
河南
江蘇
安徽
南京
蘇州
杭州
浙江
四川
成都
湖北
武昌
長沙
南昌
湖南
江西
福建
福州
貴州
貴陽
昆明
雲南
広西
南寧
広州
広東
回民の運動
捻軍の運動
天地会の運動
ミャオ族の運動
雲南回民の運動
太平天国後期の領域

当時は、太平天国のほかにも、華北の捻軍《ねんぐん》の運動、西北部や雲南での回民（ムスリム）の反乱、貴州などでのミャオ族の反乱、広東での秘密結社「天地会」の蜂起など、各地で反乱が相次ぎ、財政難に苦しむ清朝の正規の軍隊では、これに対処することはできなかった。太平天国鎮圧の主力となったのは、湖南省出身の曾国藩《そうこくはん》や安徽省出身の李鴻章《りこうしょう》など、漢人の官僚が郷里で組織した義勇軍（郷勇《きょうゆう》）であった。(5) 軍事費については、商品に流通税（釐金《りきん》）を課し、その運用を地方にまかせたので、軍事面でも財政面でも、地方の力が強まることになった。

一方、アヘン戦争後も自国製品の売り込みが順調に進まないことに不満をもっていた欧米列強は、一八五六年のアロー号事件(6)をきっかけに、第二次アヘン戦争をおこして清朝を圧迫し、五八年に天津条約、六〇年に北京条約を結んで、外国公使の北京常駐、天津や漢

使う」といった平等な社会の理想も掲げられているが、どの程度実行されたかは疑問である。

(5) 曾国藩の軍を湘軍《しょうぐん》、李鴻章の軍を淮軍《わいぐん》という。曾国藩らは、親戚や友人の人間関係を頼って信頼できる人物を集めたため、その軍隊は団結力も強く、軍紀も厳正であった。

(6) イギリスの国旗を掲げて広州の埠頭に停泊していた小帆船アロー号の中国人水夫を、清朝官憲が海賊の疑いで逮捕したことからおこった清とイギリスの間の紛争。

口を含む開港場の増加、アヘン貿易の合法化、など、清朝から大幅な譲歩を勝ち取った。列強は当初、キリスト教の影響を受けた太平天国に好意的な関心をもっていたが、清朝と有利な条約を結ぶと、その利益を確保するため清朝支持に転じ、外国人の部隊を組織して、太平天国鎮圧に協力した。漢人官僚のつくった義勇軍と外国人軍隊の攻勢を受けて、太平天国は、一八六四年に崩壊した。

洋務運動

太平天国の終結後、清朝にはつかの間の安定が訪れた。この時期の政治を、その年号（同治、一八六二〜七四）を取って、「同治中興」という。この時期は、日本では幕末から明治維新の時期にあたるが、中国でも、近代化に向けての努力がはじまった。太平天国の鎮圧の過程で西洋の兵器の優秀さを痛感した曾国藩、李鴻章らの官僚たちは、清朝の支配体制を維持し強化するため、西洋の技術を導入しようとした。同治中興の時期にはじまるこの運動は、一般に「洋務《ようむ》運動」といわれる。従来外国に対しては「夷《い》」といった語が使われていたのに対し、二度のアヘン戦争の結果、外国やその事物を「夷」と呼ばずに「洋」と呼ぶことが普通となった。「洋務」という語には、そうした事情が反映されているといえよう。また、一八六一年には、諸外国との交渉を専門に司《つかさど》る「総理各国事務衙門《がもん》」（略して総理衙門）が設立された。朝貢《ちょうこう》体制のもとでは、国内と国外の境は曖昧《あいまい》であり、外国関係の事務を扱う専門の役所はなかった。総理衙門の設立は、中国がしだいに朝貢的世界秩序の観念を脱して、主権国家の並立する国際秩序の観念を受容していく一つのステップであったといえる。

洋務運動の内容は多岐にわたるが、まずあげられるのは軍事面の近代化である。洋務官僚によって、兵器工場である江南機器製造局や、軍艦を製造する福州船政局が設立され、福州船政局附属の船政学堂では、外国語や航海術が教えられた。こうした人材を中心に、新しい海軍である北洋海軍が創設された。さらに、洋務運動の対象は、軍需産業に止まらず、紡織工場（上海機器織布局など）や、海運会社（輪船招商局など）、鉄道敷設、鉱山開発、電信設備の導入など、経済の広範な分野に広がった。外国に派遣される官僚や留学生が増えるにつれ、技術のみならず、議会制度や地方自治など、欧米の政治や社会のあり方に対する関心も高まってきた。このような欧米の制度を、中国古代の「封建」になぞらえながら高く評価する人々もあったが、どの程度こうした制度を取り入れるべきかについて、洋務官僚のなかでも、その考え方は必ずしも一致していなかった。

朝貢国の喪失

一八七〇年代の半ばに至ると、中国では、再び対外的緊張の時期を迎えた。それは、従来清朝が朝貢国だと認識していた地域が、外国の圧力を受けて中国から切り離されてゆく動きである。

中央アジアでは、清朝の東トルキスタン征服後、清朝に朝貢をおこなっていたコーカンド＝ハン国など中央アジアのイスラーム教の国々が、一八七〇年代半ばまでにロシアの支配下に入った。琉球は、一七世紀の初頭に薩摩の侵攻を受けて以来、薩摩藩の支配下にありつつ中国の王朝に朝貢をおこなうという「両属《りょうぞく》」の状態にあったが、明治政府は琉球に対し清への朝貢の停止を命じ、一八七九年に沖縄県をおいて日本の領土とした（琉球処分）。

インドシナ半島では、ヴェトナムへの支配権を確立しようとするフランスがヴェトナム北部で清軍と衝突し、一八八四年に清仏戦争がはじまった。フランス海軍は台湾を封鎖し、清朝朝廷で和平論が強まった結果、翌年に天津条約が結ばれ、清朝はヴェトナムに対するフランスの保護権を認めるとともに、華南諸省におけるフランスの通商・鉄道建設上の特権を認めた。インドシナ全域へのフランスの影響力拡大を恐れたイギリスは同年、軍隊をビルマに派遣し、全ビルマを支配下に入れた。

このような列強の動きに対抗し、清朝の側でも、周辺地域の実効支配を強化しようとする政策をとった。清仏戦争後には、従来福建省属の一つの府にすぎなかった台湾を省に昇格した。また、従来理藩院のもとで間接的な支配をおこなっていた新疆《しんきょう》に新疆省を設置した。

朝鮮半島では、朝鮮を中国への服属関係から切り離そうとする日本と、朝鮮への支配を強めようとする清朝とが対立し、激しい緊張関係が生じた。日本は江華島《こうかとう》事件(7)を口実に、武力で朝鮮政府に迫り、一八七六年に日朝修好条規を締結した。それは日本に領事裁判権を認めるなどの不平等条約であったが、その第一条に「朝鮮国は自主の邦」であることをうたっており、日本側ではそれを朝鮮に対する中国の宗主《そうしゅ》権の否定だと見なした。一方清朝の側では、「朝鮮は久しく藩封《はんぽう》に列す」などの語で清朝と朝鮮との宗属関係を明文化し、

(7) 日本の軍艦が朝鮮の首都漢城(現在のソウル)に近い江華島付近で砲撃され、応戦して砲台を一時占領した事件。

朝鮮への影響力を強めようとした。一八八〇年代には壬午《じんご》軍乱(8)や甲申《こうしん》政変(9)がおこり、そのたびに清と日本との間で緊張が高まった。一八九四年に朝鮮で「東学《とうがく》」教団の反乱(10)がおこると、清朝と日本はともに朝鮮半島に派兵し、日清戦争がはじまった。

戦争は日本の勝利に終わり、一八九五年に下関で講和条約が結ばれた。そのおもな内容は、次のとおりである。①朝鮮の独立の確認（清朝との宗属関係の破棄）、②遼東《りょうとう》半島(11)、台湾、澎湖《ほうこ》列島の割譲、③賠償金二億両の支払い、④片務《へんむ》的最恵国待遇の付与、⑤開港場における日本人の企業経営権の承認。

この条約により、日本は、最初の植民地である台湾などを獲得するとともに、朝鮮に対する影響力を増大し、また、巨額の賠償金をもとに金本位制を確立して経済発展を軌道に乗せた。一方、朝鮮は、中国から独立したという名目のもと、日本への従属を余儀なくされた。また、清朝にとってみれば、日本に敗れたことで清朝の威信は大きく低下した。この敗戦によって、清朝は朝貢国であった朝鮮を失ったことはもとより、朝貢国の喪失の段階を超えた危機的状況、すなわち中国本土への列強の侵略を招くこととなった。中国の人々にとって日清戦争の敗戦は、アヘン戦争以上に切実な危機感を与える事件であり、この時期以降、本格的な改革・革命の動きがおこってくるのである。

(8) 一八八二年にソウルでおこった反日暴動。
(9) 一八八四年にソウルでおこった親日政権樹立を目指すクーデタ。清朝の出兵により失敗し、金玉均《きんぎょくきん》ら指導者は日本に亡命した。
(10) 東学とは、民間宗教をもとに儒教・仏教・道教などを混合した宗教。この反乱は「甲午《こうご》農民戦争」と呼ばれる。
(11) 遼東半島については、ロシア・ドイツ・フランスの三国の干渉により、清朝に返還した。

11　中国ナショナリズムの形成

本章では、日清戦争の敗戦から辛亥革命までの一六年間を扱う。この時期は、列強の中国分割の危機感のなかで、改革の動きが本格的にはじまってくる重要な時期である。この時期、中国では、官僚・知識人のみならず地方有力者や商工業者の間でもナショナリズムが高揚したが、その間には革命共和か君主立憲かをめぐって鋭い対立があった。辛亥革命はスムーズに成功したが、新たな秩序構想は未解決のまま残された。

中国分割の危機と戊戌変法

日清戦争での敗北は、中国の官僚・知識人に大きな衝撃を与えた。下関条約が結ばれた一八九五年の春、科挙の試験を受けるために北京に来ていた受験者たちは、康有為《こうゆうい》をリーダーとして、停戦に抗議する「公車上書《こうしゃじょうしょ》」(1)をおこない、あわせて変法と富国強兵を主張した。その内容は、立憲制・議会制の採用、産業振興、兵制改革、教育制度の改善、旧い風俗の廃止などであり、従来の洋務運動で推進されてきたような技術や産業の導入に止まらず、政治制度の根本的改革を目指すものであった。

康有為は広東省《カントン》出身の学者で、儒教の経典のうち『春秋』の公羊伝《くようでん》(2)を重んじ、孔子を復古主義者でなく変革者として位置づけるとともに、歴史の進歩発展を主張した。康有為のまわりには、変法を主張する若手官僚や少壮学者が集まり、学会を組織して出版を通じた啓蒙活動をおこなった。康有為や梁啓超《りょうけいちょう》のつくった「強学会」「保国会」のほか、当時の若手知識人の間には、こうした学会が数多くつくられ、新しい政治思想の普及を促進した。

二一〇～一頁に史料として引いた康有為の演説は、中国の現状に対する当時の知識人の危

(1) 各省の省都でおこなわれる試験(郷試)の合格者は挙人と呼ばれ、首都でおこなわれる試験(会試、殿試)の受験資格を与えられる。公車とは挙人を指す雅語。

(2) 『春秋』には三種類の伝(注釈)があるが、その一種。経書のなかに実践的な意義を読み取り、社会の変革を提唱しようとする学派に重んじられた。公羊学は漢代以来あまり重要視されなかったが、清末に至って学者の注目を集めるようになった。魏源《ぎげん》も公羊学者の一人である。

機感と、改革の必要性に対する切迫した意識をよく表している。

当時、光緒《こうしょ》帝(3)は、こうした改革の動きに関心と理解を示しており、康有為は一八九八年に光緒帝に上書して、改革の総合的なプランを示した。このころ、康有為がモデルとしていたのは、日本の明治維新であった。彼が光緒帝に奉った著書『日本変政考』では、日本が試行錯誤の上で採用した改革の方法を中国が利用するなら改革は容易である、と主張されている。

あたかも一八九八年は、中国本土に根拠地を獲得しようとする列強の競争が激化した時期であった。ドイツの膠州湾租借《こうしゆうわんそしやく》(4)、ロシアの旅順・大連租借、イギリスの威海衛《いかいえい》・九龍《きゆうりゆう》租借(5)、フランスの広州湾租借など、租借によって拠点を確保した列強は、かねて獲得していた鉄道利権とあわせて中国に自国の勢力範囲を設定し、その範囲のなかでは他の列強に利権を譲渡しないことを清朝に約束させた。

このような中国分割の危機に直面し、光緒帝は一八九八年の六月に詔《みことのり》を発して変法の推進を宣言し、康有為のアイデアに則って、政治制度や科挙の改革、人事の刷新、教育改革など、次々に命令を下していった。しかしこうした急激な改革は官界の混乱をもたらし、西太后を中心とする保守派の反発を招いた。西太后はクーデタ(戊戌《ぼじゆつ》の政変)をおこして光緒帝を幽閉《ゆうへい》し、変法派官僚たちを逮捕・処刑した。康有為と梁啓超はかろうじて難を逃れ、日本に亡命した。こうして、戊戌の変法はほとんど実効をあげないままに、わずか三か月で終わりを告げた。

義和団事件

列強による中国分割の危機は、知識人のみならず、一般民衆にも感じられ、民衆の間には反西洋感情が高まっていた。清朝政府は、第二次アヘン戦争後の天津・北京条約で内地における外国人のキリスト教布教を承認したが、宣教師が内地に入って布教活動をはじめ

(3) 在位一八七五～一九〇八。四歳で即位したため、母の姉である西太后《せいたいごう》が摂政となって後見し、一七歳で親政をはじめてからも西太后の厳しい監視のもとにあった。

(4) 租借とは賃借りの意味であるが、この時期の列強の租借地とは、数十年ないし百年の長期の期限で港湾などのある地域を借り、実質的な植民地として軍事的・経済的拠点とすることをいう。

(5) イギリスは一八九八年に九九年の期限つきで九龍を租借した。一九九七年の香港返還は、九龍の返還にともない、南京条約で割譲していた香港もあわせて返還したものである。

のことを避けることができようか。……

亡国を救うてだては、ただ発憤あるのみ、……もし、わが4億人すべてが発憤したなら、外人がどうして真正面から窺《うかが》ったりするだろうか。ゆえにわたしは上にあるものを責めずに下にあるものを責め、われわれ士大夫を責め、われわれ士大夫の義憤に振いたたざるの心を責めるのである**。(前掲『清末民国初政治評論集』より)

康有為(戊戌変法前後)

*「保国会」とは、康有為らが1898年につくった政治結社。その第3回集会での演説である。

**外国の侵略への危機感と改革の必要性が強く主張されているが、儒教のような中国の伝統そのものが否定されているわけではないことに留意しよう。

【史料】 康有為「京師《けいし》保国会*での演説」(1898年)

わが中国4億の人民は、上下貴賤となく、いまや倒屋の下、破船の中、烈火の上におかれている。あたかも籠中《ろうちゅう》の鳥、釜中《ふちゅう》の魚、獄中の囚人よろしく、奴隷とされ、牛馬犬羊なみに扱われ、思うままに料理されているのだ。これは4000年このかた20王朝を通じて、かつてなかった驚くべき変化である。さらに、聖教(儒教)が衰微し、種族が滅亡せんとしている。これは悲惨痛恨のかぎりであり、まことに言うにしのびないものがある。……かのヨーロッパ諸国の、立国に本末あり、学校を重視して人民を保護・養育・教化する方法を講じ、議院によって下情を通じ、君、はなはだしくは貴からずして、民、はなはだしくは賤しからず、器物をつくり、便利をはかって民を前進させたことどもは、みなわが経典の本義に合致しており、ゆえに強大となるいわれがあったのである。わが国は、軍隊・農業・学校いずれも整わず、民生面でもこれを保護・養成・教化する方法がなく、上下通ぜず、貴賤隔絶の状態にあるが、これらはみな経典の本義に背反《はいはん》しており、ゆえに弱体なのも当然なのである。したがって、ついにまた膠州湾の事件が起こり、その後40日間に20にもおよぶ脅迫強要のことがあいついだのである。……

われわれは、ビルマ、ヴェトナム、インド、ポーランドのあとを追いつつある。分割後のポーランドを見てみると、国王は脅迫され、貴族は侮辱され、紳士は迫害されたが、これはまことにわれわれにとって前車の覆轍《ふくてつ》である。どうして僥倖《ぎょうこう》をたのんで必然

といったイメージと結びついていたのである。1898年に、シンガポールの華人たちが集団断髪をおこなったことは、中国の新聞にも大きく報道され、人々を驚かせた。康有為はこの年、上奏文のなかで、明治維新にならって断髪し、洋服に変えることを提案したが実現せず、大規模な断髪運動がおこるのは、1910〜11年、辛亥革命の直前のことであった。

辮髪と纏足　清末上海の絵入り新聞『点石斎画報』より。深夜、刀をもって押し入った男を、留守番をしていた嫁たちが、縫い物用のハサミをつきさしたり辮髪を引っ張ったりして取り押さえたというニュース。纏足をしているからといって、常にか弱いとは限らない。

【焦点】 清末の風俗改革

戊戌の変法のおこなわれた1898年は、風俗改革という面でも、大きな変化のあった年であった。1898年前後の風俗にかかわるおもな出来事を拾ってみよう。

女性の纏足《てんそく》は、漢人の間に自然に生まれた風習で、起源は不明だが宋代にはすでに存在し、明代以降は纏足をしていない女性が侮蔑の対象になるほどであった。満洲人は纏足の風習がなかったので、中国占領後の当初は纏足を禁止したが、効果はなかった。纏足は女性にとっては非常に苦痛であり、また行動の自由を束縛するものだが、当時の感覚では、纏足をしていない足は非文明的で野卑なものと考えられたのである。当初キリスト教宣教師が中心となっておこなっていた纏足禁止運動は、その後、康有為らの変法派を中心に急速に普及し、1897年に梁啓超らがつくった上海不纏足会の活動は、翌年の1898年には華中・華南の各省に広まった。ただし、いったん纏足をした足をもとに戻すことは難しく、纏足に対する否定的イメージの普及が、かえって纏足女性たちを苦しめることもあった。

もう一つ、外国人の目を引いた中国的風習といえば、辮髪《べんぱつ》であろう。辮髪はもともと、清朝によって強制されたものであったが、二百数十年にわたる清朝統治の間につちかわれた習慣により、清末になると漢人の間でも、辮髪を切ることには強い心理的抵抗がともなうようになった。「長髪賊」と呼ばれた太平天国に見られるように、辮髪を切ることは「反体制」を意味し、無法者

列強の勢力範囲・開港場

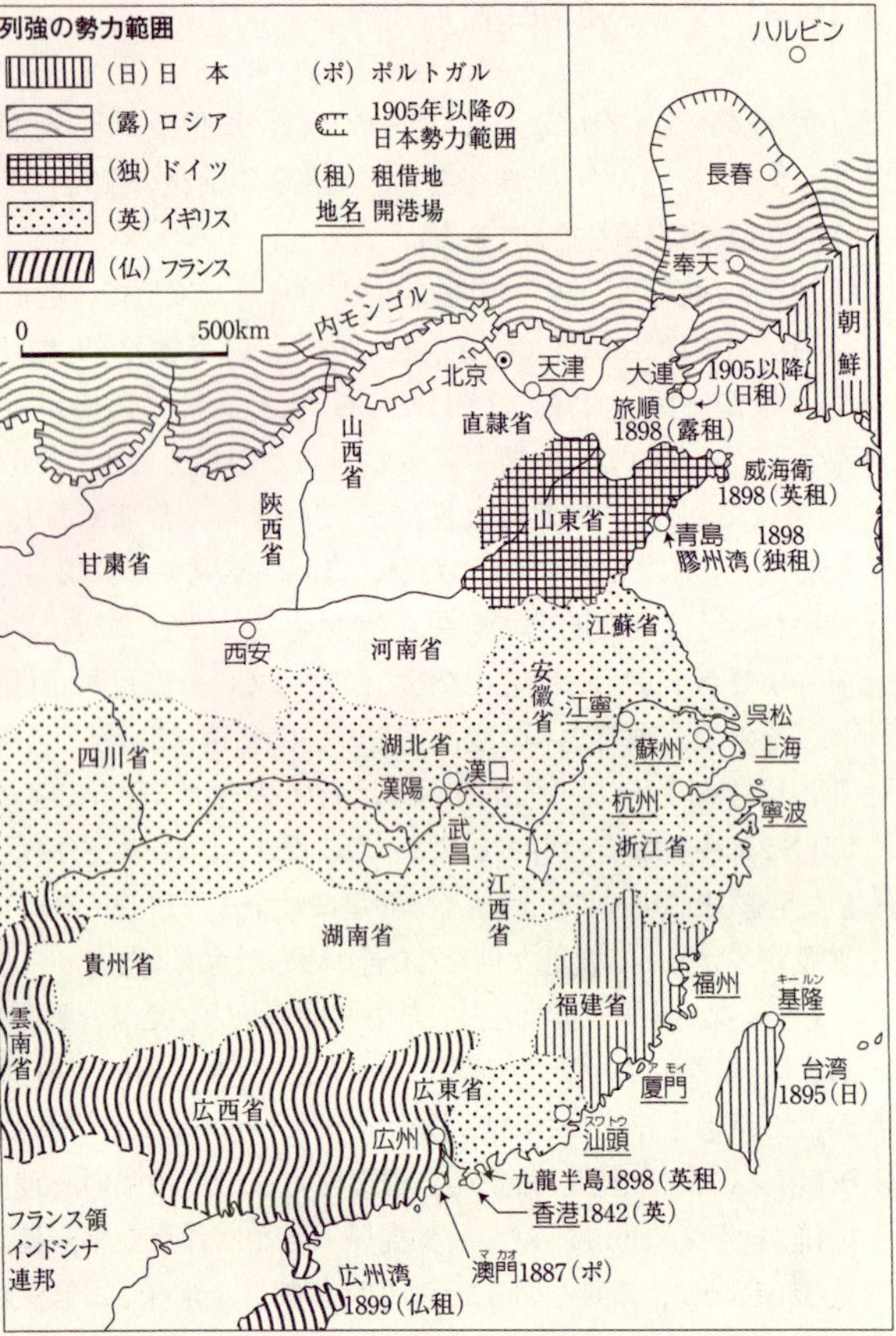
列強の勢力範囲
(日) 日　本
(露) ロシア
(独) ドイツ
(英) イギリス
(仏) フランス
(ポ) ポルトガル
1905年以降の日本勢力範囲
(租) 租借地
地名 開港場
0　500km
ハルビン
長春
奉天
朝鮮
内モンゴル
北京
天津
大連
1905以降（日租）
旅順 1898（露租）
直隷省
山西省
陝西省
甘粛省
威海衛 1898（英租）
山東省
青島
1898 膠州湾（独租）
江蘇省
西安
河南省
安徽省
江寧
呉松
蘇州
上海
四川省
湖北省
漢口
漢陽
武昌
杭州
寧波
浙江省
江西省
湖南省
貴州省
福州
基隆《キールン》
福建省
雲南省
台湾 1895（日）
廈門《アモイ》
広東省
広西省
汕頭《スワトウ》
広州
九龍半島1898（英租）
香港1842（英）
フランス領インドシナ連邦
澳門《マカオ》1887（ポ）
広州湾 1899（仏租）

ると、キリスト教信者と一般民衆との間の摩擦や、宣教師の活動に対する不信感から、しばしば反キリスト教運動がおき、外交問題にまで発展した。一八九八年以降の列強の中国本土への進出の動きは、西洋人に対する民衆的反感を加速させ、特に、急激に外国勢力の侵入にさらされた華北では、排外感情が高まった。

当時山東省では、武術と呪術の訓練によって砲弾もはねのける不死身の身体をつくることができるとする義和団《ぎわだん》（義和拳）という武術結社が影響力を広げ、キリスト教会などに対する襲撃事件を各地でおこしていた。一八九九年、清朝官憲の弾圧を受けた義和拳信者たちは、「扶清滅洋《ふしんめつよう》」のスローガンを掲げて河北に入り、各地の教会を襲撃して宣教師や信徒を殺し、鉄道や電線を破壊し、翌年北京に入った。清朝の朝廷では、西太后をはじめ、義和団を支持する勢力が優勢で、列強に宣戦布告をおこなったため、義和団は勢いを増し、北京の外国公使館地区を包囲した。これに対し、列強八か国(6)が連合軍を組織して出兵し、激戦の末、北京を占領した。西太后と光緒帝は西安に逃亡した。一九〇一年に結ばれた講

（6）英・仏・日・露・独・米・イタリア・オーストリア。そのうち、兵員数が最も多かったのは、ロシアと日本であった。

和条約（北京議定書）では、列国が北京公使館区域の安全確保のため軍隊を駐留させる権利が認められたほか、四億五千万両という巨額の賠償金が課された。

義和団事件の後、西太后を中心とする清朝政府は、変法を求める官僚たちの意見に押されて、近代化に向けての改革へと路線を転換した。科挙制度の廃止、新式学校の設立、海外留学生の派遣、新式陸軍（新軍）の編成、官制改革、など、かつて否定した戊戌変法の諸政策が採用された。さらに将来における憲法の制定も宣言された。清朝政府によって推進されたこれらの改革をまとめて「光緒新政」という。しかし、こうした近代化政策には巨額の費用がかかり、義和団賠償金とあいまって、税負担が増大したため、新政反対の蜂起がしばしばおこった。

改革と革命

戊戌の変法が失敗した後、変法派の康有為、梁啓超らは日本に亡命した。また、秘密結社を基盤に清朝打倒の革命運動をおこなっていた孫文《そんぶん》らも、清朝の弾圧を受けて海外で亡命生活を送っていた。(7) さらに、光緒新政によって、多くの留学生が海外に派遣された。日露戦争前後から、日本に来る中国人留学生の数は飛躍的に増え、一万人にも達した。海外で新知識を吸収しつつ中国の変革を目指す人々の間では、変革のプランをめぐって激しい論争がおこなわれた。

その論争点には、大きく見て二つの軸がある。一つは、国家のまとまりをどの範囲で考えるか、という点である。一般に近代ナショナリズムとは、同じ文化や言語を共有する一つの「民族」が一つの国家をつくることを原則とするものである。とすれば、この「民族」とは何か。一つの考え方は、これを「漢人」と見るものであろう。この観点からすれば、新しい国家は「漢人」の国家であるべきで、満洲人やモンゴル人などは排除されなければならない。これは、中国の古来の華夷意識における漢人の優越意識とも重なり合う側面をもち、その場合、異民族支配をおこなっている満洲人の清朝は打倒すべき敵となる。しかし一方、欧米や日本など列強による中国侵略という現状を重視するならば、満洲人は必ずしも敵ではなく、むしろ現在の清朝国家に含まれる漢人、満洲人、モンゴル人などさ

孫文

(7) 孫文は日本で、少なからぬ支援者を得た。そのなかには、中国の革命を日本の大陸進出の好機と考える人々もいたが、自由民権運動に連なる民主主義の理想を中国で実現したいと考える宮崎滔天《みやざきとうてん》のような人々もいた。

まざまな民族が団結して一つの「中国」をつくり、列強の侵略を食い止めなければならない、ということになる。古来の華夷意識のなかには、さまざまな出身の人々を「中国」のなかに包摂しようとする開放的な側面もあったが、「中国」の範囲を広くとらえようとする考え方は、華夷思想のこうした側面と重なり合う。

論争点のもう一つの軸は君主制か共和制か、という問題である。従来どおりの専制的な君主制では近代化を実現できない、という点では、多くの人々が一致していたが、日本の明治維新にならって上からの改革をおこなおうとする人々は、立憲君主制を支持し、革命にともなう動乱が列強の中国分割を招く危険を強調した。他方、清朝の改革能力を否定的に見て、アメリカやフランスなどの共和政治を理想とする人々は、清朝の打倒と共和政治の実現を目指した。

一九〇五年、日露戦争の勝利に沸く東京で、孫文は、革命派の諸結社を糾合して「中国同盟会」を結成した。その綱領として採択された「三民主義」とは、次のようなものであった。①民族主義（「駆除韃虜《くじょだつりょ》、恢復《かいふく》中華」すなわち、満洲人を追い出して漢人の支配を回復する）、②民権主義（「創立民国」すなわち、共和制国家の設立）、③民生主義（「平均地権」すなわち、地価の上昇分を税として徴収し、それを元手に土地の国有化をはかる）の三者である。革命派においては、中国対列強よりも漢人対満洲人の対立が「民族主義」のおもな内容であり、同時に皇帝政治の打倒が政治改革の目標となった。

これに対して、梁啓超らは、現在の清朝皇帝の存在を保持しつつ、国内の動乱を抑えるとともに列強に対抗し、立憲政治のもと富国強兵をはかるべきことを主張した。この観点は、中国国内で立憲改革を推進しようとする政府内改革派（立憲派）の方針とも共通するものであった。孫文らが東京で発行した中国同盟会の機関紙『民報』と、梁啓超らが横浜で発行した『新民叢報《しんみんそうほう》』とは、革命共和か、君主立憲かをめぐり、激しい論争を繰り広げた。海外では革命派の勢力が強まっていったが、国内では革命派の武装蜂起は失敗を繰り返し、革命派の勢力はしだいに衰えた。ただし、清朝の側も、立憲改革がなかなか進展しないことに対する立憲派の不満や、新政にともなう負担の増大に対する民衆の不満などで、その支配力をしだいに弱めていた。

辛亥革命

二〇世紀の初頭は、列強の資本が中国に進出するなかで、それと対抗して中国人自身による企業経営が勃興した時期であった。華中・華南地域を中心に、繊維産業、食品工業など軽工業が成長した。そうした企業活動にかかわる中国人商工業者たちは、政治的には立憲君主制を支持するとともに、外国に対するボイコット運動(8)にも積極的に参加し、中国ナショナリズムの一翼を担った。彼らは、列強に与えた鉄道利権や鉱山利権を買い戻し、自ら建設・運営する利権回収運動にも積極的にかかわった。

一九一一年、清朝ははじめての内閣を発足させたが、それは満洲皇族を総理大臣として閣僚の大半を皇族・貴族が占めるものであり、立憲派の不満を買った。ついで清朝政府は、川漢《せんかん》鉄道(成都〜漢口)・粤漢《えつかん》鉄道(広州〜漢口)を国有化し、列強からの借款でその建設を進める計画を打ち出した。粤漢鉄道は、利権回収運動によって立憲派が買い戻した鉄道であったため、四川・湖北・広東など各地で、商工業者や地方有力者が国有化反対運動をおこした。四川でおこった暴動に続いて、武昌で新軍のなかの革命派が蜂起し、革命は急速に各地に波及して、一か月のうちに中国本土一八省のうち一四省が清朝から離反して独立した。各省の代表は南京に集まり、一九一二年の一月に孫文を臨時大総統として中華民国を成立させた。清朝は、新政の推進に力を発揮していた袁世凱《えんせいがい》を起用し(9)、革命政府との交渉にあたらせたが、袁は清朝政府を見限って革命政府と妥協し、清朝皇帝を退位させるかわりに自らが中華民国の大総統に就任した。このようにして、清朝は滅亡し、同時に二千年あまり続いた中国の皇帝政治も終焉して、アジアで最初の共和国が誕生した。これが辛亥《しんがい》革命である。

当時、革命派の勢力は一部の知識人や秘密結社に限られ、一般の地方有力者や商工業者、官僚などに広い支持を得ていたわけではなかった。それにもかかわらず各省がなだれをうって清朝から離反し、辛亥革命が成功したのは、立憲改革に対する清朝の消極性や、また四川の鉄道国有化問題における清朝のナショナリズム運動弾圧などにより、立憲派が清朝を見限り、革命派の側に加担したことによる。したがって、清朝の打倒という革命の課題は成功したといっても、革命派が実権を握ったわけではなく、革命後の政局はむしろ、地方軍の指導者や立憲派の人々によって担われることとなった。そのために、辛亥革命後の政局は安定せず、さまざまな勢力が対立するなかで、分裂の方向に向かってゆくのである。

(8) 一九〇五年、中国人移民禁止を決めたアメリカの移民法に反対するアメリカ商品ボイコットや、一九〇七、〇八年の対日ボイコットなどがある。

(9) 宣統帝《せんとう》溥儀《ふぎ》。当時六歳だった。

12　五・四運動と中国社会

本章では、辛亥革命から五・四運動を経て、国民党の北伐によって、国民党による中国の統一がひとまず完成するまでの一七年ほどを扱う。辛亥革命によって清朝は倒れたが、中国では政情不安と軍閥の混戦が続いた。大衆を目覚めさせ、大衆的基盤の上に立って反帝国主義・反軍閥の課題を解決することが、国民党・共産党の課題となった。両党は協力して北伐を進めたが、北伐の進行とともに両者の矛盾は顕在化し、国・共の合作は崩壊した。

辛亥革命後の状況

辛亥革命前の革命と立憲をめぐる論争において主軸となった論争点の一つは、満洲人を駆逐して漢人の国家をつくるのか、それとも清朝の多民族的構成を維持するのか、という点であった。革命派は「駆除韃虜《くじょだつりょ》」をスローガンとしていたにもかかわらず、辛亥革命後、孫文は「臨時大総統宣言」のなかで、「五族共和《ごぞくきょうわ》」をとなえ、漢族・満洲族・モンゴル族・ウイグル族・チベット族の平等と団結をうたった。すなわち、中華民国は、清朝の多民族的構成を受け継ぐ国家であることを宣言したのである。

しかし、辛亥革命の動乱は、周辺諸地域にも独立の気運をもたらした。一九一一年末にモンゴルが独立を宣言したのに対し、袁世凱《えんせいがい》政権はそれを認めなかったが、ロシアの後押しで、一五年には中国の宗主権下での外モンゴルの自治が認められ、その後外モンゴルは、ソヴィエト連邦の支援のもと独立して、二四年にモンゴル人民共和国が成立した(1)。一方チベットでは、イギリスの後援のもと、ダライラマ一三世が独立を宣言したが、袁世凱政権はそれを認めず、英・中・チベットの三者会議も失敗に終わって、チベット問題は未解決のまま残された。

革命前の論争点のもう一つは、共和制の問題である。中華民国臨時約法という暫定《ざんてい》憲法では、主権在民と議院内閣制が定められていた。しかし、袁世凱が大総統となり、首都を

(1) モンゴル人民共和国は社会主義国であったが、ソ連崩壊後、議会制民主主義を導入し、一九九二年に国名をモンゴル国と改めた。

北京に移すと、大総統の権力を強化しようとする袁世凱と、国会の発言力を強化しようとする諸政党とは、対立関係となり、袁世凱によって、国会は事実上廃止されることとなった。その後、袁世凱は帝制を復活し自ら皇帝となることをもくろんで運動をはじめた。しかし、地方では帝制復活に反対して反乱軍を組織する勢力もあり、また諸外国からも批判を受けて、袁は帝制の取り消しを声明し、間もなく死去した。袁の死後、袁の率いていた北洋軍閥《ほくようぐんばつ》は、(2)有力者の率いる派閥へと分裂し、混戦しつつ政権の座を争った。特に、段祺瑞《だんきずい》の率いる親日の安徽《あんき》派と、呉佩孚《ごはいふ》らの率いる親英米の直隷《ちょくれい》派、および張作霖《ちょうさくりん》の率いる東北の奉天《ほうてん》派が、三大勢力であった。

第一次世界大戦と中国

中国で辛亥革命後の混乱が続いている一九一四年、ヨーロッパで第一次世界大戦が勃発し、ドイツ・オーストリア・トルコからなる同盟国側と、ロシア・フランス・イギリスからなる連合国側との間に戦争がはじまった。中国政府は局外中立を宣言したが、一九一〇年に韓国を併合し(3)植民地としていた日本は、これを中国進出のチャンスととらえ、ドイツに宣戦布告して青島《チンタオ》を占領し、山東半島を勢力下においた。そして、一五年に袁世凱政府に対し、秘密交渉という形で二十一か条の要求をつきつけた。その内容は、山東省のドイツ権益の日本への移譲とともに、日露戦争時にロシアから得た東北での権益をさらに拡大することなど、広範な側面にわたるものであった。第一次世界大戦のため、欧米勢力の援助を得られない袁世凱政府は、日本の強硬な態度に抗しきれず、一部を除いてこの要求を受諾した。その内容は、受諾前に一般に漏れて中国の世論を憤激させ、対日ボイコットなどの反日運動が展開されたが、受諾を止めることはできなかった。

一方、第一次世界大戦は、中国の民族産業にとっては好条件を提供した。欧米諸国の物資不足によって、中国産品は販路を拡大し、紡績業や製粉業などの軽工業を中心に「民族産業の黄金時代」を迎えた。都市の工業労働者の増加、教育の普及にともない、ジャーナリズムも発達した。

一九一五年に創刊された『青年雑誌』（翌年に『新青年』と改称）は、「徳先生と賽《さい》先生

（2）　清朝政府は、義和団事件後、近代的装備をもつ新陸軍を建設したが、当時北洋大臣であった袁世凱がその支配権をにぎった。これを北洋軍閥という。そのほか、各省政府でも新軍を組織したので、民国期の軍閥のなかには、北洋系でないものもある。

（3）　日清戦争後の一八九七年、朝鮮は国号を大韓帝国と改めていた。

(デモクラシーとサイエンス)」の擁護をかかげて、新文化運動と呼ばれる新たな文化潮流をつくり出した。その背景には、辛亥革命後の社会混乱をどのように解決し、社会秩序を立て直すかという問題があった。当時、袁世凱は、人民の文化程度の低い中国では共和制や民主主義は混乱を招くのみで、君主制でなければ秩序を維持できない、という主張をかかげて帝制復活をはかり、かつての立憲派の重要人物もそれを支持していた。また、康有為も、国家の統合のためには欧米のキリスト教にあたるような宗教が必要だとして、儒教にもとづく「孔教《こうきょう》」を提唱した。『新青年』の主張は、こうした動きに対抗し、旧道徳、旧政治、旧文学、旧芸術を真っ向から批判するもので、守旧派の物議をかもすと同時に、青年知識人の熱狂的な支持を得た。旧道徳批判の論陣を張った編集責任者の陳独秀《ちんどくしゅう》のほか、儒教とその「家」観念を批判した呉虞《ごぐ》、文語文を批判して白話《はくわ》(口語的文体)による文章を提唱した胡適《こせき》、伝統的社会心理の暗部を白話文の小説でえぐった魯迅《ろじん》(4)などが、その代表的な寄稿者たちであった。

第一次世界大戦は一九一八年の連合国側の勝利に終わったが、その結末は、中国の新思潮にも大きな影響を与えた。第一に、ドイツなど帝制の国々が敗れ、これらの国々でも共和制への転換がおこったことである。これにより、帝制はすでに時代遅れの制度であることが証明された、と考えられた。第二に、アメリカ大統領のウィルソンにより、戦後のヴイジョンとして「民族自決」が提唱されたことである。実際には大戦後の講和会議において、この原則はヨーロッパにしか適用されなかったが、アジアの民族運動に希望を与えた。第三に、第一次世界大戦中の一九一七年にロシア革命がおこり、社会主義政権が成立したことである。社会主義思想はそれ以前から中国にも知られていたが、社会主義政権の実現は中国に大きな衝撃を与えた。特に、ソヴィエト政権が、一九年のカラハン宣言によって、旧ロシアが中国に強いた一切の不平等条約を破棄し、平等の立場で国交を回復する意思を示したことは、中国の知識人の間に熱烈な反響を呼びおこした。

五・四運動と革命の広がり

第一次世界大戦の戦後処理を協議するパリ講和会議は一九一九年の一月にはじまったが、中国は代表団を送って、日本が継承した山東半島の権益の返還と二十一か条の破棄を要求

---

(4) 本名は周樹人《しゅうじゅじん》。魯迅は、一九一八年に小説『狂人日記』を発表したときにはじめて使ったペンネームである。

倫理こそが、個人の自由を束縛し、人間性を抑圧する根源であるとして批判された。ただ、社会の変革を求めるあらゆる人々がそうした家族主義批判の立場に立ったわけではない。たとえば孫文は、中国社会はしばしば「ばらばらの砂」にたとえられるが、中国人のもつ家族観念は大切なものであって、この家族観念をより広い範囲に押し広げてゆけば国族主義となり、民族統合に寄与することができる、と述べている。民国期の改革思想のなかには、個人の自由を重んじる側面と、国家的団結を重視する側面との、双方が存在していたのである。

『青年雑誌』 1915年の創刊号。翌年『新青年』と改題し、新文化運動を推し進めた。表紙の写真（下）の人物は、アメリカの実業家のカーネギーで、創刊号には彼の立志伝が載っている。

【焦点】 新文化運動と「家」批判

新文化運動の一つの特徴は、中国の伝統的家族制度に対する徹底的な批判にあった。2000年あまりの帝政時代、儒教的家族道徳は社会秩序の根本と見なされており、中国の人々の骨身にしみついた秩序感覚となっていたといってよいだろう。そうした家族道徳に対する批判は、新文化運動のなかで最も世間を騒がせたものといえよう。

日本でも「家」は重んじられたが、日本の徳川時代の「家」は、「家業」の観念と結びついていた。「武士」にせよ、「百姓」にせよ、「町人」にせよ、先祖から受け継いだ仕事を守り発展させてゆくことが「家」の目的で、家の成員はその目的を中心に結びついていた。それに対し、中国では、科挙に見られるように誰でも試験に合格すれば官僚になることができたし、職業選択は自由であった。中国では、家の成員を結び合わせていたのは、家業ではなく、「父子一体」といわれるような、男系血縁の強い一体感覚であった。共通の祖先から出た一族は祖先から同じ「気」を受け継いでおり、同じ幹から出た枝のように一つのものであると観念された。一体であるから、枝が幹に（すなわち子が親や祖先に）逆らうことは、あってはならない大罪である。この、尊卑の秩序をともなう一体感覚が、あらゆる社会秩序の原点として重んじられたのである。

儒教においては、このような家族倫理は、人間の自然な感情であるととらえられたが、新文化運動においては、そうした家族社会的結果は、資本主義の敗北、労働主義の戦勝である。元来、今次の戦争の真因は資本主義の発展にあった。国家の枠内にその生産力を包容しきれなかったために、資本家の政府が、大戦によって国家の枠を打破し、自国を中心とする一大世界帝国を建てようとしたのである。（中略）ロシア、ドイツなどの労働社会は、まっさきに彼らの野心を看破し、大戦中であることもかえりみず、社会革命をおこしてこの資本家政府の戦争を阻止した。（中略）民主主義・労働主義が勝利を占めた以上、今後、世界の人はすべて庶民となるであろう、またすべて労働者となるであろう。（前掲『清末民国初政治評論集』より）

*第一次世界大戦の終結に際し、当時北京大学教授であった李大釗が、『新青年』に寄稿した文章。その後、李大釗は陳独秀と並び、マルクス主義のリーダーとして活躍したが、1927年、張作霖によって逮捕され、処刑された。

【史料】 李大釗《りたいしよう》「庶民の勝利」*(『新青年』1918年)

われわれはこの数日間戦勝を祝賀している。それはもう大へんな騒ぎである。だが、戦勝したのはいったい誰だろう。(中略)このたび戦勝したのは連合国の武力ではない、世界人類の新精神である。ある一国の軍閥あるいは資本家の政府でもない、全世界の庶民である。(中略)ドイツ人を打ち破ったことを祝賀するのではない、世界の軍国主義を打ち破ったことを祝賀するのである。今回の大戦は、二つの結果を生んだ。一つは政治的なものであり、一つは社会的なものである。

政治的結果は、「大……主義」の敗北であり、民主主義の戦勝である。今次の戦争の起因がまったく「大……主義」の衝突にあったことを、われわれは記憶している。当時われわれが耳にしたのは、「大ゲルマン主義」とか、「大スラブ主義」とか、「大セルヴィア主義」とか、「大……主義」とかであった。わが東洋でも、「大アジア主義」、「大日本主義」等々の言葉が現れた。わが中国でも、「大北方主義」、「大西南主義」などの言葉が現れ、「大北方主義」、「大西南主義」の内部にも、それぞれ「大……主義」等々の言葉が現れたのであった。(中略)「大……主義」は専制の隠語であり、自己の腕力をたのんで他人を蹂躙《じゅうりん》し他人を威圧する主義である。多くの人がこの凶暴な勢力の横行に抵抗するために、互助の精神に依拠して、平等・自由の原理を提唱した。この原理が政治に表現されたものが民主主義と呼ばれる。(中略)

し、中国の人々はこの会議に大きな期待をよせた。四月末、同会議で中国の要求が拒絶されると、五月四日に北京の学生たちは天安門前で抗議の集会をおこない、親日派官僚の家を襲撃した。山東返還を求める運動は、全国の都市に広がり、学生のみならず、商人や労働者もストライキをおこなって運動に加わった。この運動を五・四運動という。

このような国内の世論を後ろ盾として、中国の代表団はヴェルサイユ条約への調印を拒否した。山東返還など中国の要求は、一九二一年のワシントン会議で基本的に認められた。[5]五・四運動は、中国革命を新しい段階に推し進めた重要な事件と見なされている。[6]それはこの運動が、反帝国主義と民主主義を求める世界的潮流を背景として、広範な商人や労働者を巻き込む大衆運動の形でおこなわれたからである。この事件は、革命指導者に、大衆的基盤の必要性を痛感させた。清末革命派の指導者であった孫文は、袁世凱の弾圧を受け、中華革命党という革命的秘密結社をつくって勢力回復の機会をねらっていたが、一九一九年にこれを中国国民党と改称し、ソヴィエト政府とも接触しつつ、大衆的基盤をもつ政党への脱皮を模索した。

ロシア革命によって生まれたソヴィエト政府は、各国の共産主義運動を統一的に指導すべく、一九一九年にコミンテルン（共産主義インターナショナル）を設立した。コミンテルンの指導のもと、陳独秀や李大釗《りたいしょう》らによって共産主義の研究サークルがつくられ、一九二一年に上海で中国共産党が創立された。一方、孫文は二四年に広州で中国国民党の第一回全国大会を開き、ロシア共産党にならった民主集中制の組織原則を明確にするとともに、綱領として新しい三民主義を提起した。この三民主義は、以前と同じく民族主義・民権主義・民生主義の三つであったが、辛亥革命前と異なり、反帝国主義や重要産業の国有化などを含んでいた。また、「連ソ・容共・農工扶助」の方針も打ち出され、共産党の幹部が個人の資格で国民党に入党する形で「国共合作」すなわち国民党と共産党との協力関係がはじまった。

翌一九二五年、孫文は「革命未だ成功せず。必ず民衆を喚起し、世界の平等を以て我に対する民族と連合して共同奮闘すべし」という内容の有名な遺言を残して死去するが、この年は中国各地で労働運動が高揚する年となった。特に大規模であったのは、五《ご》・三〇《さんじゆう》運動である。これは、上海の在華紡《ざいかぼう》(7)での賃上げストに際して工場側が中国人労働者を射殺し、

(5) 極東問題に関する会議で、米・英・仏・日・中など九か国が参加した。
(6) 五・四運動に先立ち、日本統治下の朝鮮でおこった三《さん》・一《いち》独立運動も、その一環である。また、インドでも同年に、イギリス軍が民衆に発砲した事件をきっかけに反イギリス運動が高まった。

これに抗議するデモ隊に対し租界《そかい》警察が発砲して数十人の死傷者を出した事件に端を発する。この事件をきっかけに、租界回収、帝国主義打倒をスローガンとする抗議行動が全国の都市に広がった。

北伐と中国統一

このような状況のもと、国民党は北伐を開始し、広州から蔣介石《しょうかいせき》の率いる一〇万の国民革命軍を出発させて、軍閥の打倒と中国の統一を目指した。北伐軍は軍閥軍を制圧しながら順調に北上し、湖南から上海方面に向かったが、それには、北伐軍の進路に沿って各地で大衆運動がもりあがり、先導役を果たしたことが大きく寄与していた。湖南では、共産党系の党員の指導する農民運動が広がり、もともとの方針であった小作料や利子の低減に止まらず、党の統制を超えて土地の分配までおこなったところもあった。こうした農民運動の急進化により、地主出身者も多い国民党員や国民革命軍将兵の間に、共産党に対する反発が広がった。国民党のなかには国共合作を支持する人々もいたが、蔣介石らは上海でクーデタをおこし(四《よん》・一二《いちに》クーデタ)、共産党員や共産党系の団体に対して逮捕殺害をおこない、南京に国民政府を樹立した。

北伐軍進路図

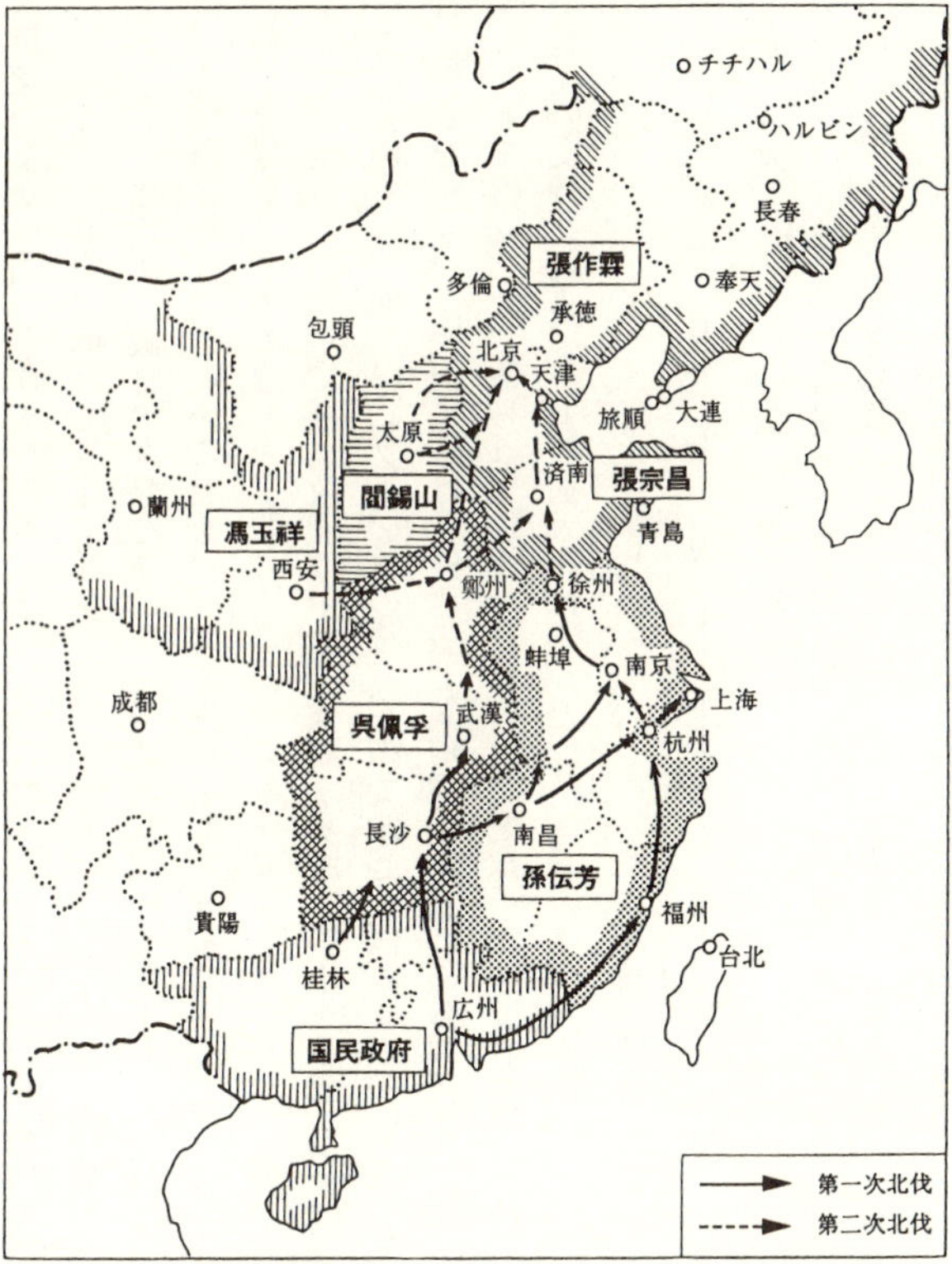
チチハル
ハルビン
長春
奉天
張作霖
多倫
承徳
包頭
北京
天津
旅順
大連
太原
済南
張宗昌
青島
閻錫山
蘭州
馮玉祥
西安
鄭州
徐州
蚌埠
南京
上海
成都
呉佩孚
武漢
杭州
長沙
南昌
孫伝芳
貴陽
福州
台北
桂林
広州
国民政府
第一次北伐
第二次北伐

国民党のなかの国共合作支持派も、まもなくこれに合流して、国共合作は崩壊した。蔣介石はさらに、北京に向けて進軍を開始し（第二次北伐）、日本は山東に出兵して、これを妨害したが、北伐軍は破竹の進撃を続けた。当時北京政府を掌握していた奉天軍閥の張作霖《ちょうさくりん》は、北伐軍に対抗できないことを悟って本拠の東北に帰ろうとしたが、その途中、日本軍に列車を爆破されて死亡した。(8)張作霖の息子の張学良《ちょうがくりょう》は、この事態に直面して、国民政府支持を決定し、二八年に国民政府は中国を代表する唯一の中央政府となった。

一方、共産党は、四・一二クーデタの後、都市で蜂起を試みたが失敗し、一部の部隊は農村に拠点を移した。毛沢東らは、江西省と湖南省の省境にある井岡山《せいこうざん》に根拠地を築き、ソヴィエトを樹立した。彼らは、地主や富農の土地を取り上げて貧農に分配するなどの方法で農民の支持を集め、勢力の拡大をはかった。

（7）中国における日本資本の紡績工場。

（8）張作霖はもともと日本の支援を受けていたが、二〇年代後半からしだいに関係が悪化していた。日本軍の張作霖爆殺の目的は、これを機に東北地方を混乱に陥れ、日本軍が東北を制圧することだったといわれる。

13　抗日戦争と中国革命

本章では、一九二八年の国民政府による全国統一から、抗日戦争を経て一九四九年に中華人民共和国が成立するまでを扱う。全国統一後、国民政府は共産党勢力の撲滅に力を入れたが、抗日の世論に動かされ、三七年の日中戦争開始後は第二次国共合作をおこなって、共産党と協力して抗日戦争を進めた。しかし、日本の敗戦後、国共内戦が勃発し、土地改革などによって支持を集めた共産党勢力が国民政府軍を破って中華人民共和国を建国した。

国民政府の経済政策

国民党と共産党とは激しい内戦をおこなってきたため、正反対の存在ととらえられやすいが、実際には共通点も多い。両者の課題はともに、中国を統合して列強に対抗できる強い国家を建設しようとする点にあり、また、政治体制の面でも、党が国家権力の中枢を支配するいわゆる党国《とうこく》体制を主張していた(1)。中華人民共和国の歴史学では、共産党の立場に立ち、国民政府のとった政策を否定的にとらえることが多かったが、近年では、国民政府の政策の成功した面をも客観的に評価しようとする傾向が強まっている。

国民政府がまず重点をおいたのは、政権の財政基盤を安定させることであった。その第一歩が関税自主権の回復(2)である。国民政府は、一九二八年から三〇年にかけて、各国政府と交渉を重ね、関税自主権の回復に成功した。アメリカやイギリスは、中国の関税自主権回復に積極的に協力したが、そこには、国民政府をバックアップすることによって中国国内における共産主義勢力の拡大を抑えたいという意図もあった。最後までしぶっていた日本も、一九三〇年には中国の関税自主権回復を承認した。国民政府は、こうして自主権を回復した関税に加え、塩税、消費税などによって、税収を増やし、安定した財政基盤をつくり上げた。

一九二九年にニューヨークではじまった恐慌は、世界に波及し、中国もその影響を受けて三二年ころから不況に苦しむことになるが、特に、アメリカの銀買い上げ政策で銀が流出したことによって、従来、銀を基軸とする通貨制度をとっていた中国の経済は、大きく混乱した。その混乱を克服するため、国民政府は、一九三五年に大規模な幣制《へいせい》改革をおこない、政府系の銀行の発行する紙幣を統一通貨として用いることとした。この改革によって、中国の通貨は安定し、それまで深刻な不況に苦しんでいた中国経済は、景気回復へと向かうこととなる。この幣制改革に際しても、イギリスやアメリカは国民政府を支援したが、それには、日本の中国進出への対抗という意味もあった。

財政基盤を安定させた国民政府は、国家主導で産業の振興をおこない、その結果、国民政府の統治していた一九二七年から三六年までの毎年の経済成長率は八パーセントあまりと、かなりの高率を示した。しかし、こうした国家主導の経済振興政策は、国民政府と深く結びついた浙江《せっこう》財閥(3)など、一部の資本家に利益が集中する傾向をも生み出した。

(1) 党の支配する国家という考え方は、孫文の提唱したものだが、それは蔣介石の国民政府で実現され、さらに共産党の建てた中華人民共和国にも受け継がれている。

(2) アヘン戦争後、清朝が欧米諸国と結んだ条約では、関税に関する協定があり、中国側が自主的に関税率などを定めることができなかった。（第10章参照）

(3) 浙江省出身の銀行家・企業家によって上海を中心に形成された企業家グループ。

国共内戦と「長征」

こうした国民政府の国家建設は、国内および国外の強敵に直面していた。国内では、蔣介石の四・一二クーデタの後、国民党の厳しい弾圧を受けた共産党が、江西省・湖南省の省境の井岡山《せいこうざん》など、国民党の支配のおよばない山地に根拠地を築き、土地の分配をおこなって貧農の支持を集め、勢力の拡大を図っていた。このころ試行錯誤で農村での運動を進めていた共産党の指導者、毛沢東の書いた農村調査報告書のなかには、土地分配の様子が生き生きと描かれている(史料参照)。この後も、共産党が貧農の支持を得て勢力を拡大していく上で、土地分配政策は大きな役割を果たすことになるが、こうした共産党の土地改革は、一千年来の中国の地主制度を廃止したという点で、中国の社会を大きく変える政策であったといえる。

一九三一年一一月、共産党勢力は、江西省の瑞金《ずいきん》で「中華ソヴィエト共和国臨時政府」を設立した。このころ、同年九月の満洲事変をはじめとして日本の中国侵略が激しくなっていたが、蔣介石の国民政府は、対外防衛に先立ってまず国内を安定させなければならないという「安内攘外《あんないじょうがい》」論を唱えて、共産党の中華ソヴィエトに対して包囲攻撃を繰り返した。その結果、根拠地の共産党軍は、三四年に瑞金を放棄して移動をはじめ、中国西南部を大きく迂回する全行程約一万二五〇〇キロメートルの「長征《ちょうせい》」(4)の末、陝西《せんせい》省北部の延安《えんあん》に到着し、そこに本拠を据えた。この長征の途上で、毛沢東は、中国共産党における指導権を確立することとなった。

日本の侵略と抗日民族統一戦線

一方、国民政府の国外における最大の敵は日本であった。世界恐慌によって経済的打撃を被った日本は対外進出による苦境脱出を図り、そのおもな標的となったのが、中国の東北地方であった(5)。

東北での支配拡大を目指す関東軍は、一九三一年九月一八日、柳条湖《りゅうじょうこ》で満鉄線を爆破し、それを中国軍によるものと主張して、攻撃を開始した。日本軍は、急速に支配を広げ、三

(4) 約一年間かかったこの長征で、共産党軍の兵力は八万から三万へと減少した。
(5) 日露戦争後のポーツマス条約で、日本は、関東州を租借地とし、また東清鉄道の長春以南の部分(南満洲鉄道)などの利権を得て、これらの地域の守備軍として関東軍をおいた。

どれだけ、人はどれだけ、全村の土地と人はどれだけで、一人あたりどれだけ」ということを逐一報告した。……（豊かな農民で「調査が不公平で自分の土地が実際より多くつけられている」と文句を言った者が2人いたが、）その場にいた数十人の貧農や労働者がそろって「2人の言うことは間違っており、土地科の調査が正しい」と言った。……皆が調査結果を承認し、どの家がどれだけ土地を供出し、どの家がどの家からどれだけ土地をもらえるかを、その場で決めた。供出する土地は所有者が決めたので、みな瘠せた土地を供出したが、このときは闘争があまり進展していなかったので、もらえる方は悪い土地でももうけものと考えて、文句を言わなかった。……そして、7日かけて土地分配が完了した。（『毛沢東農村調査文集』人民出版社、1982年、より）

*江西省興国県での調査の報告である。初期の中国共産党は、マルクス主義の主流学説にのっとり、革命の主要勢力として都市労働者を重視していたが、毛沢東は、北伐期の湖南での経験などから農民運動の重要性に着目していた。国共分裂後、彼は党中央の指示に従わず農村中心の独自の運動方針を打ち出し、江西での根拠地建設を進めていたのである。

【史料】 毛沢東「興国《こうこく》調査」*（1930年）

土地分配の最初に、区の政府が宣伝員を各村に派遣して民衆大会を開いた。男は皆来たが、女は来ず、10歳以下の子供も来なかった。宣伝員はみんなに土地分配の利点と方法を言って聞かせた。……そのとき民衆大会にやってきた群衆の感じ方は「うまい話ではあるが、この規定は頼りになるのか」というものであった。ある者は「紅軍のおかげで土地を分配してくれるというのはよいが、あまり頼りにならないね。土地を分けたとしても、小作料はやはり払わされるんじゃないか」と言った。民衆大会では村政府の主席と各科の科長を選んだ。洋坊《ようぼう》村という村では、村政府主席になった鍾恩明《しょうおんめい》（独立労働者で、土地はなく、コックをしたり豆腐をつくって売ったり、芝居をしたり米菓子をつくって売ったりしている）が大会の議長となり、以下のことを決めた。

「㈠富裕な家に請求書を出して村政府の費用を出させる。財政科の担当。㈡村の穀物の移出を停止する。糧食科の担当。㈢全村の武器を集中する。軍事科の担当。㈣土地を調査し、分配をおこなう。土地科の担当。」

陰暦2月26日から29日の4日間が土地調査の時期で、土地科長の傅済庭《ふさいてい》が土地幹事2名（いずれも貧農）と4人の班長をつれて一軒一軒の家の田を見回り、土地の額をノートに記入した。4日間で調査が終わり、全体の土地の額がわかったので、全村の人口で割って一人あたりの土地の額を計算した。3月1日にまた民衆大会を開き、みんなの前で「誰々の家の田は

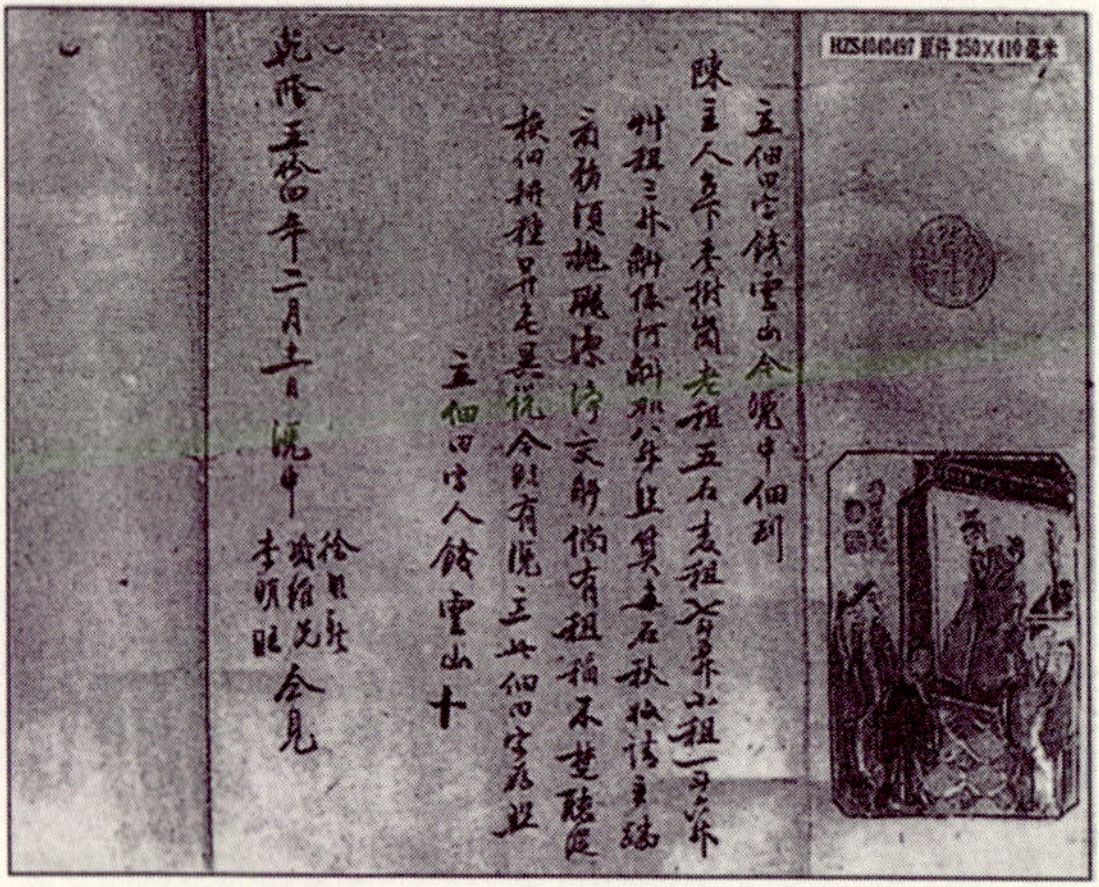

清代の小作証書（18 世紀末）　代筆人が書いたもので、日付の前の行の名前の下にある十字が小作人のサイン。

安徽省徽州府のもの。毎年納めるべき小作料には、中心となる「老租」のほか、「麦租」「山租」「草租」などの名目があり、小作料を量る枡の種類なども規定されている。小作料をきちんと納入しない場合は、地主が他の小作人を招いても文句をいわない、といった文言もある。

【焦点】 中国の地主制度

中国の伝統的知識人の考え方では、古《いにしえ》の周の時代には、王が土地を農民に分けて生活を保障する理想的な制度があったが、戦国時代の秦の時代に、秦の宰相の商鞅がこの制度を壊してしまったのだ、とされていた。それが歴史的事実かどうかは不明だが、一部の人が土地を買い集め、土地をもたない人々に耕作させるという土地所有形態は、漢代にはかなり広く見られた。

このような貧富の差を是正するために、政府による土地の分配は歴史上、しばしば試みられた。その代表的な例が、唐代の均田制であるが、均田制は唐代の後半にはくずれ、宋代以降、特に華中・華南の稲作地帯で地主制度が発達した。小作料は収穫の半分くらいという重いものであった。小作人が小作料支払いに抵抗する運動（抗租）はしばしばおこったが、政府が土地所有に対して制限をおこなうことはほとんどなく、地主制度はそのまま存続して民国時代に至った。

中世ヨーロッパの領主制度と異なり、中国の地主は小作人に対して身分的な支配関係があるわけではなく、単なる土地の貸し借りの関係ともいえる。しかし実際には、農村において地主のもつ勢力は強く、共産党の土地分配は、単に土地を分配するというだけでなく、農村におけるこうした地主の支配を打ち倒すという効果もあったのである。

1930年代前半の中国

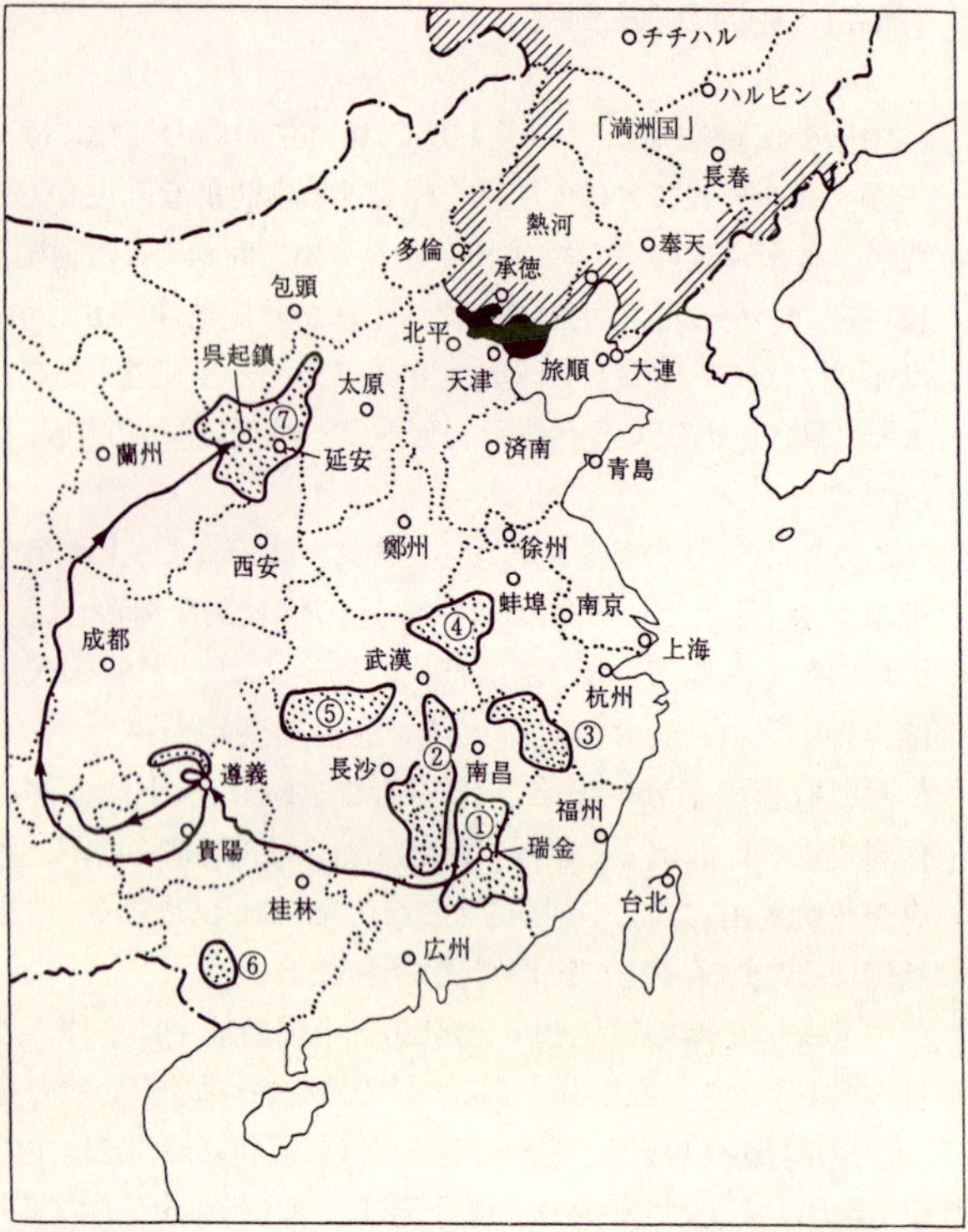

■塘沽協定による非武装地帯　①〜⑦ソヴィエト区　→長征経路

二年には東北全域を占領して満洲国を成立させ、清朝の最後の皇帝であった溥儀を満洲国執政とした(6)。日本は上海に侵攻し(一九三二年の上海事変)、また国民政府に圧力をかけて東北との境に近い地帯の非武装化を認めさせるなど、華北にも勢力の拡大を図った。

このような日本の動きに対し、「安内攘外」方針をとっていた国民政府の対応は鈍いものであったが、国内では、そうした国民政府の姿勢を批判する「一致抗日」の世論が高まってきた。このようななかで、三五年、中国共産党中央の名で「抗日救国のため全国同胞に告げる書」(「八《はち》・一《いち》宣言」)が出された。これは、当時、ドイツ・イタリアなどにおけるファシズム勢力の拡大に際し、コミンテルンが打ち出した「反ファシズム統一戦線」の方針に沿い、広範な民主勢力に対して一致抗日を呼びかけるものであった。同年一二月には、一致抗日を求めて北京で学生デモがおこなわれ、全国の都市の学生層に運動が広がった(一二《いちに》・九《きゅう》運動)(7)。

このような情勢のなかで、一九三六年一二月に西安事変(8)がおこり、蔣介石は張学良らの

(6) 一九三四年に満洲国は大満洲帝国と改称され、溥儀はその皇帝となった。
(7) この学生運動のとき、学生たちに歌われた「義勇軍行進曲」は、現在の中華人民共和国の国歌となっている。

要求を受け入れて、内戦停止・一致抗日へと政策を方向転換した。国民党と共産党との話し合いはなかなか合意に至らなかったが、一九三七年七月七日の盧溝橋《ろこうきょう》事件をきっかけに日中戦争が勃発すると、両党は第二次国共合作をおこなって協力関係を結んだ。(9) 日本軍は、北京・天津を占領すると、鉄道路線沿いに支配を拡大して、一一月には上海を、一二月には首都南京を占領した。南京攻略の際におこったのが、現在も日中の間の歴史問題の焦点となっている南京虐殺事件である。日本軍に南京を占領された国民政府は、四川省の重慶《じゅうけい》へと移転した。

第二次国共合作においては、共産党の軍隊や根拠地は、解体されず、まとまりを保った形で、国民政府の指令のもとにおかれることとなった。華北の共産党軍は「国民革命軍第八路軍《はちろぐん》」として、国民政府の軍隊に編入され、長征に加わらず華中に残っていた共産党軍は「新四軍《しんしぐん》」として改編された。また、陝西省北部を中心とするソヴィエト政権の支配地域は「陝甘寧《せんかんねい》(陝西、甘粛、寧夏)辺区」と呼ばれることになり、その後、共産党軍の支配する地域すなわち根拠地が拡大すると、それらの地域も、それぞれ地名をつけて「晋察《しんさつ》冀《き》(山西、チャハル、河北)辺区」、「晋冀魯豫《しんきろよ》(山西、河北、山東、河南)辺区」などと呼ばれるようになった。しかし、第二次国共合作成立後も、国共両党の間には根強い不信感があり、抗日戦争中も、国民党軍による共産党軍への攻撃や、共産党の活動の制限などがおこなわれた。

戦況の推移

一九三七年七月に戦争がはじまってから五か月ほどで、日本軍は上海、南京を占領し、さらに翌年一〇月には武漢と広州を攻略して、経済の中心である沿岸の主要な都市を支配下に入れた。しかし、武漢や広州を占領した時点で、日本軍にはそれ以上戦線を拡大する余裕はなく、持久戦(10)の状態に入った。

四〇年三月には、国民政府のなかの親日派である汪精衛《おうせいえい》が重慶から脱出し、南京で日本

(8) 張学良ら抗日派の将軍たちが、共産党軍討伐を督励するために西安にやってきた蔣介石を捕えて監禁し、内戦停止・一致抗日を迫った事件。

(9) 北京郊外の盧溝橋で、七月七日の夜、駐屯していた日本軍に対して何者かが発砲したのに対し、これを中国軍によるものだと主張する日本軍は、中国軍に対して攻撃を開始した。

(10) 三八年五月ころ、毛沢東は「持久戦論」という講演をおこない、長期の持久戦の後に中国が勝利するという見通しを述べた。

に協力する政権を建てたが、中国側からは祖国を裏切る傀儡《かいらい》政権として批判をあびた。四一年の一二月八日、日本がアメリカなどに宣戦布告して太平洋戦争がはじまると、連合国の一員となった中国の国民政府に対し、アメリカやイギリスは借款や武器供与など、多額の援助をおこなった。太平洋戦争開始後の日本は、緒戦は有利に戦いを進め、東南アジアの広大な地域を占領したが、四二年の半ば以降、南太平洋でアメリカ軍に敗北を重ね、守勢に立った。

持久戦の時期、日本軍は、国民政府軍との正規戦のみならず、中国共産党指導下の八路軍や新四軍がおこなったゲリラ戦に苦しめられた。一九三八年末以降、日本軍は抗日根拠地に対する攻撃を強めてきたが、共産党軍は、民衆を動員して、日本軍の使う鉄道や道路を破壊したり、日本軍に奇襲攻撃をかけたりするなど、人民戦争の方式で日本軍に抵抗した。こうした一般住民の抵抗に悩まされた日本軍は、村全体を包囲して兵士と民衆を無差別に殺害したり家々を焼き討ちしたりする徹底的な殲滅《せんめつ》作戦(11)をおこなうようになり、中国民衆の反日感情はさらに高まった。四五年の初めには、共産党軍の掌握した地域は、華北を中心に、八五万平方キロメートルあまりの面積と、一億近い人口をもつものへと拡大していた。

共産党軍が農民の間に支持を拡大することができた理由としては、日本軍の攻撃に対するゲリラ戦を通じて、共産党軍と農村住民との間に強い結合がつくられたということがあげられる。また、共産党は根拠地において、小作料や利息の引き下げ、民主的な村落自治機構の設立、荒地の開墾や農業の改良、などの社会改革をおこなった。さらに、当時の共産党軍は、中国の一般の軍隊と異なって、「三大規律八項注意[12]」を守る規律の正しい軍隊として民衆の支持を得た。

一方で、厳しい戦時体制のなかでつくり上げられた共産党の支配の方式は、すべてを政治に奉仕させ、個人の自立や言論の自由を束縛するような側面をも含んでいた。たとえば、一九四二年の「文芸講話」のなかで、毛沢東は、文学・芸術の使命は労働者・農民・兵士の生活と闘争に奉仕することであると述べたが、これは、のちに中華人民共和国が成立して以後の知識人に対する弾圧の背景となった。また、延安での整風運動では、知識人に対

(11) このようなやり方を中国側は「三光（殺し尽くし、焼き尽くし、奪い尽くす）作戦」と呼んだ。
(12) 一九二〇年代末からしだいに形成されてきた共産党軍の基本的な規律。大衆のものは針一本糸一筋も盗らない、とか、言葉遣いは穏やかに、売り買いは公正に、などの内容であり、大衆に迷惑をかけることを厳しく禁止した。

する思想統制や、党内の反対派に対する弾圧がおこなわれ、毛沢東の考えを絶対視する風潮が生み出されていった。

国共内戦と中華人民共和国の成立

一九四五年八月、日本がポツダム宣言を受諾して降伏したことにより、日中間の長い戦争は終わった。この戦争で中国は勝利を収めたが、国土の荒廃、庶民生活の困窮から見れば、その勝利は、「惨勝《さんしょう》」ともいえるものだった。戦争中からの国・共両党の対立は、戦争直後の日本軍の武装解除をめぐって、すでに一触即発の状態になっていた。両党の間には、政権構想においても大きな対立があった。国民党は自らが主導して国民大会を開催し、そこで新しい政治体制をつくろうとしたのに対し、共産党側は国民党・共産党その他の諸政党が平等に参加する連合政府の設立を主張した。内戦回避を求める世論とアメリカの調停により、党派の間の協議の場である政治協商会議が開かれたが、国民党は、この会議での合意に従わず、一方的に国民大会を開催して反対者に弾圧を加えた。国民党のこうした強引な態度に対し、国民の反発は強まっていった。

一九四六年夏には、国民党が共産党の解放区に対し全面的な攻撃をはじめ、内戦が勃発した。当初、国民政府軍はアメリカからの援助による新しい装備をもち、また数の上でも共産党軍の三倍以上の規模をもっていたが、共産党は解放区において土地改革(13)をおこなって農民の支持を集め、国民党に対して優勢に転じた。

一九四八年一〇月には東北全域が人民解放軍（共産党軍）に奪取され、翌年一月には北京が共産党の支配下に入った。四九年の春に人民解放軍は、南京、武漢、上海など華中の大都市を陥落させ、共産党側の勝利が決定的になった。四九年一〇月一日、中華人民共和国

中華人民共和国の成立を宣言する毛沢東

(13) 抗日戦争中においては、共産党は、統一戦線を維持する必要上、小作料と利息の引き下げをおこなうに止まり、土地分配はおこなわなかったが、戦後、国民党との内戦がはじまる時期になると、共産党は土地分配を指令し、東北や旧日本軍支配地の新しい解放区では地主や富農から土地を取り上げて貧農や雇農（農業労働者）に分配する政策が推進された。

成立の式典がおこなわれ、北京の天安門の上で、毛沢東が人民共和国の成立を宣言した。(14)一二月末、国民政府は台湾に移転し、共産党の主導する中華人民共和国の新しい国づくりがはじまることとなった。

日本の侵略は、中国に甚大な人的、物的損失をもたらしたが、その一方で、抗日戦争は、広範な中国の農民がナショナリズムに目覚め、統一国家の建設へと向かうきっかけとなった。戦後、国民党が一党独裁にこだわり、反対勢力を弾圧して国民の支持を失っていったのに対し、共産党は抗日戦争を共に戦った広範な勢力の一致団結を訴えて、統一国家建設を求める人々の支持を集めた。このようにして、抗日戦争のなかで、共産党の政権の基礎は築かれていったといえる。

---

(14) 中華人民共和国では、一〇月一日は「国慶節」として祝日となっている。

14　社会主義建設の時代

本章では、一九四九年一〇月に中華人民共和国が成立してから、一九七六年に文化大革命が終結するまでの二七年間の動きを述べる。この時期の中国では、特色ある社会主義体制がつくり上げられたが、その道筋は曲折のあるものであった。ここでは、この時期について、㈠ソ連型社会主義建設の時期、㈡大躍進にはじまる毛沢東型社会主義の時期、㈢文化大革命の時期、の三期に分けて述べてゆく。

新民主主義からソ連型社会主義建設へ

一九四九年に成立した中華人民共和国は、共産党の主導によって実現したもので、共産党主席の毛沢東が国家主席も兼ねて実権を握った。しかし、当初その政権の性格は、共産党の一党独裁ではなく、労働者・農民のみならず民族資本家や知識人をも含む広範な愛国民主分子を含む人民民主統一戦線と規定されており、国づくりの課題も「新民主主義国家の建設」であって、ただちに社会主義化をおこなおうとするものではなかった。

「新民主主義」[1]とは、五・四運動以前の革命の目標であった「旧民主主義」(古いタイプの民主主義)と対比される言葉で、次のような特徴をもつとされる。第一に、政治体制の面では、労働者が指導するが、共産党の一党独裁ではなく、農民はもとより民族資本家などを含む革命的な諸階級の連合による政治である。第二に、経済の面では、資本主義的性格と社会主義的性格とをまぜあわせた混合経済である。第三に外交関係としては、外国勢力を排除して独立した国をつくるとともに、帝国主義に反対し、国際的な平和と友好を図る。このような段階がある程度長く続いた上で、社会主義段階に入ると考えられていたのである。しかし、中国政府は、当時の厳しい国際情勢や、急速な経済建設の必要性などに迫られて、まもなくその目標を新民主主義国家の建設から社会主義建設へと変化させてゆくこととなる。

一九五三年から開始された第一次五カ年計画では、ソ連のモデルにならった計画経済制度が導入され、重工業部門の優先と、近代的大型企業の育成が目指された。ソ連からは多額の援助がおこなわれるほか、のべ一万一〇〇〇人にもおよぶ専門家・技術者が中国に派遣された。

この時期、中国が社会主義へと急速に傾斜していった背景として、当時の国際情勢を考える必要がある。第二次世界大戦の終了後、東ヨーロッパ諸国の戦後処理をめぐってアメリカとソ連との間に対立が生じ、いわゆる西側の資本主義陣営と東側の社会主義陣営との間に、冷戦がはじまった。そのなかで、中国は社会主義陣営の一員として、ソ連と中ソ友好同盟相互援助条約を結び、ソ連と結びついた形での安全保障を図った。五〇年に朝鮮戦争が勃発すると、アメリカが朝鮮半島に軍隊を派遣したのに対抗して、中国も義勇軍を派遣し、アメリカ軍に打撃を与えた。これによってアメリカをはじめとする西側諸国と中国との関係は悪化し、西側は中国に対して厳しい経済封じ込め政策をとり、中国はもっぱらソ連の援助を受けながら、国を守るための重工業の発展や軍の近代化を進めざるを得なくなった。一方でアジア諸国との間では、中国は積極的な平和共存外交を展開した。五五年にインドネシアのバンドンで開かれた第一回のアジア・アフリカ会議では、中国政府の代表として参加した周恩来《しゅうおんらい》が、アジア・アフリカの新興独立国家の指導者と協力しながら、アジア・アフリカ諸国の主権平等と協力の促進をうたったバンドン一〇原則の採択に尽力

(1) 毛沢東が一九四〇年に発表した「新民主主義論」のなかで用いた言葉。

第三に、自由競争による貧富の差の拡大を抑えて、国家が人民の生活を保障する社会主義の政策が、中国の伝統的な社会正義の考え方と無理なく重なり合った、という点である。『論語』に「寡《すく》なきを患《うれ》えずして均《ひと》しからざるを患う」とあるが、貧富の差のない「均」の理想は、中国史上常に存在し、農民反乱のスローガンともなった。社会主義建設時代の人々にとって、社会主義は、そうした昔からの理想を実現してくれるものと受け取られたといえよう。

1953年のポスター 「ソ連の先進的な経験に学んで我々の祖国を建設しよう」

【焦点】 中国における社会主義建設の背景

カール・マルクスらの考えた元来の社会主義理論では、社会主義とは、資本主義が発展しきったあとに、その巨大な生産力を基盤として実現される体制とされていた。それではなぜ、資本主義の未発達な中国で、この時期社会主義が選択されたのだろうか。

第一に、社会主義的な国家統制は、発展途上国が急速に工業化をおこなってゆく際の一つの合理的な戦略であるといえる。明治以後の日本や1970年代以降のアジアNIESのように、海外市場を目指して軽工業をまず発展させてゆくという方法もあるが、西側諸国との経済関係を絶たれ、重工業を自前で急速に発展させなければならなかった中国が取ったのは、政府の統制のもと、農業部門から利益を吸い上げ重工業に重点投資する方法であり、それはソ連のような社会主義体制のもとではじめて可能であった。

第二に、冷戦下の緊迫した国際情勢である。一般に、戦時体制のもとでは、経済に対する国家の管理が強まるものであるが、冷戦のなかで中国政府は、西側に対抗するため、国家の経済統制を強め、国民に対しても「アメリカ帝国主義」の脅威を強調して、社会主義経済建設へと動員した。重工業建設が、経済の発達していた沿海部でなく内陸部に重点をおいておこなわれたことも、国防を重んずるこの時期の方針を表しているといえる。

し、アジア・アフリカ諸国の支持を集めた。

この時期、農業面では、土地改革で土地の配分を受けた小規模農民の経営基盤を安定させるために、互助組《ごじょぐみ》(2)の組織が奨励され、これを手はじめとして、五〇年代を通じて農業の集団化が急速に進展してゆく。農業集団化は、農民の経営の安定に役立つというだけではなく、国家が計画経済の推進のため、農業部門からその生産物を安定的に確保する上でも必要であった。集団化の過程は予定よりも急速に進行し、五六年末までには、約九六パーセントの農家が高級合作社《がっさくしゃ》(3)へと組織された。

商工業部門では、外国資本や国民政府関係の大企業が接収されて国有となったほか、一般の私営商工業においても、社会主義への改造が進んだ。私営商工業者は、三反五反《さんはんごはん》運動(4)のような政治運動に巻き込まれて打撃を受ける一方、原料の統一購買や生産物の委託販売などを通じ、流通面で国家の統制を受けるようになり、商工業の公私合営化が進んでいった。都市においては食糧配給制度がしかれ、配給券がないと穀物や日用品を入手できない体制となった。

当初「新民主主義国家」の建設を目指していた中国で、なぜ社会主義建設の路線が選択されることになったのか、という点については、海外市場に頼らず急速な工業建設をおこなう必要性があったこと、緊迫した国際情勢、「均」を理想とする伝統的経済思想、などいくつかの側面から考えることができる。社会主義建設は、政治キャンペーンと結びつきながら、急速に進行していった。

毛沢東型社会主義への転換

一九五八年ころから、中国の社会主義建設路線は大きく変化し、ソ連型の社会主義建設から、毛沢東型社会主義などといわれる中国独自の性格をもった社会主義へと転換してゆくこととなる。その一つのきっかけとなったのが、ソ連における一九五六年のスターリン批判であった。(5) スターリン批判をきっかけとして東ヨーロッパの社会主義国で自由化に向

(2) 農作業の協力や農具・家畜の共同使用などをおこなう、六～七戸程度の小規模な互助組織。
(3) 農地をはじめとしてすべての生産手段を集団所有とする農業組織であり、ソ連のコルホーズのようなもの。
(4) 五一年にはじまった政治キャンペーンで、贈収賄や脱税などの不正の摘発・撲滅を目指す運動。

けての改革がおこると、ソ連は軍事介入をおこなってその動きを抑圧したが、その一方で、ソ連は、西側との平和共存路線を打ち出し、アメリカとの関係改善を図るようになった。

スターリン批判の衝撃のもと、毛沢東は、「百花斉放《せいほう》、百家争鳴《そうめい》」のスローガンを打ち出して、共産党に対する率直な批判を求めた。しかし、党外の知識人の間で共産党批判が高まり、毛沢東批判もおこなわれるようになると、共産党は急に反撃に転じ、知識人に対して弾圧を開始した。これが五七年の「反右派《はんうは》闘争」である。毛沢東によれば、資本主義勢力は依然として革命の転覆をねらっており、そうした反革命勢力に対する階級闘争を続けてゆかなければならない、とされた。その後、毛沢東を批判する人々は、革命に反対するブルジョア（資本家階級）分子というレッテルを貼られて弾劾されるようになり、批判を許さない不寛容な政治風潮が広がってゆくこととなった。

一九五〇年代末以降、平和共存路線へと転換したソ連と、世界革命の推進を主張し、社会主義陣営の新たなリーダーとなることを目指す中国との亀裂はしだいに拡大した。六〇年代に入ると、中国側がソ連共産党を「修正主義」として公然と批判し、中ソ論争がはじまった。中ソ間の国境紛争もおこり、中ソの緊張は、六〇年代末にピークに達した。

国内では、ソ連モデルによるのではない中国独自の社会主義建設を目指し、五八年から、大躍進《だいやくしん》政策がはじまった。大躍進政策のもとでは、「一五年以内に工業生産高でイギリスを追い越す」といった高い目標を掲げて大増産運動が展開され、工業と農業との同時発展、中央工業と地方工業、近代工業と伝統工業の同時発展、といった「二本足で歩む」方針がとられた。その運動を象徴するのが農村でつくられた「土法高炉《どほうこうろ》(6)」である。専門的な技術よりも、革命的な情熱を重んずる風潮が、そうした運動を支えていた。

大躍進政策と並行して、人民公社の設立がはじまった。人民公社とは、生産だけでなく、工業、農業、商業、教育、それから民兵組織といった、生活全般にわたる多様な機能を併せもった組織で、そこでは、従来個人が保有していた小さな畑や家畜も取り上げられて集団所有となり、食事も個々の家でなく村の共同食堂で食べる、といった徹底的な集団化がおこなわれた。

このような政策は、共産主義的ユートピアへの第一歩として人々の心をとらえたが、大

(5) スターリンは、一九二〇年代末からソ連の政治を指導し、三〇年代半ばから大規模な粛清を通じて個人独裁をおこなっていた。スターリンが五三年に死去した後、実権を握ったフルシチョフは、五六年のソ連共産党大会で突如、スターリンへの個人崇拝を批判して、社会主義世界に大きな衝撃を与えた。

(6) 在来技術を用いた小型溶鉱炉。

躍進と人民公社政策の実際の結果は、悲惨なものであった。土法高炉による鉄鋼増産に異常な努力が払われた結果、製鉄用の石炭や電力が不足したり、農業生産が停滞したりするなどの混乱が生じ、また、土法高炉でつくられた鉄は品質が悪く結局使い物にならないものも多かった。洪水や旱魃《かんばつ》など深刻な自然災害も重なって、各地で食糧が不足し、飢餓状態が生じた。

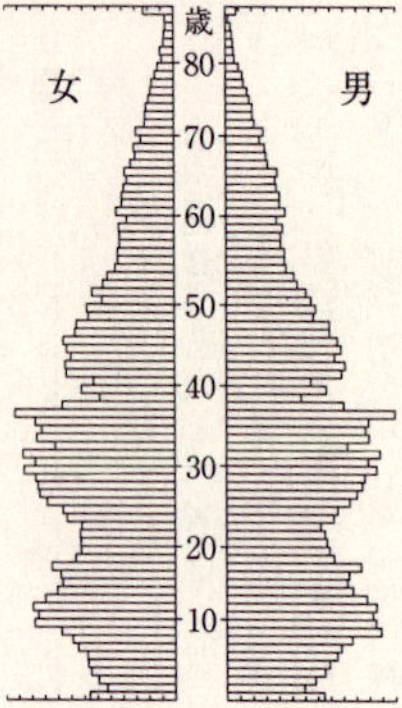

2000年の第5回人口センサスによる人口構成
ほぼ中央（40歳前後）の大きくくびれた部分が、大躍進後の自然災害の時期に出生した年代である。70年代末の一人っ子政策の結果、近年は出生率が低下し、全体として紡錘形を示している。

こうした危機に直面し、五九年には国防部長の彭徳懐《ほうとくかい》らによって、大躍進・人民公社政策の失敗に対する批判もおこなわれたが、彭徳懐が共産党に反対する右派として解任されると、大躍進政策を批判する者もなくなり、地方では生産成績について実際とかけはなれた誇大な報告をおこなって中央の歓心を買おうとするようになった。自然災害は五九年から六一年まで三年間続き、飢餓によって二〇〇〇万人ともいわれる多くの死者を出した。

ここにおいて毛沢東も政策の失敗を認めざるを得ず、六一年から経済調整政策への転換がおこなわれて、農業を中心に生産の回復が図られるようになった。農民の生産意欲を増すために、一部の畑の個人所有や自由市場が認められ、一戸ごとの生産請負制も導入された。毛沢東の威信は相対的に低下し、劉少奇《りゅうしょうき》や鄧小平《とうしょうへい》など、現実主義的な方針を打ち出す実務家タイプの政治家の指導のもとで、大躍進から調整政策への方向転換が進められた。生産回復を目指す劉少奇らと、階級闘争を重視する毛沢東との間には、しだいに亀裂が生じた。毛沢東が巻き返しをねらっておこしたのが、六六年にはじまったプロレタリア文化大革命である。

プロレタリア文化大革命

文化大革命の発端は、上海のある新聞に載った文芸評論であった。作者は姚文元《ようぶんげん》で、(7) その内容は、有名な歴史学者である呉晗《ごがん》の「海瑞免官《かいずい》」という歴史劇を批判したものであった。

---

(7) 文芸評論家。のちに江青《こうせい》などと並んでいわゆる「四人組《よにんぐみ》」の一人として文化大革命を推進した。

徒たちが主導権を握り、党中央の言うとおり、十分に民主性を発揮して、群衆に自分で自らを解放させたのだ。生徒たちは怒りをもってこの悪漢を糾弾したが、一方みんながこの悪漢を袋叩きにすることはさせなかった。彼らは正真正銘の毛主席の紅衛兵であり、党の最も忠実な紅衛兵なのだ!(張新蚕『紅色少女日記』中国社会科学出版社、2003年、より)

*1966年から71年まで五年間にわたるこの日記の作者は、文化大革命がはじまった66年当時14歳、吉林省四平《しへい》市の中学生であった。引用部分には、熱烈な紅衛兵であった作者の目を通して、批判大会の状況が描かれている。この日記は、後からの回想ではなくリアルタイムの記録であるだけに、当時の雰囲気をよく伝える貴重な証言ということができる。日記には、その後、市の幹部であった母親が批判されたり、自らが吉林省の農村に「下放」されたりするなど、激動の時代の作者のさまざまな経験が記録されている。

【史料】 文化大革命時期の女子中学生の日記*

1966年8月26日　金曜日

私が日夜願っていた、紅衛兵になりたいという思いが今日とうとう実現したのだ！ 赤い腕章を腕に巻いたとき、クラスのみんなが私を紅衛兵に選んでくれたのは、私に対する信頼と励ましだと感じた。毛主席の私に対する期待と教えに絶対に背かず、旧い習慣や旧い風俗に猛烈な攻撃を加え、旧い世界に宣戦布告しよう！

今日、批判大会に参加して、階級敵がとてもずるがしこいということがわかった。紅衛兵が怒りのあまりちょっと彼をぶつと、彼はすぐ「アイヤー」とか「毛主席万歳」とか叫ぶ。……階級敵は、戦わなければ倒れない。私たちが証拠を握った上で、そういうことがあったかどうか質問すると、「なかった」という。私たちが彼のことを「こそ泥のならず者」というと、「こそ泥じゃない、違う!」という。さらに頭にくるのは、逃げた悪者2人のゆくえを言わせようとすると、彼は「どうぞ私をぶってくれ、銃殺してくれ、本当に何も知らないんだ」などという。彼に白状させようとすると「もうだめだ、水を飲ませてくれ、そうでないとしゃべれないよ」という。

革命的な生徒、特に紅衛兵は、まさに「16条」（1966年8月に毛沢東の主宰する党の会議で採択された「プロレタリア文化大革命についての決定」をいう――引用者）に言うように、知恵があり、気迫がある。たしかに、この会議では最初から最後まで生た。「海瑞免官」は、明代末期の海瑞という正義派の官僚が、地主に取り上げられた土地を農民に返してやったことや、皇帝を率直に批判して皇帝に罷免《ひめん》されたことなどを描いた劇であったが、これが集団化に対する反対や毛沢東に対する批判を暗におこなったものとして批判されたのである。当時、北京で文化関係の政策を担当していた共産党幹部たちは、こうした文芸上の批判が政治問題化することを抑えようとしたが、そうした北京の動きに対し、毛沢東は、ブルジョア的傾向をもつ知識人を擁護するものとして厳しく批判し、ブルジョア的知識人の権威を一掃するための社会主義文化大革命を提唱した。それは同時に、劉少奇らの党指導部に対する攻撃でもあり、劉少奇らは、「資本主義の道を歩む実権派」として攻撃の的となった。

毛沢東の巻き返しは成功し、劉少奇らは失脚したが、その成功の一つの要因として、国防部長林彪《りんぴょう》の率いる解放軍が毛沢東の側についたことがあげられる。当時はアメリカの介入によってヴェトナム戦争が拡大している時期で、中国ではアメリカが中国を攻撃するのではないかという危機感が高まっていた。この危機に直面して、解放軍のなかでも、ソ連の援助を求めようとする方向と、ソ連に頼らず人民戦争によって勝利を収めようとする方向とが対立していたが、林彪は後者の人民戦争の立場であり、ソ連を批判して階級闘争の継続を主張する毛沢東と結びついたのである。文化大革命の時期は、人民戦争を想定して、工業面でも一部の地域に集中せず、各地に分散する建設計画が進められた。

文化大革命が広がったもう一つの要因としては、「資本主義の道を歩む実権派」と戦おうという毛沢東の呼びかけが、広範な学生や大衆を巻き込んだことがあげられよう。知識人が官僚となって農民や労働者を支配するという体制は、中国において長い歴史をもっていたが、中華人民共和国の成立後も、知識人が党幹部・官僚として一般人民を支配するという基本構造は、それほど変わっていなかったといえる。文化大革命は、中国の歴史に深く根づいた知識人官僚の支配を根底からくつがえし、労働者や農民の支配する世の中をつくるのだ、というユートピア的ヴィジョンを打ち出して、学生の理想主義をかきたて、また、官界にはびこる官僚主義や汚職に嫌気がさしていた労働者たちの心をつかんだ。

批判集会

中学・高校・大学などでは毛沢東を支持する紅《こう》衛兵《えいへい》の組織が自発的につくられ、教員・学者や党幹部らに対する批判闘争をおこなったり、街頭に繰り出して、封建的・ブルジョア的と見なされた老舗《しにせ》の商店などの看板を打ち壊したり、書画骨董を奪ってきて焼いたり、歴史的建物や文化財を破壊したりした。反革命派と名指された人々への批判集会では、それまで高い地位にあった人々が、三角帽子をかぶせられ、ひざまずいた姿勢で自己批判をさせられた。毛沢東が紅衛兵たちの行動を支持して送った手紙のなかの「造反有理《ぞうはんゆうり》」すなわち謀反《むほん》には道理がある、という言葉は全国に広まり、各地で暴力闘争を引きおこし、中国全土を混乱に巻き込んだ。

この文化大革命は、今日の中国では、「党と国家と各民族人民に大きな災難をもたらした内乱」として否定されているが、多くの若い人々が理想に燃えて熱狂的にこれに参加したことは事実で、文化大革命を経験した人々の心のなかには、単に否定だけではない複雑な感情があるといえるだろう。

毛沢東の盟友と称されていた林彪は、一九七一年、毛沢東に対するクーデタをおこそうとして失敗し、逃亡中に死亡したとされるが、この事件は未だに謎が多く、真相が明らかになっていない。その後、国内では、周恩来や鄧小平など、経済の復興に重心をおこうとするグループと、文化大革命の推進を主張する江青や姚文元などいわゆる四人組とが対立することとなる。一方で、国境紛争でソ連との緊張が高まった中国では、七〇年代に入ると外交方針の劇的な転換をおこなって、アメリカとの関係改善を図り、中国の国際社会復帰がはじまった。日本や欧米など西側諸国との経済交流も活発になり、西側からのプラント輸入や工業製品輸入が増加していったのである。

一九七六年、周恩来が死去すると、周恩来を追悼する群衆が天安門に集まって、四人組批判の意思表示をおこなった（第一次天安門事件）。その後、毛沢東も同じ年に亡くなると、その死後一か月もたたないうちに四人組が逮捕され、文化大革命は終結に向かってゆくこととなる。

15　現代中国の直面する諸問題

本章では、一九七〇年代以後の中国の西側への接近から改革開放政策に至るまでの中国の動きを概観したのち、現在の中国の直面する問題を、三点に分けて述べたい。第一に、多民族国家中国における国家統合の問題、第二に民主と法制の問題、そして第三に急速な市場経済化のもたらす経済格差の問題、を取り上げる。

改革開放政策への転換

一九七〇年代に入り、文化大革命は表面上継続されていたが、ソ連との緊張関係が強まるなかで、中国は、アメリカとの接近を図り、七一年のアメリカ卓球チームの中国招待(1)（いわゆる「ピンポン外交」）をはじめとして、キッシンジャー特別補佐官の中国訪問、翌年のニクソン訪中などを通じ、米中関係は急速に改善の方向へと向かった。それと並行して、七一年には台湾の中華民国に代わって中国が国際連合に加入し、七二年には日中国交正常化がおこなわれ、中国は西側諸国との間で次々と国交を正常化するとともに、経済交流をも活発化させていった。

一九七六年に周恩来に続いて毛沢東が死去すると、経済建設を重視する実務家グループと文化大革命の継続を主張するいわゆる「四人組」との間の対立が激化したが、実務家グループが勝利をおさめ、四人組を逮捕・失脚させた。そしてその後、鄧小平らによって、毛沢東路線を否定し、文化大革命を否定する新しい路線がとられてゆくこととなる。一九七八年に開かれた中国共産党中央委員会の会議（第一一期三中全会）で、その路線がほぼ確定し、大規模な大衆的階級闘争が終結したこと、今後の課題は経済法則にのっとった経済建設とそれを保障する政治的安定の確立であることが、宣言された。そして、文化大革命などで失脚した指導者の名誉回復がおこなわれ、八一年には、「建国以来の党の歴史問題に関する決議」で、文化大革命は完全な誤りであったことが確認された。

（1）当時アメリカはヴェトナム戦争の泥沼化に直面し、社会主義陣営との関係改善を図っていた。

鄧小平らの新しい路線の目指すところは、まず、経済の発展と近代化であった。「四つの近代化」(2)を目指して、市場経済の導入が図られた。人民公社は解体しはじめ、農地を各農家に割り当てて、一定の税や農産物供出を条件に経営を請け負わせる方式が広がった。対外的には、開放政策をとり、積極的な外資導入が図られ、そのために、経済特区(3)が広東や福建などの沿海地域の一部につくられた。しかし、こうした対外開放政策を通じ、西側の文化や思想が流入することは、共産党の支配の動揺につながりかねない。自由化と対外開放の一方で、政治的な引き締めを図るため、「四つの基本原則」(4)の堅持が唱えられた。このように、一面で市場経済を発展させるとともに他面で共産党の支配を維持し、中国の大国化を目指すことが、その後の中国の基本路線となった。

こうした政策の結果、中国経済は急速に発展した。国内総生産(GDP)で、一九七八年を境とする経済成長率の違いを見てみると、五三年から七八年の計画経済時期の成長率は六・七パーセントで、特に第二次産業すなわち工業の発展が顕著であるが、七九年に改革開放政策がはじまると、一〇パーセント近い成長率に転じ、第一次産業すなわち農業と第三次産業すなわちサービス業が急速に成長した。このような経済面での急成長に支えられて、中国の政治的な発言力も増大し、中国は、大国への道を歩みつつあるといえよう。

しかし一方中国は、巨大な国ならではの、さまざまな問題に直面している。以下、いくつかの問題に分けて見てみたい。

国家統合の課題

第1章で述べたように、中国は多民族国家であり、漢族のほか、中華人民共和国成立後の民族識別作業を通じ、現在では五五の少数民族が認定されている。そのなかには、モンゴルやチベット、ウイグルなど、歴史上独立の国家を形成したことのある民族もある。また、少数民族のほかに、香港や台湾のように、特別な歴史的事情をもつ地域もある。このような諸民族・諸地域をどのように安定して統合してゆくかが、中国の直面している大き

---

(2) 工業・農業・国防・科学技術の四方面の近代化をいう。
(3) 輸出入や出入国の規制が緩く、また税制上も優遇された特別区で、外国の資本や技術の導入と、それによる輸出産業の振興を図るために設けられた。広東省の深圳《しんせん》や福建省の廈門《アモイ》、海南省など。
(4) 社会主義の道、人民民主主義独裁、共産党の指導、マルクス・レーニン主義・毛沢東思想、をいう。

な課題の一つである。

日中戦争末期から国共内戦の時期、中央政府の統制が弱まるなかで、モンゴル、東トルキスタン（新疆）、チベットなど、中国の周辺地域では、民族独立を求める動きが活発化していた。一九四四年に新疆の一部では、独立を求めるウイグル人たちによって東トルキスタン人民共和国が一時樹立された。四五年九月には内モンゴルで内モンゴル人民共和国政府などの設立が宣言され、また、チベットでは、同年、ダライラマ支配下の地方政府が国民党要員を追放して自立を図るという事件がおきた。国共内戦の時期、共産党のなかには、少数民族に分離・自決の権利を与えて連邦制国家をつくるという考え方もあったが、中華人民共和国成立後、政府が新疆、内モンゴル、チベットを支配下に入れると、政府はそれぞれ民族自治区を設定するとともに、「民族の自治区域はすべて中華人民共和国の不可分の一部である」として分離・自決権を否定した。自治の内容は、民族の言語や文字の使用、民族幹部の養成、財政管理、経済発展、公安部隊の組織などである。

一九五〇年代前半までは、これら少数民族自治区では、それぞれの文化の特質に配慮して、社会改革をおこなうにしても比較的慎重な政策がとられていたが、五七年の反右派闘争のころから、少数民族自治区においても、中央政府の意向に沿って急進的な改革を強行する動きが出てきた。そうした中央政府の政策を批判する少数民族出身幹部の動きは「地方民族主義」として弾圧を受け、新疆では多くの民族幹部が失脚した。青海やチベットでは反乱がおこり、五九年のラサでの動乱の際、ダライラマ一四世はインドに亡命して、亡命政府を組織した。青海・チベットの反乱は、人民解放軍によって厳しい弾圧を受けた。

文化大革命の終了後、少数民族地区におけるこのような急進的な政策に対する見直しがおこなわれ、かつて弾圧を受けた人々に対する名誉回復もはじまった。しかし、八〇年代後半から、中国の民族問題は、新たな局面を迎える。ソ連の崩壊にともなって中央アジア諸国が独立したことは、中国に大きな衝撃を与えた。対外開放政策によりウイグル人やモンゴル人の間に国境を越えた連携が可能になったこと、また、人権問題が国際政治の重要問題となるなかで、特にチベットや新疆での中国政府の少数民族政治犯に対する強硬姿勢が世界の注目を浴びていること、などは、少数民族の人々のなかに新たな自覚を生み出している。こうした動きを「国家の分裂をたくらむ動き」と見なして中央政府が弾圧しようとすればするほど、反発が強まるという状態になっているといえるだろう。

こうした少数民族問題以外にも、中国の国家統合にとって大きな問題となってきたのは、中国政府によって「本来中国の一部である」と認識されながら中国の支配の外にあった諸地域であった。そのうち、香港やマカオについていえば、中国は、イギリスやポルトガルとの交渉の末、平和的に問題を解決して、一九九七年に香港の、九九年にマカオの返還を実現させた。[5] 香港やマカオが返還される際には、従来の法や制度を保持したまま中国の一部とするという、一国二制度の方式がとられた。

香港やマカオの返還が実現したあと、最大の問題となっているのが台湾問題である。台湾は日清戦争のあと、日本の植民地となっていたが、一九四五年の日本の敗戦のあと、中国の軍隊が進駐し、中国の一部となった。四九年には蔣介石の国民政府が台湾に移転し、「中華民国」の正統な政府として台湾統治をおこなうようになった。冷戦のなかで、台湾は、アメリカの援助を受け、中国に対する西側の前線基地の一つともいうべき役割を担った。国民党政権によって台湾全土に戒厳令が敷かれ、大陸への反攻が唱えられた。[6]

七〇年代以来、台湾の状況は大きく変わった。第一に、中華人民共和国の国際社会復帰にともない、台湾は、中国を代表する政権としての座を人民共和国に奪われた。「一つの中国」を主張する人民共和国によって、台湾は他の諸国との間に正式の外交関係を結ぶことが難しくなっている。第二は、台湾で進んできた民主化の動きである。国民政府が台湾に移転したあと、台湾では国民党の一党独裁体制が続いており、外省人《がいしょうじん》の支配のもと、本《ほん》省人《しょうじん》の政治的進出は難しかった。[7] しかし、蔣介石の死後、総統の地位をついだ息子の蔣経国《しょうけいこく》は、七〇年代から政治の民主化を進め、本省人の登用、戒厳令の解除、野党結成の許可、などの改革をおこなった。蔣経国の死後、本省人の李登輝《りとうき》が総統となると、政治の民主化はいっそう進んだ。台湾の変化の第三は、アジアNIESの一つとしての台湾経済の高度成長である。台湾は、貧富の差をそれほど拡大することなく、経済成長と生活水準の上昇を実現することに成功し、それにともなって教育水準も向上しており、それは台湾の人々の自信を強める要因となっている。第四に大陸との交流が活発になったことである。七〇

(5) 香港はアヘン戦争の後の南京条約でイギリスに割譲され、その後、香港に隣接する九龍半島も、一八九八年に九九年の期限でイギリスに租借された。この九龍の租借期限が切れて中国に返還する際に、香港も一緒に返還されることになった。また、マカオについては、一六世紀の半ば、ポルトガル人のマカオ居住が認められ、その後、一九世紀の末、マカオがポルトガルの領地であることが確認されていた。

(6) 大陸側は「台湾解放」を主張し、台湾側は「大陸反攻」を唱えたという点で、大陸の共産党政権と台湾の国民党政権とは、方向は正反対であるが、いずれも台湾と大陸は一体だという考え方をもっていたわけである。台湾の大陸反攻政策が九〇年に放棄されて以来、「一つの中国」の実現を図る共産党と国民党とは、台湾独立に反対してしだいに共同歩調を取るようになった。

(7) 戦後大陸からやってきた人々を外省人といい、台湾にもとから住んでいた人々を本省人という。

年代末以降、中華人民共和国の側では、「祖国の平和統一」をスローガンとして、台湾との接近をはかり、大陸における市場経済の導入にともなって、台湾と大陸との間の貿易や台湾企業の大陸投資が盛んになっている。人の往来も活発になり、テレビドラマや書物など、文化の交流も拡大している。こうした交流の活発化を踏まえ、中華人民共和国の方では、香港などと同じ「一国二制度」方式による統一を進めようとしている。

ただ、そうした大陸側の動きに対して、台湾の側の対応は複雑である。台湾の人々の大多数を占めるのは、清代に大陸からわたってきた人々の子孫であり、彼らのなかには中国人としてのアイデンティティとともに、台湾アイデンティティもある。大陸との統一を主張する人々から台湾独立を唱える人々まで、台湾のなかでも意見はさまざまであるが、大陸との統一について、台湾の人々の感じている危惧は、おもに民主政治と生活水準の問題といえるだろう。

民主政治についていえば、一九四七年におこった二・二八事件(8)は、その後も、外省人に対する本省人の反感として残り、長く影響を与えている。現在も、大陸における政治の民主化にはまだ大きな問題があることは事実であり、統一後、台湾の人々の民意の尊重をどのように保障するかは、統一に際しての大きな課題といえよう。また、生活水準や教育水準についても、高い水準にある台湾の現状が、統一によってどうなるのか、ということは、重要な問題である。以上のように、台湾に関しては、慎重に取り組むべき問題がまだまだ多いといえるだろう。

民主と法制の問題

現代中国の直面する問題の第二として、民主と法制(9)の問題をあげることができる。建国以来の政治キャンペーンのなかで、指導者は「大衆に依拠する」ということを常に強調し、民主を建前としてきたが、それは、人々がさまざまな意見を自由に出して討論するという意味での民主主義とはいえず、政府や権力者に対する批判が「人民の敵」として弾圧されることも少なくなかった。権力者に対する批判がおこなわれるためには、言論の

(8) 日本の敗戦後、大陸から台湾にやってきた中華民国の軍隊に対し、その強権政治や汚職に対する不満が台湾の人々の間で高まり、民衆と官憲との小競り合いをきっかけに暴動がおこって、政府側の鎮圧によって多数の死者が出た事件。

(9) 「民主と法制」とは、一九七〇年代の末、文化大革命の弊害に対する反省から共産党が打ち出したスローガンである。

自由が、政府でも侵すことのできない人権として法的に確立されることが必要である。そうした基本的人権としての言論の自由も、中華人民共和国においては確立されていなかった。

これは、中華人民共和国のみの問題ではなく、中国の伝統的支配体制から受け継がれた特色でもある。そもそも徳のある皇帝が天命を受けて万民を統治するという中国の伝統的な支配イデオロギーのもとでは、そのような徳のある支配者を批判するということ自体、天に逆らう行為と見なされる危険があった。辛亥革命で皇帝政治が倒れた後も、国民党政権にせよ、共産党政権にせよ、すぐれた能力と道徳をもつ指導者が人民を指導するという形の政治体制をとってきたのであり、政権に対する自由な批判を制度的に保障することには、ほとんど努力がなされてこなかったといえるだろう。

しかし、改革開放政策によって、自由民主主義の体制をとる国々の情報や文化が中国に流入するにともない、知識人・学生の間に、政権に対する自由な批判という意味での民主や、それを保障する法制度に対する関心が高まっていった。そうした民主化の潮流に対する態度は、共産党のなかでもさまざまであった。一九八二年から共産党の総書記になった胡耀邦《こようほう》らは、政治的民主化の動きを支持する態度をとったが、民主化要求に反対する保守派の人々は、こうした要求を西側の思想による「精神汚染」と呼び、「精神汚染反対」のキャンペーンを張った。

八六年末には全国の大学で民主化を求める学生運動がはじまり、胡耀邦は学生運動を抑えられなかったとして、総書記を解任された。その後、八九年の四月に胡耀邦が急死すると、彼を追悼する人々が北京の天安門広場に集まり、胡耀邦の名誉回復にはじまって、基本的人権の保障や民間新聞の発行許可、共産党の独裁打倒、などの広範な民主化を要求する動きとなった。政府はこれを抑えようとしたが、こうした政府の姿勢に反発する学生たちは、デモやハンストで対抗し、学生に同情する市民をも巻きこんで、運動は一〇〇万人規模に膨《ふく》れ上がった。北京には戒厳令がしかれ、軍が動員されて、しばらくにらみあいの状態が続いた。同年六月四日、共産党指導部は軍に発砲を命じ、天安門広場が制圧された（第二次天安門事件）。この情景は世界に中継され衝撃を与えた。民主化運動のリーダーであった学生活動家や知識人は、逮捕されたり投獄されたり、あるいは国外に亡命したりした。

1989年春の民主化運動　天安門広場に集まった学生・市民。中央に見えるのは、学生たちのつくった「民主の女神」像。

鄧小平

改革開放政策のリーダーであり、当時、共産党の最高実力者と見なされていた鄧小平は、共産党のこの措置を断乎支持する態度を明らかにした。これ以後、歴代の共産党総書記として政治を指導した江沢民《こうたくみん》、胡錦濤《こきんとう》らによって、経済的には改革開放、政治的には共産党の一党支配を維持するための引き締め、という両面をもつ政策が推し進められていくこととなる。九七年に打ち出された「社会主義民主」の方針は、共産党の指導のもとで、共産党以外の人々を政策決定に参与させること、村や県などの下級レベルでの競争型直接選挙の拡大などを内容としていた。また、八〇年代以降、法制度の整備は急ピッチで進められたが、その重点は、人権を守り政府の権力を抑制するという側面ではなく、政府による秩序維持の手段という側面におかれているといえるだろう。

市場経済の発展と経済格差の拡大

現代中国の直面する問題の第三として、急速に発展する市場経済のもたらす諸問題があげられる。第二次天安門事件以後、改革開放路線は難しい局面に入り込んだ。民主化運動弾圧に衝撃を受けた西側諸国では、中国に対する投資や経済協力を控える動きが出てきた。また、その前後の東欧の社会主義政権の崩壊やソヴィエト連邦の解体は、対外開放や自由化に対する保守派の警戒心を強めた。経済面でも改革開放政策に対する見直しと引き締めがはじまり、中国経済は低成長に転じた。そうした状況のなかで、党の最高実力者鄧小平は、改革開放政策の最前線である経済特区の深圳や珠海《しゅかい》、および上海などを視察し、改革開放政策を断乎推進すべきことを論じた（「南巡講話《なんじゅんこうわ》」）。

この講話は、地方で熱狂的に歓迎され、投資ブームを引きおこした。それ以後、中国の経済は、毎年一〇パーセントを超える急速な成長を回復した。ただ、そこには、高度成長にともなうひずみも現れてきており、その最大の問題は、経済格差の拡大だといえるだろう。この経済格差の第一は、都市と農村との格差である。二〇〇五年の都市人口一人あたりの平均収入は農村人口の三倍あまりで、計画経済の時代よりも増大している。これに、年金や失業保険、生活保護、公的医療などの社会福祉の整備状況をあわせて考えれば、都市の住民の収入は、実質的には農村の四倍から六倍にもなると推定される。このような状況のもと、農村から都市への出稼ぎも増えているが、労働条件の悪さや不安定さによる紛争もおこっている。九〇年代以降の農村経済の停滞と、農村・農民・農業問題の深刻化は、

る。深圳の重要な経験は、勇敢にぶつかるということだ。ぶつかっていく精神、冒険の精神がなければ、気迫、気力がなければ、よい道、新しい道を進むことができず、新しい事業をすることもできない。全く危険をおかさず、なんでも100パーセントの成算がなければやらないなんて、誰がそんなことを言うことができるだろう。毎年指導者たちが経験を総括し、正しい点は堅持し、間違った点はすぐ改め、新しい問題がでてきたら急いで解決する。そうやって30年もたてば、我々は各方面でより成熟し、より安定した制度を形成する事ができるだろう。(『鄧小平文選』第3巻、人民出版社、1993年、より)

*改革開放路線を定着させた重要な講話。ここには、生産力を解放し、生活水準を向上させてこそ、人民の支持が得られ、社会の安定にもつながる、という鄧小平の考え方がよく表れている。

【史料】 鄧小平「南巡講話」* (1992年)

革命とは生産力を解放するものだ。改革もそうである。帝国主義、封建主義、官僚資本主義の反動統治を打倒して中国人民の生産力を解放した、これが革命である。だから革命とは生産力を解放することである。社会主義の基本的制度が確立して以後も、生産力の発展を束縛するような経済体制は、根本的に改変して、生気と活力に満ちた社会主義経済体制を建設し、生産力の発展を促進しなければならない。これが改革だ。だから改革も生産力を解放するものなのだ。

党の第11期3中全会以来の路線を堅持する鍵は、「一つの中心、二つの基本点」にある(一つの中心とは経済建設、二つの基本点とは、改革開放政策と四つの基本原則をいう――引用者)。社会主義を堅持せず、改革開放せず、経済を発展させず、人民生活を改善しないなら、袋小路に入るだけだ。基本路線は100年の間は動揺せずに続けなければならない。この路線を堅持してこそ、人民に信頼され、支持される。もし改革開放の成果がなければ、「六四」(天安門事件)という難関を我々は突破できない。突破できなければ動乱がおき、動乱がおきれば内戦だ。なぜ「六四」以後我々の国家は安定していられたのか。それは我々が改革開放をやり、経済発展を促進し、人民生活が改善されたからだ。

改革開放はもっと大胆にやらなければならない。纏足《てんそく》をした女のようではだめだ。いいと思えば大胆に試み、大胆にぶつか

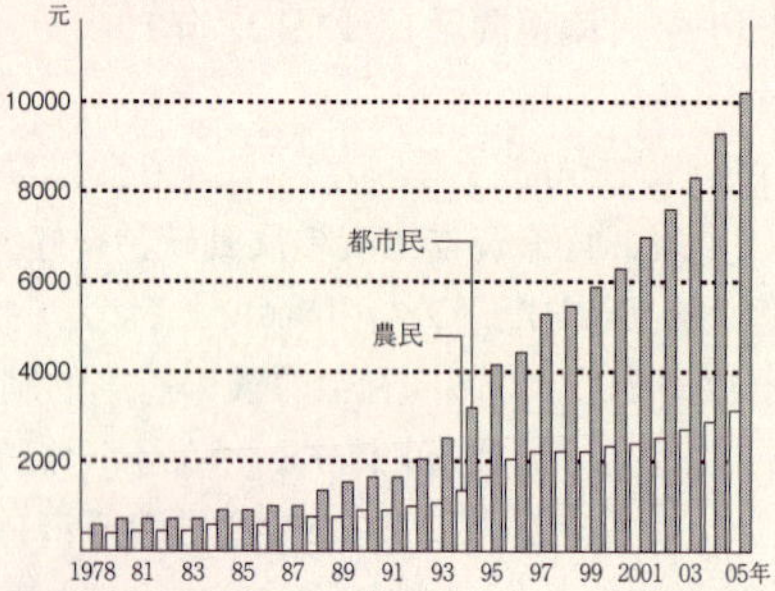

農民と都市民の所得の推移

改革開放政策が始まった1970年代末の時点で、格差は2.5倍程度であったが、80年代には縮小して2倍前後となった。その後格差は拡大して、2000年代半ばには3倍を超えるようになった。

いる。

このような都市—農村の格差は、農村から都市への出稼ぎ労働者の流れを生み出している。1980年代から始まったこうした農村からの出稼ぎは、当初「盲流」と呼ばれていたが、90年代から「民工潮（農民工ブーム）」といった語が用いられるようになった。その形態は、短期の出稼ぎから長期の定住へと移ってきており、農村戸籍を持ちながら都市で生まれ育った第二世代の農民工も増えている。彼らは都市での生活になじんでいながら、就職や教育の機会に制限があり、不安定な非正規就業に甘んじざるを得ない。このような人々の不満を緩和することも、政府の直面する重要な課題となっている。

【焦点】　都市と農村

中国語で都市のことを「城市」というが、もともと中国の伝統的な考え方では、城壁に囲まれ、役所などのおかれた区域を「城」といい、その外の地域を「郷」といった。「郷」のなかにも家の密集した商業中心地はあった（「鎮」や「市」などという）が、「城」と「郷」がそれぞれ、ほぼ私たちのいう都市と農村にあたるといえよう。中国の「城」には役所があり、政治の中心であるとともに、富裕な士大夫や商人が住んでおり、小作料や商業利益によって豊かな生活を営んでいた。農民が貧困化すると、農地を棄てて「郷」から「城」に流入してサービス業などに従事する農民が増え、社会問題となっていた。

近代以降、上海などの大都市で都市工業が発達すると、都市への流入人口は増えたが、中華人民共和国成立以後は、戸籍制度によって、農村から都市への人口流入は抑えられている。改革開放政策採用後の農村では、家庭を単位とする請負生産責任制が採用され、また郷鎮企業（農村に立地する企業。食品加工や衣料などの小規模製造業が多い）の設立が奨励されて、1980年代には農村の顕著な富裕化が見られ、「万元戸」（数万元の年収を得る富裕戸）が多く出現した。しかし、90年代以降、農産品価格の低落や郷鎮企業の成長の鈍化、地方行政費用の膨張にともなう農民負担の増加、などの要因が重なって農村貧困化が進み、「三農（農業の低生産性、農村の荒廃、農民の貧困）問題」が深刻な課題として認識されるようになっている。「三農問題」として近年重視されるようになり、政府の重点課題として、対策が急がれている。

格差問題の第二は、地域による格差である。中国東部の沿海地帯が改革開放政策の恩恵を被って急速に発展しているのに対し、内陸の経済発展は概して後れている。沿海地帯の浙江省と内陸の貴州省を比べてみると、一九九一年に二・七倍であった一人あたりGDPの格差は、二〇〇二年には五・三倍になっている。こうした格差を是正するため、いわゆる西部大開発によって内陸部の経済を発展させる計画が推進されている。これは、国内市場の拡大によって、対外貿易への依存を軽減しバランスのとれた経済構造をつくるための方策でもある。

格差問題のほか、経済発展にともなう公害・環境問題、機械化の進行にともなう失業者の増大など、発展する中国の経済は、なお未解決のさまざまな課題に直面している。

むすびに代えて

戦後、一九七〇年代ころまでの日本の中国史学界では、中華人民共和国の成立によって、従来の中国社会のさまざまな問題はすべて解決されたかのように理想化してとらえる見方もあった。しかし、改革開放政策がとられ、日本と中国との交流が活発化するにともなって、現代中国のかかえるさまざまな問題は、私たちの目にも明らかになりつつある。中国のような巨大な国が、近代化をしてゆこうというのであるから、そこにいろいろな問題が出てくることは、当然であり、性急に理想化したり批判したりするのでなく、歴史的な視野から理解することが必要である。

現代中国の直面する問題のなかには、歴史のなかに深い根をもった問題もある。たとえば、民族問題についていえば、それは、清朝以来受け継がれた多民族的な国家構成を、近代の国民国家体制のなかでどのようにつくり直してゆくのか、という難しい課題にかかわる。また、民主と法制をどのように発展させてゆくのか、ということも、中国の伝統的な政治のあり方を考えれば、決して容易な課題ではないだろう。

近年いわゆる歴史認識問題にかかわって、中国の人々から、日本人は歴史を知らないといって批判されることがある。確かに、日本人のなかには、日本が中国を侵略した歴史についてよく知らない人があり、それは、批判されても仕方のない恥ずかしいことである。しかし、歴史認識問題でおもに取り上げられる近現代史を学ぶのみならず、それ以前の歴史も含めて、中国の現在を、大きな歴史の流れのなかでとらえるように心がけてみよう。それによって、現在の中国のナショナリズムや経済のあり方が、どのような歴史と文化に根ざしているのかを、より深く理解することができるだろう。

ちくま学芸文庫版あとがき

本書は、二〇〇七年に放送大学の教材として出版された『中国社会の歴史的展開』（放送大学教育振興会）の文庫版である。放送大学の教材は、一般の書籍と異なり、放送が終わるとお役御免ということで増刷などは行われないが、このたびちくま学芸文庫の藤岡泰介氏からのご提案をきっかけに、文庫化をお願いすることとした。

原著では、中国史という膨大な対象を、ある程度バランスよく巨視的な流れにまとめてゆくというチャレンジングな課題に直面し、執筆にはかなり苦労したものの、狭い専門を超えた領域を学ぶことができ、よい勉強の機会を与えていただいたと思う。結果的には、文体も教科書風であり、特に新奇な話もなく、高校の世界史教科書とあまり変わらない概説ではないかとお感じの読者もおられると思うが、原著まえがきで述べたように、若干工夫した点もあるので、少しでも面白く思っていただければ、これに過ぎる喜びはない。

文庫版の内容はほぼ原著通りであり、大幅な改訂・補筆は行っていないが、スペースにあわせて「焦点」などコラムの内容を補充し、語句の説明などを若干付け加えた。参考文献については、新しいものをかなり補充している。なお、原著は、教材ということもあり、「キーワード」や「課題」など、学習用の文言が入っていたが、文庫化に際してはそれらを削除した。

二〇〇七年に原著を出版してから、八年ほどがたち、その間、中国も大きく変化している。最近の動向について、本文で補充すべきかと思ったが、原著の章立てを崩すことを避けるため、本文はそのままとして、ここで若干の追記をしておきたい。

二〇〇八年以降、日本で大きく報じられた中国での事件を年表風に挙げておくと、以下のようになろう。読者の皆様も、印象深く思い出される事件が多いのではないだろうか。

二〇〇八年　毒入り餃子事件（一月）、チベット自治区で暴動（三月）、四川《しせん》省大地震（五月）、北京オリンピック（八月）、メラミン混入粉ミルク事件（九月）、零八《れいはち》憲章（一二月。民主派知識人三〇〇名余りが連名で、民主化を求める宣言文を発表。）

二〇〇九年　新疆ウイグル自治区で暴動（七月）

二〇一〇年　地溝油《ちこうゆ》（排水溝内の沈澱物から作った再生食用油）の問題化（三月）、上海万博始まる（五月）、尖閣《せんかく》諸島漁船衝突事件（九月）、民主派知識人の劉暁波《りゅうぎょうは》にノーベル平和賞（一〇月）、この年、中国のGNPが日本を追い越し世界第二位に。

二〇一一年　烏坎村《うかんそん》事件（一二月。広東《カントン》省汕尾《さんび》市の烏坎村で起こった住民運動。その結果、住民の自主的な直接選挙により村幹部が選ばれることとなった。）

二〇一二年　重慶市《じゅうけいし》党委員会書記の薄熙来《はくきらい》が失脚（三月）、海南《かいなん》省三沙《さんさ》市の成立（七月。ベトナム・フィリピンなどと領有権を争っている南シナ海の島々を管轄する市として設立。）尖閣国有化問題をきっかけとする反日暴動（九月）。習近平《しゅうきんぺい》体制発足（一一月、中国共産党中央委員会総書記に選出。翌年国家主席。）

二〇一三年　PM2・5による大気汚染の問題化（一月）、中国が東シナ海に防空識別圏設定（一一月）

二〇一四年　台湾のひまわり学生運動（三月）、香港の反政府デモ（九月。別名雨傘革命。）

この数年間の最も顕著な動向は、GNPの世界第二位への躍進や、北京オリンピック、上海万博の開催に示されるような、中国の「大国化」の動きである。それにともない中国政府は、鄧小平《とうしょうへい》の時代にとられていたような「韜光養晦《とうこうようかい》」（力を表にあらわさず慎重な態度をとる）の対外政策に代えて、尖閣問題や南シナ海問題にみられるように、周囲の国々との対立も辞さない強硬な政策をとるようになっている。中国の経済的・政治的プレゼンスは急速に増大しており、世界の人々は、高度成長を続ける経済の活力と、戦後の国際秩序に挑戦するようにも見える対外政策との両面において、その一挙手一投足に注目せざるを得なくなっているといえよう。

以下、本書15章で述べた三つの課題に即して、この一〇年ほどの状況を概観してみよう。

第一に、国家統合の課題である。チベットや新疆での民族問題は、従来からの課題であったが、二〇〇八年から〇九年に起こったチベットと新疆での暴動は、その規模の大きさと国際的な注目度において、従来とは異なるものであったといえる。二〇〇八年、北京オリンピックの年にチベットで暴動が起こると、外国での聖火リレー中に、中国政府の弾圧に抗議する人権団体と、さらにそれに対抗する中国側の集団との間の小競り合いがしばしば起こり、事件は国際的な広がりをみせた。翌二〇〇九年には、広東省の工場で起こったウイグル人従業員殺害事件に対する抗議を発端として、ウルムチ市でウイグル族と漢族との間の衝突が起こった。その後もウイグル人によるとされる暴力事件が中国メディアにより「テロ」としてしばしば報道されているが、政府の報道規制が厳しいこともあり、国際社会では、その真相について懐疑的な見解も少なくない。中国側が強硬に「テロリスト」を非難し、厳しい対応をとればとるほど、現地住民の反感をまねき、また国際的にも人権抑圧という批判を受ける、という悪循環は、容易に解決することはできないだろう。

台湾・香港については、二〇一四年の台湾のひまわり学生運動（台湾・大陸間のサービス分野の市場開放をめざす法案の審議に際し、民主的な手続きが取られなかったことに抗議して、学生が立法院を二〇日余りにわたって占拠した事件）や香港の反政府デモ（二〇一七年に行われる予定の香港行政長官選挙につき、候補をあらかじめ数名に限定する方針が中国政府から示されたことに対し、真の普通選挙を求めて学生・市民が香港の中心街を八〇日にわたり占拠した事件）が、近年の動向をよく示している。これらはいずれも、政治的な民主化を擁護する動きであるが、同時にその運動は、台湾においても香港においても、中国大陸との緊密な結びつきなしには経済が発展しえないという難題に直面している。台湾・香港からみれば、それは、中国に政治的に呑み込まれずに、中国の経済的活力から受益することができるのか、という問題であり、また逆に中国大陸の側から見れば、経済的利益を梃子《てこ》にしてこうした民主化運動を抑えてゆくことは可能なのか、という問題でもある。香港や台湾についても、中国が強硬な態度をとればとるほど、相手の反発や危惧は強まるという難題が存在し、中国のめざす国家統合は、必ずしもスムーズにはいかないだろう。

第二に、民主と法制の問題についてみてみよう。二〇〇八年、劉暁波らの民主派知識人は、共産党の一党独裁の廃止、三権分立、立法院の直接選挙、人権の保障、などを提唱する零八憲章をインターネットで発表した。劉暁波は発表直前に拘束され、「国家政権転覆煽動罪」により一一年の懲役に処せられたが、その服役中、二〇一〇年にノーベル平和賞を受賞したことはよく知られているであろう。中国政府は内政干渉としてこれに強く反発し、ノーベル賞委員会に抗議するとともに、国内での受賞報道を抑えたが、劉暁波受賞のニュースはインターネットによって、広く拡散された。政府は批判的な言論を抑えるべくネット規制を行っているが、ネット民の側での規制を逃れる工夫も発達している。チュニジアのジャスミン革命に触発された民主化集会の呼びかけがネットで広まり、政府が封じ込めに追われた事例（二〇一一年二月）に見られるように、不特定多数の市民によるこうした政治行動が頻発するようになれば、政府がそれを抑えるのは容易なことではないだろう。

ただ、劉暁波のような西洋型リベラル・デモクラシーを志向する人々は、国民全体のなかでは、必ずしも多数派ではないと思われる。権力と財力をもつエリートが庶民を抑圧する不公正に対し、不満を持っている人々は多いであろうが、政府の側も、リベラル・デモクラシーとは全く異なる形で、そうした不満に応えようとしている。習近平が「法による国家統治」を強調し、精力的に進めている腐敗撲滅キャンペーンはその例である。それは、デモクラシーというよりは、むしろ、清廉かつ有能な為政者による善政という形で、庶民の支持を得ようとするものといえよう。ただ、薄熙来や周永康《しゅうえいこう》（前政治局常務委員）など有力政治家の逮捕・処罰に見られるように、そうした政策が、政敵の粛清という側面をもっていることも、また明らかであろう。

第三は、市場経済の発展に伴う問題である。ＧＤＰの成長率が一〇パーセント前後であった二〇〇〇年代と比較すると、この数年は成長率がやや鈍化しており、二〇一五年の全国人民代表大会の政治活動報告では、経済成長率の目標が七パーセント前後に設定された。しかしそれにしても、高い成長率であることには変わりはない。二〇〇〇年代には沿海部と内陸部、農村と都市などの所得格差が注目を集めていたが、格差は、依然として大きいものの、二〇〇〇年代後半をピークに次第に減少傾向にある。農村と都市の格差を固定化する戸籍問題については、農村戸籍と都市戸籍との統一を漸進的に進めてゆく方針が打ち出されている。

経済成長のもたらす負の面として近年深刻化しているのは、ＰＭ２・５に代表される大気汚染や、環境破壊の問題である。政府は罰則を強化して規制に取り組んでいるが、この問題は、単に政府の規制のみで解決する問題ではなく、企業側の倫理的な姿勢も重要である。近年の中国では、メラミン入り粉ミルクや地溝油に見られるように、消費者の生命・健康を犠牲にして営利を追求する業者が摘発され、消費者の不信を招いている。食品ではないが、四川大地震の際に学校などの公共的建築物が崩壊して多くの死者を出し、その手抜き工事が批判されていることなども、手段を択ばない営利欲の負の面が露呈した事例であろう。

このようなひずみを伴いつつ急速に成長してきた中国経済は、より安定かつ成熟した局面にむけて、痛みを伴う調整を必要とする曲がり角にあるといえるだろう。

本文の最後にも述べたが、こうした現代的課題に深く関わる中国の民族構成、政治文化、経済的行動様式、といった問題は、歴史に根差す部分も大きい。日本人にはなかなか理解しがたく思える現象も多いであろうが、だからこそ、その根を歴史のなかに探ってみることにも意味があるだろう。本書がそのための一助となれば幸いである。

本書の刊行にあたっては、筑摩書房の藤岡泰介氏、増田健史氏の懇切なご配慮をいただいた。両氏をはじめとするご関係の皆様に、心より御礼申し上げます。

二〇一五年四月

岸本美緒

参考文献

（＊は文庫化に際して追加したもの）

概説書（全般）

尾形勇・岸本美緒編『中国史（新版世界各国史3）』山川出版社　一九九八
岩波講座『世界歴史』全29巻　岩波書店　一九九七～二〇〇〇（特に③・⑨・⑪・⑬・⑳・㉓～㉘）
『世界の歴史』全30巻　中央公論社　一九九六～一九九九（特に②・⑥・⑦・⑨・⑫・⑲・㉕～㉚）（＊中公文庫版　二〇〇八～二〇一〇）
宮崎市定『中国史』上・下　岩波書店　一九七七・一九七八（＊岩波文庫版　二〇一五）
松丸道雄他編『世界歴史大系　中国史』全5巻　山川出版社　一九九六～二〇〇三
『中国の歴史』全12巻　講談社　二〇〇四～二〇〇五
堀敏一『中国通史』講談社学術文庫　二〇〇〇
＊『興亡の世界史』全21巻　講談社　二〇〇六～二〇一〇（特に②・⑤・⑧・⑮・⑰・⑱）

＊吉澤誠一郎他『歴史からみる中国』放送大学教育振興会　二〇一三

概説書（近現代）

姫田光義他『中国20世紀史』東京大学出版会　一九九三
池田誠他『図説　中国近現代史』第二版　法律文化社　二〇〇二
岩波講座『現代中国』1～6　別巻1・2　岩波書店　一九八九・一九九〇
山田辰雄・渡辺利夫監修『講座　現代アジア』1～4　東京大学出版会　一九九四
東アジア地域研究会編『講座東アジア近現代史』全6巻　青木書店　二〇〇一
毛里和子他編『現代中国の構造変動』1～8　東京大学出版会　二〇〇〇・二〇〇一
＊飯島渉・久保亨・村田雄二郎編『シリーズ　二〇世紀中国史』全4巻　東京大学出版会　二〇〇九
＊和田春樹他編『岩波講座　東アジア近現代通史』全11巻　岩波書店　二〇一〇～二〇一一
＊『叢書　中国的問題群』全12冊（二〇一五年五月現在、既刊9冊）岩波書店　二〇〇九～
＊『シリーズ　中国近現代史』全6巻（二〇一五年五月現在、既刊5巻）岩波新書　岩波書店　二〇一〇～
＊『日中関係史　一九七二～二〇一二』Ⅰ～Ⅳ　東京大学出版会　二〇一二～二〇一四

研究動向・研究入門（全般）

山根幸夫編『中国史研究入門』（増補改訂版）上・下　山川出版社　一九九一・一九九五
礪波護他編『中国歴史研究入門』名古屋大学出版会　二〇〇五
谷川道雄編『戦後日本の中国史論争』河合文化教育研究所　一九九三
＊桃木至朗編『海域アジア史研究入門』岩波書店　二〇〇八

研究動向・研究入門（近現代）

小島晋治・並木頼寿編『近代中国研究案内』岩波書店　一九九三
野澤豊編『日本の中華民国史研究』汲古書院　一九九五
辛亥革命史研究会編『中国近代史研究入門　現状と課題』汲古書院　一九九二
＊飯島渉・田中比呂志編『二一世紀の中国近現代史研究を求めて』研文出版　二〇〇六
＊岡本隆司・吉澤誠一郎編『近代中国研究入門』東京大学出版会　二〇一二
＊久保亨編『中国経済史入門』東京大学出版会　二〇一二

資料集・事典・年表・地図など

『中国古典文学大系』全60巻　平凡社　一九六七〜一九七五
西順蔵編『原典中国近代思想史』1〜6　岩波書店　一九七六・一九七七
『原典中国現代史』1〜8　別巻　岩波書店　一九九五・一九九六
山田辰雄編『近代中国人名辞典』霞山会　一九九五

天児慧他編『現代中国事典』岩波書店　一九九九
『近代日中関係史年表』岩波書店　二〇〇五
竹内実編『中国近現代論争年表』上・下　同朋舎出版　一九九二
譚其驤主編『中国歴史地図集』全8冊　上海・地図出版社　一九八二～一九八七
久保亨『中国経済一〇〇年のあゆみ　統計資料で見る中国近現代経済史』第二版　創研出版　一九九五
＊歴史学研究会編『世界史史料』全12巻　岩波書店　二〇〇七～二〇一三（特に③・④・⑨～⑫）
＊野村浩一他編『原典　中国近代思想史』全7巻　岩波書店　二〇一〇～二〇一一
＊『現代日中関係史年表』岩波書店　二〇一三

1　「中国」とは何か

橋本萬太郎編『民族の世界史5　漢民族と中国社会』山川出版社　一九八三
可児弘明他編『民族で読む中国』朝日選書　朝日新聞社　一九九八
川本芳昭『中国史のなかの諸民族』山川出版社　二〇〇四
茂木敏夫『変容する近代東アジアの国際秩序』山川出版社　一九九七
佐藤慎一『近代中国の知識人と文明』東京大学出版会　一九九六
吉澤誠一郎『愛国主義の創成　ナショナリズムから近代中国をみる』岩波書店　二〇〇三

*葛兆光（辻康吾監修・永田小絵訳）『中国再考　その民族・領域・文化』岩波現代文庫　岩波書店　二〇一四

2　中国初期王朝の形成

厳文明「中国古代文化三系統論」『日本中国考古学会会報』四号　一九九四
白川静『甲骨文の世界』東洋文庫　平凡社　一九七二
白川静『金文の世界』東洋文庫　平凡社　一九七一
張光直（小南一郎他訳）『中国青銅時代』平凡社　一九八九
松丸道雄他編『殷周秦漢時代史の基本問題』汲古書院　二〇〇一
*岡村秀典『夏王朝　王権誕生の考古学』講談社　二〇〇三（再刊『夏王朝　中国文明の原像』講談社学術文庫　講談社　二〇〇七）
*竹内康浩『中国王朝の起源を探る』山川出版社　二〇一〇
*費孝通編著（西澤治彦他訳）『中華民族の多元一体構造』風響社　二〇〇八

3　春秋・戦国から秦の統一へ

増淵龍夫『中国古代の社会と国家』弘文堂　一九六〇（新版　岩波書店　一九九六）
西嶋定生『中国古代の社会と経済』東京大学出版会　一九八一
渡辺信一郎『天空の玉座』柏書房　一九九六

鶴間和幸『秦の始皇帝』吉川弘文館　二〇〇一
稲葉一郎『中国の歴史思想　紀伝体考』創文社　一九九九
＊中国出土資料学会編『地下からの贈り物　新出土資料が語るいにしえの中国』東方書店　二〇一四

4　漢帝国と周辺地域

冨谷至『木簡・竹簡の語る中国古代　書記の文化史』岩波書店　二〇〇三（増補新版　二〇一四）
堀敏一『中国と古代東アジア世界　中華的世界と諸民族』岩波書店　一九九三
沢田勲『匈奴』東方書店　一九九六
籾山明『漢帝国と辺境社会』中公新書　中央公論社　一九九九
小島毅『東アジアの儒教と礼』山川出版社　二〇〇四
＊林俊雄『遊牧国家の誕生』山川出版社　二〇〇九

5　分裂と融合の時代

堀敏一他編『魏晋南北朝隋唐時代の基本問題』汲古書院　一九九七
三崎良章『五胡十六国　中国史上の民族大移動』東方書店　二〇〇二
川勝義雄『六朝貴族制社会の研究』岩波書店　一九八二

西嶋定生（李成市編）『古代東アジア世界と日本』岩波現代文庫　岩波書店　二〇〇〇
川本芳昭『魏晋南北朝時代の民族問題』汲古書院　一九九八
谷川道雄『隋唐帝国形成史論』増補版　筑摩書房　一九九八
＊森公章『倭の五王　5世紀の東アジアと倭王群像』山川出版社　二〇一〇

6　隋唐帝国の形成

石田幹之助『増訂　長安の春』東洋文庫　平凡社　一九六七
礪波護『唐の行政機構と官僚』中公文庫　中央公論社　一九九八
金子修一『隋唐の国際秩序と東アジア』名著刊行会　二〇〇一
妹尾達彦『長安の都市計画』講談社選書メチエ　講談社　二〇〇一
関尾史郎『西域文書からみた中国史』山川出版社　一九九八
植木久行『唐詩の風景』講談社学術文庫　一九九九
＊石見清裕『唐代の国際関係』山川出版社　二〇〇九
＊森部豊『安禄山「安史の乱」を起こしたソグド人』山川出版社　二〇一三

7　宋と北方諸民族

内藤湖南「概括的唐宋時代観」『内藤湖南全集』第8巻　筑摩書房　一九六九
島田虔次『朱子学と陽明学』岩波新書　岩波書店　一九六七

佐竹靖彦他編『宋元時代史の基本問題』汲古書院　一九九六
平田茂樹『科挙と官僚制』山川出版社　一九九七
島田正郎『契丹国　遊牧の民キタイの王朝』東方書店　一九九三
ジャック・ジェルネ（栗本一男訳）『中国近世の百万都市』平凡社　一九九〇
＊伊原弘編『『清明上河図』を読む』勉誠出版　二〇〇三

8　元から明へ

杉山正明『大モンゴルの世界　陸と海の巨大帝国』角川選書　角川書店　一九九二
杉山正明『クビライの挑戦　モンゴル世界帝国への道』朝日選書　朝日新聞社　一九九五
檀上寛『明の太祖　朱元璋』白帝社　一九九四
村井章介『中世倭人伝』岩波新書　岩波書店　一九九三
黄仁宇（稲畑耕一郎他訳）『万暦十五年　一五八七「文明」の悲劇』東方書店　一九八九
＊檀上寛『永楽帝　中華「世界システム」への夢』講談社選書メチエ　講談社　一九九七（再刊『永楽帝　華夷秩序の完成』講談社学術文庫　二〇一二）

9　清朝の平和

石橋崇雄『大清帝国』講談社選書メチエ　講談社　二〇〇〇（再刊『大清帝国への道』講談社学術文庫　二〇一一）

岸本美緒『東アジアの「近世」』山川出版社　一九九八
ブーヴェ（後藤末雄訳）『康熙帝伝』東洋文庫　平凡社　一九七〇
宮崎市定『雍正帝』岩波新書　岩波書店　一九五〇
平野聡『清帝国とチベット問題　多民族国家の成立と瓦解』名古屋大学出版会　二〇〇四
山田賢『中国の秘密結社』講談社選書メチエ　講談社　一九九八
*岡田英弘編『清朝とは何か』（別冊「環」16）藤原書店　二〇〇九

10　清末の動乱と社会の変容

坂野正高『近代中国政治外交史』東京大学出版会　一九七三
ポール・コーエン（佐藤慎一訳）『知の帝国主義』平凡社　一九八八
小島晋治『洪秀全と太平天国』岩波現代文庫　岩波書店　二〇〇一
大谷敏夫『中国近代政治思想史概説』汲古選書　汲古書院　一九九三
鈴木智夫『洋務運動の研究』汲古書院　一九九二
高橋孝助他編『上海史　巨大都市の形成と人々の営み』東方書店　一九九五
*岡本隆司『中国「反日」の源流』講談社選書メチエ　講談社　二〇一一

11　中国ナショナリズムの形成

宮崎滔天『三十三年の夢』東洋文庫　平凡社　一九六七

高田淳『中国の近代と儒教　戊戌変法の思想』紀伊國屋書店　一九七〇
三石善吉『中国、一九〇〇年　義和団運動の興亡』中公新書　中央公論社　一九九六
市古宙三『近代中国の政治と社会』増補版　東京大学出版会　一九七七
吉澤誠一郎『天津の近代　清末都市における政治文化と社会統合』名古屋大学出版会　二〇〇二
*坂元ひろ子『中国民族主義の神話　人種・身体・ジェンダー』岩波書店　二〇〇四

12　五・四運動と中国社会

横山宏章『孫文と袁世凱　中華統合の夢』岩波書店　一九九六
ジェローム・チェン（守川正道訳）『袁世凱と近代中国』岩波書店　一九八〇
野村浩一『近代中国の思想世界　『新青年』の群像』岩波書店　二〇〇〇
中央大学人文科学研究所編『五・四運動史像の再検討』中央大学出版部　一九八六
栃木利夫他『中国国民革命　戦間期東アジアの地殻変動』法政大学出版局　一九九七
*ラナ・ミッター（吉澤誠一郎訳）『五四運動の残響　20世紀中国と近代世界』岩波書店　二〇一二

13　抗日戦争と中国革命

中国現代史研究会編『中国国民革命史の研究』汲古書院　一九八六

エドガー・スノウ（宇佐美誠二郎訳）『中国の赤い星』ちくま学芸文庫　筑摩書房　一九九五
野村浩一『蔣介石と毛沢東　世界戦争のなかの革命』岩波書店　一九九七
西村成雄『中国ナショナリズムと民主主義　二〇世紀中国政治史の新たな視界』研文選書　研文出版　一九九一
石島紀之『中国抗日戦争史』青木書店　一九八四
＊石島紀之『中国民衆にとっての日中戦争　飢え、社会改革、ナショナリズム』研文出版　二〇一四
＊笹川裕史・奥村哲『銃後の中国社会　日中戦争下の総動員と農村』岩波書店　二〇〇七

14　社会主義建設の時代

ウィリアム・ヒントン（加藤祐三他訳）『翻身　ある中国農村の革命の記録』平凡社　一九七二
アニタ・チャン他（小林弘二監訳）『チェン村　中国農村の文革と近代化』筑摩書房　一九八九
三谷孝他『村から中国を読む　華北農村五十年史』青木書店　二〇〇〇
安藤正士他『文化大革命と現代中国』岩波新書　岩波書店　一九八六
張承志（小島晋治他訳）『紅衛兵の時代』岩波新書　岩波書店　一九九二
＊田原史起『二十世紀中国の革命と農村』山川出版社　二〇〇八

15 現代中国の直面する諸問題

毛里和子『現代中国政治 改訂版』名古屋大学出版会 二〇〇四
毛里和子『周縁からの中国』東京大学出版会 一九九八
関志雄『中国経済のジレンマ 資本主義への道』ちくま新書 筑摩書房 二〇〇五
劉傑『中国人の歴史観』文春新書 文藝春秋 一九九九
天児慧『現代中国 移行期の政治社会』東京大学出版会 一九九八
若林正丈『台湾 変容し躊躇するアイデンティティ』ちくま新書 筑摩書房 二〇〇一
*丸川知雄『チャイニーズ・ドリーム 大衆資本主義が世界を変える』ちくま新書 筑摩書房 二〇一三
*阿古智子『貧者を喰らう国 中国格差社会からの警告』新潮社 二〇〇九（増補版 新潮選書 二〇一四）
*楊海英『植民地としてのモンゴル 中国の官制ナショナリズムと革命思想』勉誠出版 二〇一三

図版・写真 出典一覧

まえがき

10頁 全国行政図 『中国』(秦石編 新星出版社刊)

1

30頁 中国における祖先祭祀 『清俗紀聞2』(平凡社刊)

34頁 梁啓超 『梁啓超年譜長編 第2巻』(丁文江他編 岩波書店刊)

2

38頁 三星堆出土の眼の飛び出た青銅の仮面 提供 CPC
饕餮紋のついた殷の青銅器 提供 旺文社/根津美術館蔵
饕餮紋 提供 旺文社

46頁　甲骨文字　提供　旺文社
53頁　北京の天壇の圜丘壇『中華古文明大図集　第二部　神農』（人民日報出版社刊）
3
59頁　布銭　提供　ＣＰＣ／咸陽博物館蔵
円銭　提供　ＣＰＣ／上海博物館蔵
刀銭　提供　旺文社
64頁　兵馬俑　提供　ＣＰＣ／兵馬俑博物館蔵
4
78頁　居延出土の漢の木簡　提供　旺文社
82頁　「孔子聖蹟図」早稲田大学図書館蔵
5
102頁　梁職貢図　提供　ＣＰＣ／中国歴史博物館蔵
6
105頁　計画都市の系譜『長安の都市計画』（妹尾達彦　講談社刊）

108頁　トルファンの給田文書　『中国古代籍帳研究　概観・録文』（池田温　東京大学東洋研究所）
110頁　婦女乗馬俑　提供　CPC／上海博物館蔵
111頁　李白　提供　旺文社
117頁　唐代の宴会のようす　陝西省長安県南里王村唐墓墓室東壁（一九八七年発掘）／『中国美術全集絵画編12　墓室壁画』（文物出版社刊）
118頁　正倉院のガラス器　正倉院宝物

7

130頁　宋代の開封　梅原郁の復元図（梅原郁他訳『東京夢華録』岩波書店刊）に依拠して作成。
131頁　清明上河図（部分）　提供　CPC／故宮博物院（北京）蔵
134頁　文人画　提供　CPC／故宮博物院（台北）蔵

8

148頁　交鈔　提供　CPC
155頁　鄭和航海図　提供　CPC／中国歴史博物館蔵
160頁　スペイン銀貨　岸本所蔵
161頁　一六〇〇年前後における銀の移動　『東アジアの「近世」』（岸本美緒　山川出版社刊）

9

178頁　康熙帝　提供　ＣＰＣ／中国歴史博物館蔵

184頁　宝巻　『宝巻　初集』（山西人民出版社刊）

10

188頁　広州の商館　東洋文庫蔵

194頁　上海の発展　（岸本美緒作成）『現代の世界史』（山川出版社刊）

11

210頁　康有為　提供　旺文社

212頁　辮髪と纏足　『点石斎画報』（江蘇広陵古籍刻印社刊）

214頁　列強の勢力範囲・開港場　『中国現代史』（世界現代史3）』（今井駿他　山川出版社刊）

217頁　孫文　提供　旺文社

12

228頁　『青年雑誌』　『図説近代中国』（光明日報出版社刊）

235頁　北伐軍進路図　『中国近現代史』（小島晋治・丸山松幸　岩波新書　岩波書店刊）

13

244頁　清代の小作証書　『徽州千年契約文書　清・民国編2』（花山文芸出版社刊）

246頁　一九三〇年代前半の中国　『中国近現代史』（小島晋治・丸山松幸　岩波新書　岩波書店刊）

253頁　中華人民共和国の成立を宣言する毛沢東　提供　共同通信社

14

258頁　一九五三年のポスター　http://chineseposters.net/

269頁　批判集会　提供　共同通信社

15

283頁　一九八九年春の民主化運動　提供　共同通信社

284頁　鄧小平　提供　共同通信社

288頁　農民と都市民の所得の推移　中国国家統計局『中国統計年鑑』に依拠して作成

2002	「南水北調」「西気東輸」などのプロジェクト着工。日中国交正常化三十周年。11. 第16回党大会、胡錦濤総書記に就任、指導部の若返り、「三つの代表」を提起。
2003	3. 米・英がイラクに侵攻。4. SARS（新型肺炎）が中国・台湾などで流行（7月ころまで）。5. 長江の三峡ダムが貯水開始。10. 有人宇宙船神舟5号打ち上げ成功。
2004	9. 胡錦濤総書記、03年の国家主席就任に続き党中央軍事委主席に就任し、党・国家・軍の三権の最高ポストを兼任。
2005	小泉首相の靖国神社参拝などを理由として日中間の摩擦が増大。4. 日本の国連安保理常任理事国入りなどに反対する反日デモが中国各地で頻発。台湾の国民党連戦主席と中国の胡錦濤総書記が会談。7. 人民元切り上げ、管理変動相場制を採用。
2006	3. 全人代で経済格差是正が重点とされる。
2008	3. チベット自治区で暴動。5. 四川省大地震。8. 北京オリンピック。12. 零八憲章。
2009	7. 新疆ウイグル自治区で暴動。
2010	5. 上海万博。9. 尖閣諸島漁船衝突事件。10. 劉暁波ノーベル平和賞。この年、中国のGNPが日本を追い越し世界第二位に。
2012	9. 尖閣問題をきっかけとする反日暴動。11. 習近平体制発足。
2013	1. PM2.5問題深刻化。
2014	3. 台湾ひまわり学生運動。9. 香港の雨傘革命。

	ソ、東部国境協定調印。11.「人権白書」発表。中越関係正常化。12. ソ連邦消滅。
1992	1. 鄧小平「南巡講話」、改革・開放の加速。8. 中韓国交樹立。10. 天皇・皇后訪中。第14回党大会「社会主義市場経済化」の方向づけ。
1993	3. 憲法改正、「国営企業」を「国有企業」にする、江沢民国家主席就任。4. 中台、実務交流促進で合意。8. 反腐敗闘争を発表。
1994	1. 中・ロ・モンゴル国境協定調印。9. 中印国境協定調印。12. 長江中流の三峡ダム着工。
1995	1. 江沢民、台湾に対し「八項目提案」。6. 李登輝訪米に抗議、駐米大使を召還。9. 香港立法評議会選挙、民主派勝利。中国、台湾海峡で軍事演習。
1996	5. 台湾で総統選挙、李登輝就任。
1997	2. 鄧小平死去。7. 香港の主権回復。9. 第15回党大会、江沢民体制を強化。10. 江沢民主席訪米、戦略的パートナーシップを確認。12. 米・中・韓・朝四者協議。南ア、中国と国交樹立、台湾と断交。
1998	3. 朱鎔基首相就任。6. クリントン米大統領訪中。7. 日中共産党、関係正常化。11. 江沢民主席訪日、歴史問題提起。
1999	3. 憲法改正、非公有経済を承認。4. 朱鎔基首相訪米、WTO問題。7. 小渕首相訪中、日中関係の重要性を確認。法輪功に解散命令。10. 建国五十周年記念式典開催。12. マカオ復帰、マカオ特別行政区政府成立。
2000	3. 西部大開発弁公室発足。5. 江沢民総書記「三つの代表」による党建設を強調。9. アメリカ対中最恵国待遇供与案可決。11. 第5回人口センサス実施。
2001	3.「第10次五カ年計画要綱」採択。7. 中ロ友好条約締結。9. アメリカに「同時多発テロ」。11. 中国WTO加盟。

	で武闘。
1968	9. 全国に革命委員会成立。10. 党、劉少奇を除名。12. 下放。
1969	3. 中ソ国境で武力衝突、各地で続く。
1971	9. 林彪クーデタに失敗、死亡。10. 中国国連に復帰。
1972	2. ニクソン米大統領訪中、共同声明。9. 日中国交正常化。
1973	4. 鄧小平、副総理復活。
1975	1. 新憲法公布。「四つの近代化」提示。
1976	1. 周恩来死去。4. 第一次天安門事件。鄧小平解任、華国鋒首相就任。9. 毛沢東死去。10. 「四人組」逮捕。
1978	8. 日中平和友好条約調印。12. 中共第 11 期 3 中全会、改革・開放路線決定。文革終焉。
1979	1. 米中国交樹立。名誉回復。一人っ子政策。
1980	5. 経済特区決定。8. 趙紫陽首相就任。
1981	1. 四人組裁判。6. 「歴史決議」採択。胡耀邦党主席就任（82 年 4 月から総書記）。
1982	9. 党大会、社会主義現代化政策提起。11. 新憲法採択公布。
1985	6. 人民公社解体。郷、鎮政府樹立。
1986	9. 四つの基本原則の堅持。12. 民主化要求の学生運動。
1987	1. 胡耀邦総書記辞任。10. 社会主義初級段階論提起。
1989	4. 胡耀邦死去、追悼大会、民主化要求高まる。5. 中ソ関係正常化。6. 第二次天安門事件。西側による人権弾圧非難と経済制裁。江沢民総書記。11. 「ベルリンの壁」崩壊。
1990	1. 戒厳令解除。7. 積極外交の展開。8. インドネシアと国交回復。12. 「国民経済・社会発展十年計画と第 8 次五カ年計画要綱」、初の証券取引所開業。
1991	4. 台湾、国共内戦終結宣言。5. 江沢民総書記訪

1945	2. ヤルタ会談。8. 日本無条件降伏、第二次世界大戦終結。10. 双十協定成立。
1946	1. 国共停戦協定成立。5. 五・四指示。夏、国共内戦はじまる。
1947	9. 人民解放軍総反攻宣言。10. 中国土地法大綱公布。
1948	8. 大韓民国成立。9. 朝鮮民主主義人民共和国成立。
1949	4. 人民解放軍南京入城。9. 中国人民政治協商会議開催。10. 中華人民共和国成立。12. 国民政府台湾へ。
1950	2. 中ソ友好同盟相互援助条約調印。5. 婚姻法公布。6. 土地改革法公布。10. 朝鮮戦争に義勇軍を派遣。
1953	農業の集団化開始。8. 過渡期の総路線指示。婚姻法貫徹運動。第一次五カ年計画。
1954	9. 第1期全国人民代表大会第1回会議。中華人民共和国憲法採択公布。
1956	4. 百花斉放、百家争鳴を提唱。9. 中共第8回党大会、高級合作社化。
1957	6. 反右派闘争（～58)。11. 毛沢東「東風は西風を圧倒する」。
1958	5. 大躍進運動。8. 人民公社設立、鉄鋼大増産などを決議。
1959	4. 劉少奇を国家主席に選任。中ソ対立激化。自然災害。
1960	中ソ論争続く。自然災害続く。
1961	1. 経済調整政策を決定。7. ソ朝友好協力相互援助条約。
1963	5. 社会主義教育運動。四清運動。
1965	1. 毛沢東、党内の資本主義の道を歩む実権派に言及。
1966	5. 毛沢東「五七指示」。紅衛兵運動。10. 劉少奇ら自己批判。
1967	1. 奪権闘争、軍の介入。2. 上海コミューン。各地

	五・四運動。7. 第一次カラハン宣言。
1920	7. 安直戦争、直隷派勝利。9. 第二次カラハン宣言。
1921	7. 中国共産党創立。11. ワシントン会議（～22）。
1922	4. 第一次奉直戦争、直隷派勝利。
1923	2. 二・七事件。9. 日本、関東大震災。
1924	1. 第一次国共合作（～27.7）。11. 孫文北上宣言、国民会議運動の呼びかけ。
1925	3. 孫文死去。5. 五・三〇運動。7. 広東国民政府成立。11. 国民党右派西山会議派形成。
1926	7. 北伐はじまる（～28.6）。
1927	2. 武漢国民政府。4. 四・一二クーデタ。南京国民政府成立。10. 井岡山根拠地建設。
1928	6. 北伐軍、北京入城。張作霖爆殺。7. 共産党ソヴィエト革命路線決定。10. 訓政大綱。12. 国民党による全国統一なる。
1931	5. 訓政時期約法採択。9. 満洲事変（九・一八）。11. 中華ソヴィエト共和国樹立。
1932	1. 上海事変。3. 満洲国成立。10. リットン報告書公表。
1933	1. 日本華北へ侵攻。ドイツ、ナチス政権誕生。3. 日本、国際連盟脱退。5. 塘沽停戦協定。
1934	2. 蔣介石、新生活運動を提唱。10. 長征（～35.10）。
1935	1. 遵義会議。8. 八・一宣言。11. 幣制改革。12. 冀察政務委員会成立。
1936	2. 全国各界救国連合会成立。12. 西安事変。
1937	7. 盧溝橋事件、日中戦争はじまる。9. 抗日民族統一戦線結成。10. 国民政府、重慶への遷都を決定。
1939	9. 第二次世界大戦（～45）。
1940	3. 汪精衛、国民政府樹立（南京）。9. 日独伊三国同盟調印。
1941	4. 日ソ中立条約調印。12. 太平洋戦争はじまる。
1942	10. 英米、不平等条約撤廃を宣言（43.1 調印）。

	10. 蔡元培、光復会を設立。
1905	5. 対米ボイコット運動。7. 五大臣を欧米各国に派遣（出国は12月）。8. 孫文ら中国同盟会を結成。9. 日露ポーツマス条約調印。科挙廃止。11.『民報』発刊。11. 日本、清国留学生取締規則公布。
1906	9. 清朝立憲準備の上諭。12. 中国同盟会蜂起失敗。
1907	1. 秋瑾『中国女報』発刊。7. 秋瑾逮捕、処刑。
1908	9. 欽定憲法大綱公布。11. 光緒帝死去、西太后死去。12. 宣統帝即位。
1909	10. 各省に諮議局成立。
1910	1. 立憲派、国会早期開設のための請願運動。5. 山東萊陽の農民蜂起。10. 資政院成立。
1911	4. 黄花崗で蜂起。5. 鉄道国有令公布。6. 四川で保路運動。10. 武昌起義、各省独立、辛亥革命。12. 南京17省代表会議、孫文を中華民国臨時大総統に選出。
1912	1. 中華民国臨時政府成立、孫文臨時大総統に就任。2. 宣統帝退位。清朝滅亡。3. 袁世凱臨時大総統就任。中華民国臨時約法公布。8. 国民党成立。12. 国会議員選挙。
1913	3. 宋教仁暗殺。4. 善後大借款締結。7. 第二革命。10. 英独など13国、中華民国承認。
1914	5. 新約法公布。7. 第一次世界大戦はじまる。
1915	1. 日本、対華21か条要求。9. 新文化運動。12. 袁世凱による帝政（〜16.3）、第三革命。
1916	6. 袁世凱死去、黎元洪大総統、段祺瑞内閣、旧約法、旧国会回復。
1917	7. 張勲の復辟失敗。8. 孫文広東軍政府を組織。9. 護法戦争。11. ロシア革命。
1918	1. ウィルソン14か条。ソ連不平等条約破棄。11. 第一次世界大戦終結。
1919	1. パリ講和会議（〜6. ヴェルサイユ条約）。5.

1875	1. 同治帝死去、光緒帝即位。
1878	7. 開平礦務局設立。
1881	10. ロシアとイリ条約調印。
1884	8. 清仏戦争。11. 新疆省設置。12. 朝鮮、甲申政変により日清ともに出兵。
1885	6. フランスのヴェトナム保護権承認。
1886	7. イギリスのビルマ保護権承認。11. 天津で『時報』発刊。
1888	11. 康有為、変法自強を上奏。
1889	光緒帝の親政はじまる。
1890	黄遵憲『日本国志』刊行。
1891	鄭観応『盛世危言』刊行。
1894	3. 朝鮮に甲午農民戦争、8. 日清戦争はじまる。11. 孫文、興中会を組織。
1895	4. 下関条約調印。5. 康有為、公車上書。
1896	1. 康有為ら『強学報』発刊。6. ロシアに東清鉄道敷設権。8. 梁啓超ら『時務報』発刊。
1897	10. 厳復ら『国聞報』発刊。11. ドイツ、膠州湾占領。12. ロシア、大連、旅順占領。
1898	3. ロシア、大連・旅順を租借。6. 変法維新の上諭、9. 同失敗。7. 京師大学堂設置。12. 梁啓超、横浜で『清議報』発刊。
1899	9. アメリカ、対中国門戸開放を提案。11. フランス、広州湾租借。
1900	6. 義和団に対し8か国連合軍共同出兵。
1901	1. 新政の詔。9. 辛丑条約（北京議定書）調印。11. 袁世凱、直隷総督、北洋大臣就任。
1902	1. 日英同盟調印。2. 梁啓超、横浜で『新民叢報』発刊。6. 天津『大公報』発刊。
1903	5. 鄒容『革命軍』出版。9. 商部設立、実業振興。11. 黄興、宋教仁、華興会設立。
1904	2. 日露戦争（～1905）、清朝政府局外中立を声明。

	見。
1796	白蓮教徒の乱がおこる（～1801）。
1813	アヘンの私貿易を禁止。
1834	英本国、東インド会社の対中国貿易の独占を廃止。
1840	6. アヘン戦争はじまる。清劣勢。8. 大沽で交渉。
1841	5. 戦闘再開。平英団、三元里闘争。10. 林則徐罷免。
1842	8. 南京条約調印。魏源『海国図志』完成。
1843	7. イギリスと五港通商章程締結。10. 虎門寨追加条約締結。
1844	7. アメリカと望厦条約締結。10. フランスと黄埔条約締結。
1850	8. 上海で『ノース・チャイナ・ヘラルド』発刊。
1851	太平天国運動はじまる。金田村で起義。
1853	3. 太平天国南京を占領。天朝田畝制度公布。曾国藩、湘軍を編成。
1856	太平天国の内訌はじまる。10. アロー号事件、第二次アヘン戦争はじまる。
1857	11. 英仏軍広州を占領。
1858	5. ロシアと愛琿条約調印。6. 4国と天津条約調印。
1860	10. 英仏連合軍北京入城。円明園焼壊、北京条約調印。
1861	1. 総理衙門設立。11. 同治帝即位、西太后、東太后と垂簾聴政。『上海新報』発刊。
1862	太平天国軍、上海攻撃に失敗。淮軍、常勝軍と協力。
1863	上海共同租界成立。
1864	7. 湘軍等南京を包囲、太平天国滅亡。『万国公報』発刊。
1865	捻軍、河南、山東で活動（～1868）。9. 上海に江南製造局設立。
1868	日本、明治維新。
1871	9. 日清修好条規調印。
1874	4. 日本、台湾出兵、清と和約を結び12月撤退。

1429	尚巴志、琉球三山を統一。
1449	西モンゴルのオイラトが強盛となり、正統帝が捕らえられる（土木の変）。
1530頃	このころから日本の銀が大量に密輸される（後期倭寇）。
1540頃	このころから「一条鞭法」が実施され、財政が改革される。
1550	モンゴル軍、北京包囲。「北虜南倭」問題の深刻化。
1557	ポルトガル、マカオに居留権を得る。
1571	明とモンゴルの和議成立。
1582	マテオ・リッチ、マカオに至り、中国での布教活動に入る。
1616	ヌルハチ、女真を統合し、即位して「後金」国のハンと称し、八旗制を整える。
1636	ホンタイジ（太宗）、大元伝国の璽を入手し、国号を「清」と改める。
1638	清、理藩院を設ける。
1644	李自成、北京を攻略し、明は滅亡する。呉三桂は清軍を導いて華北に侵入、清軍が北京に入城して清は中国王朝となる。
1673	三藩の乱おこる（〜1681）。
1683	台湾に拠った鄭成功一族が平定される。
1689	清、ロシアとネルチンスク条約を結ぶ。
1697	康熙帝、ガルダンの軍を破り、外モンゴルに清の覇権を樹立する。
1720	清軍、チベットに出兵してジュンガル軍を駆逐。
1723	キリスト教を禁圧する。
1727	ロシアとキャフタ条約を結ぶ。
1729	雍正帝、『大義覚迷録』を頒行。
1757	西洋諸国との海外貿易を広州のみに限る。
1759	清軍、東トルキスタンを平定。
1793	イギリスの使節マカートニーが、熱河で乾隆帝に謁

1192	日本で鎌倉幕府成立。
1206	モンゴル高原でテムジンの統一が成り、チンギス・ハンと名乗る。
1219	チンギス・ハンの西方への大遠征はじまる。
1227	モンゴル、西夏を滅ぼす。チンギス・ハン死去。
1234	モンゴル、金国を滅ぼす。
1256	高麗、モンゴルに降伏。
1258	フラグ軍、バグダード攻略。
1260	フビライ、内モンゴルの開平府（のちの上都）で即位。翌年から南宋を攻撃。モンゴルの西征軍、マムルーク軍に敗れる。
1271	マルコ・ポーロ、東方への旅に出て、フビライに仕え、1295年に帰国。フビライ（世祖）、国号を「大元」とし、翌年、中都燕京（北京）を大都とする。
1274	元の日本侵攻（文永の役）。
1276	「元」朝、南宋を攻略し、臨安無血開城。
1294	モンテ・コルヴィノが大都にいたり司教となる（1328年没）。
1342	このころから黄河氾濫続く。
1351	白蓮教徒の乱がおこり、「紅巾」と号す。
1367	朱元璋、群雄の張士誠、方国珍との戦いに勝つ。
1368	朱元璋、「明」朝を応天府（南京）に開く（太祖洪武帝）。
1380	胡惟庸の獄おこる。中書省を廃止。
1381	里甲制を施行し、賦役黄冊をつくる。海外貿易を厳しく取り締まる（海禁、～1567）。
1392	李成桂、高麗を滅ぼし、王位につく（朝鮮王朝）。
1399	燕王、北平で挙兵（靖難の役、～1402）。
1404	日明勘合貿易はじまる。
1405	鄭和艦隊の東南アジア・インド洋遠征はじまる（～1433年まで7回）。
1421	永楽帝、北京に遷都。

744	ウイグル、突厥第二可汗国を滅ぼす。
745	玄宗、楊貴妃を寵愛する。
751	唐軍、タラス河畔でアッバース朝の軍に大敗する。
755	安禄山反乱し（安史の乱）、内地に節度使が設けられる。
780	両税法を施行。
875	黄巣の乱（～884）。
907	節度使の朱全忠、唐王朝を滅ぼし、「五代十国」の分裂期に入る。
916	契丹の耶律阿保機、「大契丹」国皇帝と称す（947～83、1066～1125には国を「遼」と号する）。
918	「新羅」末の動乱のなかから、王建が「高麗」国を建てる（太祖）。
926	契丹が「渤海」国を滅ぼす。
935	「新羅」、「高麗」国に併合される。
936	五代の「後晋」朝、「契丹」に燕雲十六州を与える。
960	後周の禁軍をひきいる趙匡胤、「宋」朝（「北宋」）をはじめる（太祖）。
968	ヴェトナムが独立して丁朝をはじめる。
979	宋朝、南方の十国の平定（978）ののち、ほぼ統一を完成。
1004	宋朝、契丹（遼）国と澶淵の盟を結ぶ。
1038	タングートの李元昊、「西夏」（「大夏」と自称）を建国。
1069	王安石の「新法」が実施される（～1085）。
1115	女真の完顔阿骨打、「金」国を建てる。
1125	金国、遼国を滅ぼす。
1127	北宋朝、金国に滅ぼされ、皇族の趙構が華中・華南で宋を復興（「南宋」）。
1132	このころ耶律大石、西遼を建国。
1149	金で海陵王のクーデタおこる。
1190	朱子が『四書』を選定する。

524	北魏で六鎮の乱おこる。
550	このころ、「西魏」で府兵制をおこなう。
552	モンゴル高原の突厥がはじめて統一を果たす（第一可汗国）。
581	西魏の大将軍の子で、北周の隋王の楊堅（文帝）が「隋」王朝をおこす。
583	隋、大興城に遷都。突厥が東西に分裂する。
587	隋、科挙制をはじめる。
589	文帝、南朝の陳王朝を滅ぼして天下を統一。
607	日本、遣隋使を派遣する。
610	大運河が完成する。
612	高句麗侵略に着手するが、結局失敗に終わる。
618	隋が滅び、「唐」がおこる。
624	唐、均田法、租調庸法をはじめる。
626	高祖（李淵）が退位し、太宗（李世民）が即位する（貞観の治）。
628	玄奘がインドに求法に赴く。
630	東突厥が唐に降り、唐の羈縻に服する（～679）。日本、遣唐使の派遣をはじめる（～894）。
645	高句麗を侵略（～649）するが失敗。日本で大化の改新。
663	白村江の戦い。日本、唐・新羅軍に敗れる。
668	高句麗が滅亡する（安東都護府をおく）。
671	僧義浄、海路からインドに求法に赴く（～695）。
682	突厥、唐に背き、第二可汗国時代（～744）に入る。
690	則天武后、帝位につき、国号を周とする。
698	渤海建国。
710	河西節度使をおき、721年までに辺境に10節度使が配置される。日本、平城京に遷都。
712	玄宗、クーデタに成功して君権を回復（則天武后、韋皇后、太平公主の専権終わる）。
722	府兵制が崩壊。

184	「黄巾の乱」おこる。
220	曹操の子曹丕、魏を建て、後漢滅びる。
221	劉備、蜀を建てる。
222	孫権、呉を建てる。「三国時代」。
239	卑弥呼、初の遣魏使を送る。
265	魏の権臣司馬氏一族の司馬炎が「晋」王朝（西晋）をおこし、263年に滅びた「蜀」、280年に滅びた「呉」を合わせて天下を統一。
268	晋、泰始律令を公布。
280	西晋、占田・課田法をおこなう。
300	晋で八王の乱おこる（〜306）。
304	匈奴の劉淵、山西で「漢」（のち前趙）（〜329）をおこす。五胡十六国（〜439）時代のはじまり。
310	西域僧の仏図澄、洛陽に来る。
313	高句麗、楽浪郡を滅ぼす。
316	「漢」（前趙）の劉曜、西晋を滅ぼす（永嘉の乱）。
317	西晋の一族の司馬睿、建康（南京）に都して「東晋」王朝を建てる。
386	鮮卑の拓跋珪（道武帝）が「北魏」王朝を建てる。北朝のはじまり。
399	僧法顕、インドに求法に向かう。
401	亀茲から「後秦」朝の長安に来たインド系の僧鳩摩羅什が訳経をはじめる。
413	東晋で土断法を施行。
420	東晋滅び、劉裕（武帝）「宋」王朝をはじめる（南朝：宋・斉・梁・陳）。
439	北魏、長江以北を統一。
460	北魏の大同で雲崗の石窟寺院の造営をはじめる。
478	倭王武、宋と通交。
485	北魏で均田法を発布。
494	北魏、洛陽に遷都。北魏で龍門の石窟寺院の造営をはじめる。

中国歴史年表

前1700頃	「殷」が王朝を開く。
1070頃	「周」が王朝を開く。
770	周が洛陽に遷都（東周）し、「春秋時代」に入る。
679	斉国の桓公がはじめて覇者となる。
551	孔子生まれる。
403	「戦国時代」に入る。
359	秦国で商鞅の第一次改革がおこなわれる。
221	秦王政（始皇帝）が天下を統一し（「秦」王朝）、郡県制を施行。
214	万里の長城の建設をはじめる。
213	焚書を命じ、翌年、坑儒おこる。
209	陳勝・呉広が挙兵し、劉邦・項羽らも反乱。このころ、匈奴で冒頓単于即位。
207	秦王朝滅びる。
202	項羽、敗死し、劉邦、帝位につき（「漢」王朝）、長安に都する。
195	高祖劉邦死去し、呂后の専制はじまる（～前180)。
154	呉楚七国が反乱し、平定される。
140	このころ武帝、張騫を西域に派遣。
129	将軍衛青、匈奴を討つ（第一回)。
127	漢、「推恩の令」を発布。
119	塩鉄を専売とし、五銖銭を制定する。
108	朝鮮半島に、漢の四郡をおく。
前106	はじめて州刺史をおく。
後 8	王莽、皇帝となり、国号を「新」とする。
18	「赤眉の乱」がおこる。
25	劉秀（光武帝）即位し、「後漢」王朝はじまる。
57	後漢、朝貢してきた奴国を冊封する。
68	このころ仏教が中国に伝来。
73	明帝、班超を西域に派遣。

ら

わ

ま

や

な

は

た

さ

索引

本書は、二〇〇七年四月一日、放送大学教育振興会より刊行された
『中国社会の歴史的展開』を加筆訂正し、改題したものである。

十五年戦争小史　江口圭一
満州事変、日中戦争、アジア太平洋戦争を一連の「十五年戦争」と捉え、戦争拡大に向かう曲折にみちた過程を克明に描いた画期的通史。（加藤陽子）

たべもの起源事典　日本編　岡田哲
駅蕎麦・豚カツにやや珍しい郷土料理、レトルト食品・デパート食堂まで。広義の〈和〉のたべものと食文化事象一三〇〇項目収録。小腹のすく事典！

ラーメンの誕生　岡田哲
中国のめんは、いかにして「中華風の和食めん料理」へと発達を遂げたか。外来文化を吸収する日本人の情熱と知恵。丼の中の壮大なドラマに迫る。

京の社　岡田精司
旅気分で学べる神社の歴史。この本を片手に京都の有名寺社を巡れば、神々のありのままの姿が見えてくる。（佐々田悠）

山岡鉄舟先生正伝　小倉鉄樹／石津寛／牛山栄治
鉄舟から直接聞いたこと、同時代人として見聞きしたことを弟子がまとめた正伝。江戸無血開城の舞台裏など、リアルな幕末史が描かれる。（岩下哲典）

士（サムライ）の思想　笠谷和比古
中世に発する武家社会の展開とともに形成された日本型組織。「家（イエ）」を核にした組織特性と派生する諸問題について、日本近世史家が鋭く迫る。

戦国乱世を生きる力　神田千里
土一揆から宗教、天下人の在り方まで、この時代の現象はすべて民衆の姿と切り離せない。「乱世の真の主役としての民衆」に焦点をあてた戦国時代史。

三八式歩兵銃　加登川幸太郎
旅順の堅塁を白襷隊が突撃した時、特攻兵が敵艦に突入した時、日本陸軍は何をしたのであったか。元陸軍将校による渾身の興亡全史。（一ノ瀬俊也）

増補改訂　帝国陸軍機甲部隊　加登川幸太郎
第一次世界大戦で登場した近代戦車。本書はその導入から終焉を詳細史料と図版で追いつつ、世界に後れをとった日本帝国陸軍の道程を描く。（大木毅）

樺太一九四五年夏　金子俊男

突然のソ連参戦により地獄と化した旧日本領・南樺太。本書はその戦闘の壮絶さを伝える数少ない記録だ。長らく入手困難だった名著を文庫化。（清水潔）

わたしの城下町　木下直之

攻防の要である城は、明治以降、新たな価値を担い、日本人の心の拠り所として生き延びる。城と城のようなものを歩く著者の主著、ついに文庫に！

東京の下層社会　紀田順一郎

性急な近代化の陰で生みだされた都市の下層民。落伍者として捨て去られた彼らの実態に迫り、日本人の人間観の歪みを焙りだす。（長山靖生）

外政家としての大久保利通　清沢洌

北京談判に際し、大久保は全責任を負い困難な交渉に当たった。その外交の全容を、太平洋戦争下の現実政治への弾劾を秘めて描く。（瀧井一博）

独立自尊　北岡伸一

国家の発展に必要なものとは何か――。福沢諭吉は生涯をかけてこの課題に挑んだ。今こそ振り返るべき思想を明らかにした画期的福沢伝。（細谷雄一）

賤民とは何か　喜田貞吉

非人、河原者、乞胸、奴婢、声聞師……。差別と被差別の根源的構造を歴史的に考察する賤民研究の決定版。『賤民概説』他六篇収録。（塩見鮮一郎）

増補 絵画史料で歴史を読む　黒田日出男

歴史学は文献研究だけではない。絵巻・曼荼羅・肖像画など過去の絵画を史料として読み解き、斬新な手法で日本史を掘り下げた一冊。（三浦篤）

滞日十年（上）　ジョセフ・C・グルー　石川欣一訳

日米開戦にいたるまでの激動の十年、どのような外交交渉が行われたのか。駐日アメリカ大使による貴重な記録。上巻は1932年から1939年まで。

滞日十年（下）　ジョセフ・C・グルー　石川欣一訳

知日派の駐日大使グルーは日米開戦の回避に奔走。下巻は、ついに日米が戦端を開き、1942年、戦時交換船で帰国するまでの迫真の記録。（保阪正康）

江戸はこうして造られた　鈴木理生

家康江戸入り後の百年間は謎に包まれている。海岸部へ進出し、河川や自然地形をたくみに生かした都市の草創期を復原する。（野口武彦）

増補 革命的な、あまりに革命的な　絓《すが》秀実

「一九六八年の革命は「勝利」し続けている」とは何を意味するのか。ニューレフトの諸潮流を丹念に跡づけた批評家の主著、増補文庫化！（王寺賢太）

考古学はどんな学問か　鈴木公雄

物的証拠から過去の行為を復元する考古学は時に歴史的通説をも覆す。犯罪捜査さながらにスリリングな学問の魅力を味わう最高の入門書。（櫻井準也）

戦国の城を歩く　千田嘉博

室町時代の館から戦国の山城へ、そして信長の安土城へ。城跡を歩いて、その形の変化を読み、新しい中世の歴史像に迫る。（小島道裕）

日本の外交　添谷芳秀

憲法九条と日米安保条約に根差した戦後外交。それがもたらした国家像の決定的な分裂をどう乗り越えるか。戦後史を読みなおし、その実像と展望を示す。

増補 海洋国家日本の戦後史　宮城大蔵

戦後アジアの巨大な変貌の背後には、開発と経済成長という日本の「非政治」的な戦略があった。海域アジアの戦後史に果たした日本の軌跡をたどる。

性愛の日本中世　田中貴子

稚児を愛した僧侶、「愛法」を求めて稲荷山にもうでる貴族の姫君。中世の性愛信仰・説話を介して、日本のエロスの歴史を覗く。（川村邦光）

琉球の時代　高良倉吉

いまだ多くの謎に包まれた古琉球王国。成立の秘密や、壮大な交易ルートにより花開いた独特の文化を探り、悲劇と栄光の歴史ドラマに迫る。（与那原恵）

博徒の幕末維新　高橋敏

黒船来航の動乱期、アウトローたちが歴史の表舞台に躍り出てくる。虚実を腑分けし、稗史を歴史の中に位置付けなおした記念碑的労作。（鹿島茂）

城と隠物の戦国誌　藤木久志

村に戦争がくる！　そのとき村人たちはどのような対策をとっていたか。命と財産を守るため知恵を結集した戦国時代のサバイバル術に迫る。（千田嘉博）

裏社会の日本史　フィリップ・ポンス　安永愛訳

中世における賤民から現代社会の経済的弱者まで、また江戸の博徒や義賊から近代以降のやくざまで——フランス知識人が描いた貧困と犯罪の裏日本史。

古代の朱　松田壽男

古代の赤色顔料、丹砂。地名から産地を探ると同時に古代史が浮き彫りにされる。標題論考に、「即身佛の秘密」、自叙伝「学問と私」を併録。

江戸 食の歳時記　松下幸子

季節感のなくなった日本の食卓。今こそ江戸に学んで四季折々の食を楽しみませんか？　江戸料理研究の第一人者による人気連載を初書籍化。（飯野亮一）

古代の鉄と神々　真弓常忠

弥生時代の稲作にはすでに鉄が使われていた！　原型を遺さないその鉄文化の痕跡を神話・祭祀に求め、古代史の謎を解き明かす。（上垣外憲一）

世界史のなかの戦国日本　村井章介

世界史の文脈の中で日本列島を眺めてみるとそこには意外な発見が！　戦国時代の日本はそうとうにグローバルだった！（橋本雄）

増補 中世日本の内と外　村井章介

国家間の争いなんておかまいなし。中世の東アジア人は海を自由に行き交い生計を立てていた。私たちの「内と外」の認識を歴史からたどる。（榎本渉）

武家文化と同朋衆　村井康彦

足利将軍家に仕え、茶や花、香、室礼等を担ったクリエイター集団「同朋衆」。日本らしさの源流を生んだ彼らの実像をはじめて明らかにする。（橋本雄）

古代史おさらい帖　森浩一

考古学・古代史の重鎮が、「土地」「年代」「人」の基本概念を徹底的に再検証。「古代史」をめぐる諸問題の見取り図がわかる名著。

専制国家史論　足立啓二
封建的な共同団体性を欠いた専制国家・中国。歴史的にこの国はいかなる展開を遂げてきたのか。中国の特質と世界の行方を縦横に考察した比類なき論考。

暗殺者教国　岩村忍
政治外交手段として暗殺をくり返したニザリ・イスマイリ教国。広大な領土を支配したこの国の奇怪な活動を支えた教義とは？　（鈴木規夫）

増補 魔女と聖女　池上俊一
魔女狩りの嵐が吹き荒れた中近世、美徳と超自然的力により崇められる聖女も急増する。女性嫌悪と礼賛の熱狂へ人々を駆りたてたものの正体に迫る。

ムッソリーニ　ロマノ・ヴルピッタ
統一国家となって以来、イタリア人が経験した激動の歴史。その象徴ともいうべき指導者の実像とは。既成のイメージを刷新する画期的ムッソリーニ伝。

資本主義と奴隷制　エリック・ウィリアムズ　中山毅訳
産業革命は勤勉と禁欲と合理主義の精神などではなく、黒人奴隷の血と汗がもたらしたことを告発した歴史的名著。待望の文庫化。　（川北稔）

文天祥　梅原郁
モンゴル軍の入寇に対し敢然と挙兵した文天祥。宋王朝に忠義を捧げ、刑場に果てた生涯を、宋代史研究の泰斗が厚い実証とともに活写する。　（小島毅）

歴史学の擁護　リチャード・J・エヴァンズ　今関恒夫／林以知郎／與田純訳
ポストモダニズムにより歴史学はその基盤を揺るがされた。学問を擁護すべく著者は問題を再考し、論議を投げかける。原著新版の長いあとがきも訳出。

増補 中国「反日」の源流　岡本隆司
「愛国」が「反日」と結びつく中国。この心情は何に由来するのか。近代史の大家が20世紀の日中関係を解き、中国の論理を描き切る。　（五百旗頭薫）

中国の城郭都市　愛宕元
邯鄲古城、長安城、洛陽城、大都城など、中国の城郭都市の構造とその機能の変遷を、史料・考古資料をもとに紹介する類のない入門書。　（角道亮介）

王の二つの身体（上）　E・H・カントーロヴィチ　小林公訳

王の可死の身体は、いかにして不可死の身体へと変容するのか。異貌の亡命歴史家による最もラディカルな「王権の解剖学」。

王の二つの身体（下）　E・H・カントーロヴィチ　小林公訳

王朝、王冠、王の威厳。権力の自己荘厳のメカニズムを冷徹に分析する中世政治神学研究の金字塔。必読の問題作。全2巻。

世界システム論講義　川北稔

近代の世界史を有機的な展開過程として捉える見方、それが〈世界システム論〉にほかならない。第一人者が豊富なトピックとともにこの理論を解説する。

インド文化入門　辛島昇

異なる宗教・言語・文化が多様なまま統一された稀有な国インド。なぜ多様性は排除されなかったのか。共存の思想をインドの歴史に学ぶ。（竹中千春）

ブルゴーニュ公国の大公たち　ジョゼフ・カルメット　田辺保訳

中世末期、ヨーロッパにおいて燦然たる文化的達成を遂げたブルゴーニュ公国。大公四人の生涯と事績を史料の博捜とともに描出した名著。（池上俊一）

中国の歴史　岸本美緒

中国とは何か。独特の道筋をたどった中国社会の変遷を、東アジアとの関係に留意して解説。初期王朝から現代に至る通史を簡明かつダイナミックに描く。

大都会の誕生　喜安朗　川北稔

都市型の生活様式は、歴史的にどのように形成されてきたのか。この魅力的な問いに、碩学がふたつの都市の豊富な事例をふまえて重層的に描写する。

兵士の革命　木村靖二

キール軍港の水兵蜂起から、全土に広がったドイツ革命。軍内部の詳細分析を軸に、民衆も巻き込みながら帝政ドイツを崩壊させたダイナミズムに迫る。

女王陛下の影法師　君塚直隆

ジョージ三世からエリザベス二世、チャールズ三世まで、王室を陰で支えつづける君主秘書官たち。その歴史から、英国政治の実像に迫る。（伊藤之雄）

共産主義黒書〈ソ連篇〉
ステファヌ・クルトワ／ニコラ・ヴェルト
外川継男 訳

史上初の共産主義国家〈ソ連〉は、大量殺人・テロル・強制収容所を統治形態にまで高めた。レーニン以来行われてきた犯罪を赤裸々に暴いた衝撃の書。

共産主義黒書〈アジア篇〉
ステファヌ・クルトワ／ジャン＝ルイ・マルゴラン
高橋武智 訳

アジアの共産主義国家は抑圧政策においてソ連以上の悲惨を生んだ。中国、北朝鮮、カンボジアなどでの実態は我々に歴史の重さを突き付けてやまない。

ヨーロッパの帝国主義
アルフレッド・W・クロスビー
佐々木昭夫 訳

15世紀末の新大陸発見以降、ヨーロッパ人はなぜ次々と植民地を獲得できたのか。病気や動植物に着目して帝国主義の謎を解き明かす。（川北稔）

民のモラル
近藤和彦

統治者といえど時代の約束事に従わざるをえなかった18世紀イギリス。新聞記事や裁判記録、ホーガースの風刺画などから騒擾と制裁の歴史をひもとく。

台湾総督府
黄昭堂

清朝中国から台湾を割譲させた日本は、新たな統治機関として台北に台湾総督府を組織した。抵抗と抑圧と建設。植民地統治の実態を追う。（檜山幸夫）

新版 魔女狩りの社会史
ノーマン・コーン
山本通 訳

「魔女の社会」は実在したのだろうか？ 資料を精確に読み解き、「魔女」にまつわる言説がどのように形成されたのかを明らかにする。（黒川正剛）

増補 大衆宣伝の神話
佐藤卓己

祝祭、漫画、シンボル、デモなど政治の視覚化は大衆の感情をどのように動員したか。ヒトラーが学んだプロパガンダを読み解く「メディア史」の出発点。

ユダヤ人の起源
シュロモー・サンド
高橋武智 監訳
佐々木康之／木村高子 訳

〈ユダヤ人〉はいかなる経緯をもって成立したのか。歴史記述の精緻な検証によって実像に迫り、そのアイデンティティを根本から問う画期的試論。

中国史談集
澤田瑞穂

皇帝、彫青、男色、刑罰、宗教結社など中国裏面史を彩った人物や事件を中国文学の碩学が独自の視点で解き明かす。怪力乱「神」をあえて語る！（堀誠）

ヨーロッパとイスラーム世界
R・W・サザン
鈴木利章訳
〈無知〉から〈洞察〉へ。キリスト教文明とイスラーム文明との関係を西洋中世にまで遡って考察し、読者に歴史的見通しを与える名講義。（山本芳久）

消費社会の誕生
ジョオン・サースク
三好洋子訳
グローバル経済は近世イギリスの新規起業が生み出した！　産業が多様化し雇用と消費が拡大する産業革命前夜を活写した名著を文庫化。（山本浩司）

図説　探検地図の歴史
R・A・スケルトン
増田義郎／信岡奈生訳
世界はいかに〈発見〉されていったか。人類の知が全地球を覆っていく地理的発見の歴史を、時代ごとの地図に沿って描き出す。貴重図版二〇〇点以上。

レストランの誕生
レベッカ・L・スパング
小林正巳訳
革命期、突如パリに現れたレストラン。なぜ生まれ、なぜ人気のスポットとなったのか？　その秘密を膨大な史料から複合的に描き出す。（関口涼子）

ブラッドランド（上）
ティモシー・スナイダー
布施由紀子訳
ウクライナ、ポーランド、ベラルーシ、バルト三国。西側諸国とロシアに挟まれた地で起こった未曾有の惨劇。知られざる歴史を暴く世界的ベストセラー。

ブラッドランド（下）
ティモシー・スナイダー
布施由紀子訳
民間人死者一四〇〇万。その事実は冷戦下で隠蔽され、さらなる悲劇をもたらした――。圧倒的讃辞を集めた大著、新版あとがきを付して待望の文庫化。

奴隷制の歴史
ブレンダ・E・スティーヴンソン
所康弘訳
全世界に満遍なく存在する奴隷制。その制度のもっとも嫌悪すべき頂点となったアメリカ合衆国の奴隷制を中心に、非人間的な狂気の歴史を綴る。

同時代史
タキトゥス
國原吉之助訳
古代ローマの暴帝ネロ自殺のあと内乱が勃発。絡みあう人間ドラマ、陰謀、凄まじい政争を、臨場感あふれる鮮やかな描写で展開した大古典。（本村凌二）

明の太祖　朱元璋
檀上寛
貧農から皇帝に上り詰め、巨大な専制国家の樹立に成功した朱元璋。十四世紀の中国の社会状況を読み解きながら、元璋を皇帝に導いたカギを探る。

ちくま学芸文庫

中国《ちゅうごく》の歴史《れきし》

二〇一五年九月 十日 第一刷発行
二〇二四年四月十五日 第十刷発行

著　者　岸本美緒（きしもと・みお）
発行者　喜入冬子
発行所　株式会社 筑摩書房
東京都台東区蔵前二―五―三 〒一一一―八七五五
電話番号 〇三―五六八七―二六〇一（代表）
装幀者　安野光雅
印刷所　株式会社精興社
製本所　株式会社積信堂

乱丁・落丁本の場合は、送料小社負担でお取り替えいたします。

ISBN978-4-480-09691-3 C0122